带着文化游名城——

老广州记忆

苗学玲 编著

当代世界出版社
THE CONTEMPORARY WORLD PRESS

图书在版编目（CIP）数据

老广州记忆 / 苗学玲著. -- 北京：当代世界出版社，2018.7
（带着文化游名城）
ISBN 978-7-5090-1325-0

Ⅰ.①老… Ⅱ.①苗… Ⅲ.①文化史—广州—通俗读物 Ⅳ.① K296.51-49

中国版本图书馆 CIP 数据核字（2018）第 007357 号

老广州记忆

作　　者：	苗学玲
出版发行：	当代世界出版社
地　　址：	北京市复兴路 4 号（100860）
网　　址：	http://www.worldpress.org.cn
编务电话：	（010）83907528
发行电话：	（010）83908410
	（010）83908377
	（010）83908423（邮购）
	（010）83908410（传真）
经　　销：	新华书店
印　　刷：	北京彩虹伟业印刷有限公司
开　　本：	710mm×1000mm　1/16
印　　张：	18
字　　数：	250 千字
版　　次：	2018 年 7 月第 1 版
印　　次：	2018 年 7 月第 1 次
书　　号：	ISBN 978-7-5090-1325-0
定　　价：	45.00 元

如发现印装质量问题，请与承印厂联系调换。
版权所有，翻印必究；未经许可，不得转载！

前 言

广州是一座历史悠久的文化名城,在 5000 年至 6000 年前,就有先古越民在此繁衍生息了。千百年来,奔腾不息的珠江催生出广州这座岭南都市。它襟江带河,依山傍海,古迹众多。

当你来到广州,走在西来正街寻觅传统小吃,是否知道,这里曾是达摩祖师初来之地呢?

当你来到广州,漫步北京路商业步行街,身处变幻万千的霓虹之中,是否知道,这里曾是每年除夕夜万人空巷的迎春花市呢?

当你来到广州,徜徉在珠江两岸,是否知道在珠江的美称背后埋藏着什么样的故事呢?

当你来到广州,于北京路和德政南路间徘徊,是否知道过去这一带曾被用作行刑之处,布满血雨腥风呢?

当你来到广州,攀上越秀山,是否知道这是一座与葛洪有关的道教名山呢?

当你来到广州,进入十香园,是否知道这座不起眼的园林曾孕育出岭南画派的两名创始人呢?

当你来到广州,信步走进陈家祠,是否知道陈家祠遭遇过哪些艰辛的劫难呢?

当你来到广州,伫立在石室大教堂的面前,是否知道它从初建到如今的前世今生呢?

当你来到广州,品尝着让人赞不绝口的早茶,是否思考过这里的早茶文化为什么如此风靡呢？

当你来到广州，把玩着一枚榄雕艺术品，是否知道《核舟记》中记载的那枚核舟，就是广州榄雕作品之一呢？

当你来到广州，站在人民公园的中央，是否知道孙中山先生曾在这里激情讲演，大力宣扬民主革命思想呢？

当你来到广州，当你在它的湖光山色、人文场景之间穿梭往来的时候，是否能够从中读懂这座城市的历史与将来呢？

也许你并不知道，但读完这本书，你会知道的。其实，只有对一座城市的历史有所了解之后，一场旅行才会变得更加有意义。

《带着文化游名城——老广州记忆》就是一本可以让你更深刻地读懂广州的书籍。它一共分为九个部分，包括"出行前的准备""广州的历史文化和城门楼""广州的街桥地名""广州的山水园林""广州的祠堂寺庙及陵墓""广州的民俗特色与娱乐活动""广州的美食特产""广州的名人故居及民间趣闻""广州的人文景观"。在每个部分中，都穿插着许多有趣的故事，例如"刘氏皇帝与流花古桥有什么关系""清泉街上曾经有格格弃发修行吗""洪熙官是如何与大佛寺扯上联系的""凉茶的诞生和葛洪有何关系"等。相信在阅读本书的过程中，你能够兴趣盎然地对广州有一个初步的了解。

真诚希望本书能够满足你的需要，带你快快乐乐地游广州！

目 录

开 篇

出行前的准备   2
    引言   2
    广州的历史   2
    广州独有的特色   4
    广州最佳的旅游季节   7
    广州方言   7

广州的历史与城门楼

广州的历史文化   10
    广州自何时起出现了古人类？   10
    哪些朝代曾把广州作为都城？   10
    近代广州发生过几次革命？   11
    为什么孙中山没葬在广州？   12
    广州城中轴线的演变   13
    建国后，广州行政区划的变更   14

广州各行政区划的名字都起源于何处？	14
广州金融业的发展史	16
广州的"十三行"是指哪十三行？	17
各类宗教在广州是如何和平共处的？	17
广州有哪些传统节日？	18
广州人说"喝茶"就是喝茶吗？	19
广州为何被称为"妖都"？	20
广州市为何选择木棉花作为市花？	20

广州的城门楼　22

广州旧城到底有多少个城门？	22
《浮生六记》里的幽兰门是靖海门吗？	24
双门底：广州城门里的除夕花市	24
归德门：一扇不能开启的城门	25
东门共冢：广州大屠杀的血腥产物	26
大南门：一项长达两年的拆迁工程	27
传说中关系着科举风水的城门楼——东西照壁	28
西门瓮城：广州十八城门的最后记忆	28

广州的街桥地名

广州的街桥　32

毓灵桥为什么又叫"龙门"？	32
广州现存最古老的桥是哪座桥？	33
西来正街是从何处得名的？	33
相公巷和相公有什么关联？	34
流花古桥与刘氏皇帝有关吗？	34
汇津桥：服役至今的古桥	35
石井桥有什么传说？	35
福泉街上真的有福泉吗？	36
高第街与中举有关吗？	37
为什么广州也有西湖路？	37

龙藏街：与藏龙卧虎无关，与拍马屁有关　　38
　　从一到十：童谣里的广州街巷　　39
　　荔湾路为什么被称作"鬼街"？　　42
　　文明路：文化以外，还有美食　　42
　　为何会有"飞来对面巷"这样奇怪的名字？　　43
　　从鬼巷到仙巷：不雅街道更名记　　44
　　什么是泮塘路五瘦？　　45

地名里的故事　　46

　　惠福巷跟金花娘娘有关吗？　　46
　　六祖慧能是在盘福路受戒的吗？　　47
　　福地巷是如何得名的？　　47
　　清泉街上曾有格格弃家修行吗？　　48
　　为什么康保裔没有到过广州，广州却依然有条"康王路"？　　48
　　皆佳街与履理里：读音中的趣味　　49
　　崔府街是崔与之居住过的地方吗？　　50
　　珠光路：从刑场到市场　　50
　　恤孤院路上为什么没有孤儿院？　　51
　　越秀山上为什么会出现海员罢工路？　　52
　　广州深井村是那个烧鹅名村吗？　　53
　　鸡冠坐与鸡有关吗？　　53
　　莲塘村的来历你知道吗？　　54
　　珠江中真的有宝珠吗？　　54
　　乐善好施牌坊是奖给谁的？　　55
　　李白巷跟诗人李白有什么关联？　　56
　　你知道西瓜园的来由吗？　　57
　　你听过"雅荷塘"背后的故事吗？　　58

❧ 广州的山水园林 ❧

广州的山　　62

　　你知道莲花山的传说吗？　　62

火炉山的名字是怎么来的？	63
"打虎要靠亲兄弟"的俗语出自火炉山吗？	63
为什么火炉山上有敬牛为佛的风俗？	64
王子山与王子有关吗？	64
白云山上的云岩寺是怎么来的？	65
七星岗：沧海变桑田	66
龙头山与张果老有什么关系？	67
天堂顶有什么传说？	67
帽峰山的旺财蟾蜍是怎么一回事？	68
为什么越秀山又叫观音山？	69
越秀山与道教有什么渊源？	70
伍廷芳父子埋葬在越秀山吗？	71
大夫山缘何得名？	71
陈济棠的母亲为什么要葬在凤凰山？	72
你知道瘦狗岭上发生过什么传奇故事吗？	73

水文园林　　　　　　　　　　　　　　　　75

海珠湖是怎样成为鸟类天堂的？	75
东山湖是怎么来的？	76
荔湾湖与荔枝有关吗？	76
麓湖的前世今生	77
你知道黄龙带的传说吗？	78
天湖水库下的"温泉三瀑"是怎么一回事？	78
流花湖有哪些好玩的去处？	79
东湖春晓是如何成为羊城八景的？	80
余荫山房名字的由来	80
余荫山房里的瑜园为什么又叫"小姐楼"？	81
余荫山房有什么样的建筑特点？	82
余荫山房有哪些值得一游的景点？	82
宝墨园的由来	83
宝墨园的包拯掷砚陶雕群像讲了个什么故事？	84
宝墨园中有哪些景点？	84
兰圃是专门种植兰花的园林吗？	85
简园与南洋烟草公司有什么关系？	86

在广州东园发生过哪些大事件？	87
十香园原本是间画室吗？	88
颐养园是广东首家旅馆医院吗？	89
培英中学假石山上的石匾额是听松园里的旧物吗？	90

广州的祠堂

广州的祠堂　　92

为什么广州也有苏公祠？	92
为什么人们把陈家祠里的石狮奉为"圣狮"？	92
陈家祠采用了哪些传统装饰工艺呢？	93
陈家祠的装饰图案中都有哪些深刻寓意？	95
陈家祠修建至今遭受过哪些劫难？	95
陈家祠的旗杆夹有什么用途？	96
为什么王圣堂乡里的宗祠不姓王？	97
为什么广州南村两间周氏大宗祠是连在一起的？	97
为什么汤氏祖祠没有以宗祠命名，而叫"汤氏家庙"？	98
黎村村民为何姓宋？	99
为什么资政大夫祠里的石鼓比石狮大？	100
资政大夫祠是谁主持修建的？	100
为什么友兰公祠门匾上要画四棵白菜？	101
孙中山前妻对卢氏大宗祠有什么贡献？	101
黄氏祖祠里的木鹅去了哪里？	102
为什么广州也有考亭书院？	103

广州的寺庙陵墓

广州的寺庙　　106

为什么海幢寺只有十六罗汉？	106
"未有海幢寺，先有鹰爪兰"的说法是怎么来的？	107

南沙天后宫祭祀的天后是谁? 108
怀圣寺是我国最早的清真寺吗? 109
怀圣寺里的怀圣塔为什么又叫"邦卡楼""光塔"? 110
"心动幡动"的故事发生在光孝寺吗? 110
你知道石室大教堂的前世今生吗? 112
广州黄大仙祠供奉的黄大仙与北方流传的黄大仙是一样的吗? 113
六榕寺中的铁禅和尚是怎么变成汉奸的? 114
太虚和尚来广州后,是在哪个寺庙讲经的? 115
你听说过任威庙的故事吗? 116
大佛寺与洪熙官有什么关系 117
大佛寺因何得名? 118
光孝寺的诃子是什么? 119
广州城隍庙供奉着谁? 119
广州有哪些著名的文昌塔? 121
广州南海神庙供奉的是哪个神灵? 121
南海神庙里的两个铜鼓是怎么来的? 122
广州哪吒宫曾经是抗日根据地吗? 124

广州的陵墓 125

白云山上将军坟内埋葬着哪位将军? 125
广州烈士陵园纪念的是哪些烈士? 125
南越王墓中出土了哪些有名的文物? 126
南越国开国国君赵佗埋葬在何处? 127
为什么说思复亭不是个普通亭子? 128
你知道"沙基惨案"烈士纪念碑吗? 129
为什么说东征阵亡烈士墓是国共两党烈士唯一共葬的地方? 130
在植地庄抗日烈士纪念碑后,埋藏着怎样的故事? 131

广州的民俗特色

广州人的节日习俗 134

"太公分猪肉"是什么风俗? 134

广州人过中秋有哪些传统习俗？	135
广州人怎么过七夕？	136
为什么广州人不过腊八节？	137
你知道广州人怎么过清明节吗？	138
广州丧葬习俗是怎么样的？	139
什么是广州从化的"掷彩门"？	139
为什么广州人端午节要吃龙船饭？	140
广州人怎么造龙舟？	141
除了赛龙舟，广州人还有哪些端午节民俗？	142
广州人为什么要供奉土地神？	143
为什么华光帝被封为粤剧戏神？	143
广州人的谷神节是怎么来的？	144
广州人怎么过三元节？	145
广州人为何要过龙母诞？	145
老广州有哪些婚嫁习俗？	146
广州人举办婚礼有哪些禁忌？	148
为什么广州客家人嫁女要送伞？	149
广州人一般去哪儿拜太岁？	149
广州人过年从初一到十五分别都有哪些讲究？	150
广州人怎么过冬至？	152
龙抬头这天，除了理发外还要做什么？	153
如今的广州人都是怎么过重阳节的？	154
广州人的"入伙"是合伙做生意吗？	154
广州人经商有哪些习俗？	155

广州人的娱乐活动　　　　　　　　　　　157

你知道沙湾飘色吗？	157
你了解广州的醒狮吗？	158
你听说过粤语讲古吗？	159
粤语讲古有哪些有趣的行话？	160
你听过广州咸水歌吗？	161
粤曲与粤剧有什么区别？	162
粤曲界的"四大天王"都是谁？	163
粤剧真的曾经遭遇过镇压吗？	164

粤剧演员的胡须装扮都有哪些讲究?	165
你知道粤剧戏服的发展历程吗?	166
南派粤剧与少林武技有什么关系?	166
粤剧有哪些经典剧目?	167
哪些歇后语是从粤剧中诞生出的?	168
通过脸谱猜角色,你能做到吗?	169
为什么说岭南画派融汇中西? 岭南画派代表作是什么?	170
岭南古琴知多少	171
广州人为什么要舞貔貅?	172
鳌鱼舞背后的传说	173
为什么广州双岗不舞狮?	174

广州的美食特产

广州的美食   176

广州菜有什么样的特色?	176
广式早茶的"四大天王"有哪些?	177
如意果是什么小吃?	178
你知道干炒牛河的由来吗?	179
艇仔粥是如何得名的?	180
白云猪手是如何名扬天下的?	181
你知道鸡仔饼的由来吗?	182
市桥白卖不花钱就能吃到吗?	182
诞生在湖南的云吞面是怎么传入广州的?	183
为什么萝卜牛杂要站着吃?	184
嫁女饼与刘备娶妻有什么联系?	185
正宗广州烤乳猪有哪些讲究?	185
你知道广州西关的鸡公榄吗?	187
姜撞奶是什么食物?	187
广州的糯米鸡与武汉糯米鸡有什么区别?	188
什么是"广州第一鸡"?	189
广州的第一家西餐馆在哪儿?	190

陶陶居是如何得名的？	190
广州有哪些餐桌礼仪？	191

广州特产 193

烧制广州彩瓷有哪些讲究？	193
凉茶的诞生与葛洪有关吗？	194
丝缕玉衣是广州玉雕的杰出成果吗？	195
《核舟记》里的艺术作品就是广州榄雕吗？	196
为什么广州宫灯被称为"中国灯"？	196
广州珐琅：中西合璧的艺术	197
西关打铜：广州的黄铜时代	198
广州檀香扇有什么特色？	199
你了解广州木雕吗？	199
广州砖雕一般用在哪些地方？	200
广州牙雕有哪些特色？	201
想交好运？买只波罗鸡！	201

广州的名人故居和民间趣闻

广州的名人故居 204

鲁迅曾在钟楼居住过吗？	204
为什么说白云楼是鲁迅与许广平的爱情驿站？	205
周恩来与邓颖超的婚房在文德楼吗？	206
孙中山的大元帅府位于何处？	206
为什么廖仲恺、何香凝夫妇要给自己居住的地方取名为"双清楼"？	207
詹天佑故居差点被拆掉吗？	208
孙中山、陈少白都曾在塔影楼住过吗？	209
广州也有蒋光鼐故居吗？	210
为什么伯捷旧居被称为"广州白宫"？	211
李小龙在广州居住于何处？	211
冯云山故居是被清兵毁掉的吗？	212
你了解洪秀全的旧居吗？	213

电影《三家巷》是在李福林故居取景的吗？	214
泰华楼缘何得名？	214
王彭故居真的发生过战役吗？	215
你知道邓世昌故居的前世今生吗？	216
康有为的康园建在何处？	217

广州的民间趣闻 　　　　　　　　　　　　　　　　**219**

"上轿新娘不下轿"的习俗是怎么来的？	219
广州天平架五仙桥与五羊传说有什么关联？	220
广州刺史王琨是怎么被南朝孝武帝"黑吃黑"的？	221
广州天河有什么来历？	222
"荒村"如何变"花地"？	223
过去的广宁人可以不花钱出入广州天字码头，是什么缘故？	224
广州增城是何仙姑的出生地吗？	225
为什么广州人称琶洲塔为"中流砥柱"？	226
百岁坊与清朝的一位秀才有关吗？	227
广州洞神坊与康王庙有什么关系？	228
为什么广州人要拜三娘树？	229
为什么岑村村民不姓岑？	230
广州俗语"三个盲公食两条土鲮鱼"是怎么来的？	231
洪圣大王与良马菩萨曾经为庙宇选址起过争执吗？	232
神庙前"海不扬波"的石牌坊是苏东坡的手迹吗？	233

❧ 广州的人文景观 ❧

广州的博物馆 　　　　　　　　　　　　　　　　　　**236**

广州博物馆有哪些看点？	236
广州博物馆的发展历程是怎样的？文物都从哪儿来？	237
广州十三行博物馆展览分哪几个部分？	237
哪些历史遗迹属于广州近代史博物馆管辖范围？	238
广东省博物馆有哪些常设展览？	239
广东省博物馆有哪些著名藏品？	239

广州神农草堂中医药博物馆有何看点？	241
广州艺术博物院的建筑设计有哪些特色？	242
广州艺术博物院馆藏《驴背吟诗图轴》背后有什么故事？	242
中华姓名博物馆是祠堂改建成的吗？	243
广州市为什么要设置凉茶博物馆？	243
为什么农民工博物馆要选址在马务？	244
广州丝织行业博物馆的展览内容分为哪几块？	245
广州民间金融博物馆有哪些有趣的展品？	245
为什么广东民间工艺博物馆要设在陈家祠？	246
广州南越王宫博物馆上还压叠着南汉王宫遗迹吗？	247
普公汉代陶瓷博物馆有何特色？	247
广州市东平典当博物馆是由当铺改造成的吗？	248
粤海关博物馆是"羊城新八景"之一吗？	249
广州邮政博物馆曾经历过哪些劫难？	250

广州的公园　　251

为什么萝岗公园又称为"香雪公园"？	251
越秀公园上曾有赵佗修建的"越王台"吗？	252
广州市第一公园是哪座公园？	253
文化公园的十大特色活动有哪些？	253
广州麓湖公园中的星海园是为了纪念冼星海而建的吗？	255
"广州绿心"说的是海珠湖公园吗？	256
天河公园里有邓世昌衣冠冢吗？	257
广州红专厂的名字有何寓意？	257
天鹿湖森林公园中的橄榄树是仙鹿化成的吗？	258
草暖公园因何得名？	259

附　录

名胜古迹 TOP10	262
名山胜水 TOP10	266
美食特产 TOP10	270

开 篇

出行前的准备

引言

广州是中国岭南地区不容置喙的中心城市,是当地的经济中心、政治中心,历史源远流长,名人辈出。如果你不提前了解这座城市,你只会肤浅地看到它的表象,而无法体会到其中深刻的文化底蕴。

为了让自己的旅行更有意义,在踏上旅途前了解一下广州的历史、地方特色以及方言是非常有必要的。就让广州独特的文化韵味成为旅行当中最好的伴侣吧!

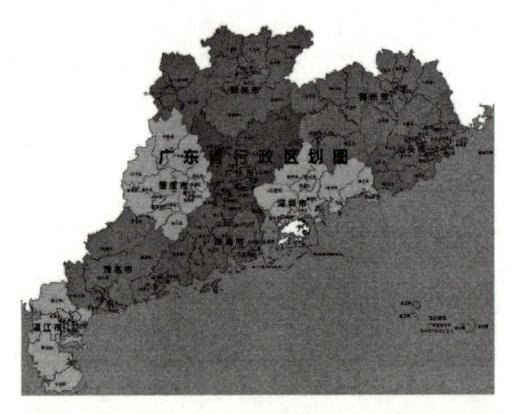

广州区域划分

广州的历史

约5000年至6000年前,广州地区已有先民古越人繁衍生息。他们以石器、陶器等作为工具,从事渔猎和农业生产。春秋战国时期,广州地区南越民族与长江中游楚国人民已有往来,该地亦被划为南楚。后秦始皇于公元前214年统一岭南,并设置南海、桂林、象郡三郡。南海郡治番禺，即今日广州；广州建城自此而始。

　　秦朝末年，中原楚汉相争。赵佗趁机于岭南建立南越国，定都番禺。直至西汉时期，汉武帝将其平定。后汉武帝派遣大型船队自番禺出发，沿海岸航行，一路抵达印度洋，并与沿岸小国建立起海上交通贸易。彼时，番禺成为了中国对外贸易的港口和集散地，是海上丝绸之路的起点。

　　三国时期，东吴孙权设交、广二州，"广州"由此得名。唐朝显庆六年，我国历史上第一个海关在广州诞生——市舶使。它的主要功能是代表官方对外承揽贸易业务，并负责接待外来使者。有宋一代，广州的"市舶使"更名为"市舶司"。此时，广州对外贸易愈发繁荣，东南亚和南亚地区与我国建立起贸易关系的国家已经多达50余个。

　　明朝初期，"市舶司"被废除。洪武三年，明朝政府推行海禁政策，广州只能接待外国朝贡贸易。清乾隆时期，政府又开始实行"一口通商"。在明、清两代的闭关锁国政策之下，广州成为唯一的对外通商口岸。所有的国外商人来华贸易，都必须寻找指定的行商作为代理。这些指定行商开设的对外贸易行店，就是俗称的"十三行"。

　　1838年，林则徐受命为钦差大臣，赴广州查禁鸦片。两年后，第一次鸦片战争爆发。清政府战败后与英国签订《南京条约》，宣布废除十三行商制度，开通广州为港口。1859年，英、法强行租借广州市西南区的沙面，并建立租界。随后，美、德、葡、日等国领事馆也相继搬入沙面，沙面英租界区逐渐繁荣。

　　1911年，同盟会在广州发动了黄花岗起义，辛亥革命序幕被揭开。同年，广州宣布独立，史称广州光复。1925年，广州国民政府成立。十三年后，在日军发起的侵华战争中，广州沦陷。

　　1949年10月，漫长的抗日战争与国共内战结束，广州终获解放。解放后，广州一度为中央直辖市。1954年，广州被划归广东省领导，成为省直辖市。目前，广州市下辖11个市辖区，经济发展能力居中国城市第三位，跨境电子商务全国第一；它延续了其"千年商埠"的商业地位，是中国经济增长的龙头城市。

广州独有的特色

上千年的历史积淀,让广州成为了一个文化底蕴深厚的城市。它身下的每一尺城墙、每一寸土地,都埋藏着无数值得深究的故事:越秀新晖(包括越秀山、南越王墓、镇海楼、明城墙在内的一系列景点)、珠水夜韵(珠江夜景);古祠留芳(陈家祠)、黄花皓月(黄花岗公园,为纪念1911年4月27日追随孙中山广州起义牺牲的烈士而建);莲峰观海(番禺莲花山风景区,包括望海观音、莲花塔、象鼻山、观音岩、金鱼池等胜景)、天河飘绢(中信广场和天河车站瀑布,人造景观,同样雄伟壮丽)……只要你用心去体会、去感受,就一定能够发现那份专属广州的无与伦比的美丽。

【广州的美食符号】

◎ 及第粥

及第粥与明代广东才子伦文叙有关。伦文叙幼时家贫,卖菜为生。隔壁粥贩怜惜他年幼有才,因而每天向伦文叙买菜。伦文叙送菜到粥贩家后,粥贩就用猪肉丸、粉肠、猪肝生滚的白粥作为午餐招待他。后来伦文叙高中,念及粥贩赠粥之恩,旧地重游,又吃了一回当年粥贩给他的那种粥,并为此粥提名"及第",后来该粥传遍广东。及第粥讲究粥底绵滑,色泽鲜明,糜水交融;顾客点餐时,在滚粥内加入猪心、猪肝及肠粉,滚熟后撒花生碎及油条碎,配小碟鸡蛋同吃,味道鲜美可口。

及第粥

◎ 肠粉

肠粉是广州茶楼、酒家早茶夜市的必备之品,它主要分为布拉肠粉与抽屉式肠粉两种。布拉肠粉所使用的肠粉浆大部分使用粘米粉再加上澄面、粟粉和生粉制作而成,以品尝馅料为主;抽屉式肠粉所使用的肠粉浆则是纯米浆，以品尝肠粉粉质和酱汁调料为主。广州肠粉拉得轻薄透明，米香味浓。用筷子夹起肠粉来，透过光线能隐约看到内部饱满的馅料。一口咬下去，满嘴鲜美嫩滑，绝对担当得起"白如玉，薄如纸"的美誉。小小一碟肠粉，体现出的是广州人对美食的执着、对生活的热爱。

【广州的文化符号】

◎ 粤剧

粤剧又称"广东大戏"或"大戏"，属于广东传统戏曲之一。它于明中叶时期开始萌芽，表演者将广东本地流行的南音、龙舟、木鱼等民间曲调与弋阳腔和昆腔相结合，再配上广东器乐乐曲，塑造出粤剧的雏形。经过不断发展，到清末民初时，粤剧已演变为集南北、中外唱腔音乐于一体，糅合各式唱念做打、戏台服饰、抽象形体等表演形式在内的独特艺术。粤剧剧目非常丰富，内容涵盖了民间传说、京剧昆剧。部分粤剧因其广受群众喜爱，还被改编成电影、电视剧甚至音乐剧，例如《帝女花》《紫钗记》《双仙拜月亭》。2009年10月，粤剧成为世界非物质文化遗产。现广州的荔枝湾戏台、文化公园中心台、八和会馆等地均有粤剧剧团演出，感兴趣的话不妨前去一饱眼福。

粤剧

◎ 广绣

广绣是以广州为中心的珠江三角洲民间刺绣工艺的总称，是粤绣之一。它以构图饱满、形象传神、纹理清晰、色泽富丽、针法多样闻名，品种包括刺绣字画、刺绣戏服及珠绣等。广绣起源于唐代，据

广绣

开篇

传唐代南海地区的少女卢眉娘能够于一尺绢上绣完七卷《法华经》，广绣技艺之精可见一斑。明朝时期，广绣成为出口的主要手工艺品，扬名海外。当时所用绣线不仅仅是绒线，还包括孔雀毛、马尾、金银线等名贵材料。近代广绣在国际上大放异彩，广绣业行会"锦绣行"会员一度多达千余人；多副绣品在诸如万国博览会、伦敦大桥开幕赛会等国际展览上获得奖项。解放后，广绣作品享誉中外。如余德的《牡丹松鹤》、黄妹的《百鹤图》等，均属于广绣画中的精品。它们远看醒目，近看精细，富有传统特色及鲜明的时代气息。

【广州的地标符号】

◎ 陈氏书院

陈氏书院俗称陈家祠，位于广州市中山七路。它始建于清光绪十六年，主要为陈氏宗族子弟备考科举、候任、交税等事务提供临时居所。陈氏书院分三排大殿，第一重大殿为客厅及私塾，第二重用于聚会，第三重则供奉祖先牌位。彼时捐资修建书院的子弟，均可将祖先牌位送至神龛供奉。在陈氏书院的建筑过程中，建筑师大胆地采用了石雕、木雕、陶塑、灰塑、壁画等不同风格、不同材料的工艺做装饰，简练粗放的线条与精雕细琢的艺术品相互映衬，庄重又不失淡雅。它集中国传统建筑形式与广东地方特色工艺装饰于一身，被誉为"广州文化名片"，是新世纪羊城八景之一。

陈氏书院

◎ 五羊石像

广州之所以别称"羊城"，是因为一个美丽的传说。相传，古时候的广州人民尚在饥寒辛劳中苦苦挣扎。直至公元前887年某日，五位仙人身着彩衣，骑着五头羊降临广州。仙人们考察人间疾苦后，又驾祥云而去；而他们的坐骑却化作巨石，永留广州。五羊仙子留在广州的福祉让这个城市从此成为南国富饶之地，人人丰衣足食、幸福吉祥。现广州的五羊石像位于越秀山木壳岗，系岭南著名雕塑艺术家尹积昌、陈本宗、孔繁纬共同创作。五羊石像高11米，一共使用了130块花岗石雕刻而成。四头憨态可掬的小羊围绕着一头口衔稻穗的高大母羊，再现了神话传说中仙人赠广州人民以丰饶的一幕。五羊石像象征着广州的繁荣昌盛，它于1999年被评选为广州市文物保护单位，如今五羊石像已成为海内外游客到广州必定前往的著名景点。

五羊石像

广州最佳的旅游季节

广州位于亚热带沿海，属于海洋性亚热带季风气候，温暖多雨、光热充足，夏季长、霜期短，是除昆明外全国年平均温差最小的城市。4-6月为广州雨季；7-9月则天气炎热、多台风。实际上，10-12月是最适合去广州旅游的季节。彼时广州温度适宜，且凉爽多风。虽广州冬季稍显寒冷，但持续时间非常短暂。每年北方大雪纷飞、寒风刺骨之时，广州却处处春意，不负其"花都"之名。

广州方言

广州方言是我国南方地区的重要方言之一，又称"广府话""白话"，是粤语语系的典型代表。它主要包括东山口音、西关口音、西村口音及番禺口音等，在珠江流域城市影响力强大。广州方言在形式上有个比较明显的特点——单音节词多，如蟹（螃蟹）、眼（眼睛）、明（明白）、尘（灰尘）等。另外，广州话中许多词素的前后位置也与普通话不同，如欢喜（喜欢或开心）、紧要（要紧）等。

1949年前，广州话用词比较古雅，受北方方言影响较小。近年来，广州话随着外来人口的流动、时代的变迁，在缓慢地发生着变化。许多旧词逐渐消失，类似"执仔婆"（接生婆）、"泡水馆"（卖开水的店铺）等词汇现已基本无人再说；而诸如"士多"（小商店）、"巴士"（公交车）、"发烧友"（同好）等新词则如雨后春笋般涌现。

接下来，让我们了解一些广州方言中的日常用语吧：

【亲人间的称谓】

老豆——爸爸；妈子——妈妈；大佬——哥哥；家姐——姐姐；细妹——妹妹；细佬——弟弟；阿嫂——嫂子；阿爷——爷爷；阿嫲——奶奶；阿公——外公；阿婆——外婆。

【对天气的称谓】

掘尾龙——龙卷风；落雨——下雨；行雷闪电——打雷闪电；蛇仔电——像树杈一样的闪电；白撞雨——有阳光的阵雨；过云雨——即来即去的短时间阵雨；翳焗——潮湿闷热。

【对时间的称谓】

上昼——上午；晏昼——中午；下昼——下午；琴日——昨天；今日——今天；听日——明天；礼拜——星期。

【对动物的称谓】

百足——蜈蚣；乌蝇——苍蝇；塘尾——蜻蜓；臭屁蝲——臭虫；檐蛇——壁虎；蛤姆——青蛙；蟛蜞——小螃蟹；水鱼——甲鱼；濑尿虾——虾蛄；鸡公——公鸡；马骝——猴子；黄猄——麂子。

【对植物的称谓】

马蹄——荸荠；胜瓜——丝瓜；生果——水果；番薯——红薯；大瓜——南瓜；矮瓜——茄子；禾——稻子；柑——橘子；椰菜——包心菜。

【其他日常用语】

放飞机——失约；擦鞋——拍马屁；拍拖——谈恋爱；头赤——头痛；隔篱——隔壁；差家——丢脸；揾人——找人；得闲——有空；返工——上班；出粮——发工资；手信——小礼物；早晨——早上好；好夹——合得来；除——脱；食——吃；雪柜——冰箱；樽——瓶子；滚水——开水。

广州的历史与城门楼

每当提起广州，人们会自然而然将它与现代、时髦、繁华、富裕等关键词联系起来。实际上，广州还是一个具有悠久历史和深厚文化底蕴的历史文化名城，是国务院首批颁布的国家级历史文化名城之一。早在公元前9世纪的周代，这里的"百越"人和长江中游的楚国人已有来往，建有"楚庭"，这是广州最早的名称。秦始皇三十三年（公元前214年）统一岭南后建南海郡（郡治设在"番禺"，即今天的广州）。公元226年，孙权为了便于统治，由原交州分出交州和广州两部分，"广州"由此得名。到如今，广州已经有两千多年的建城历史。就连法国首都巴黎、英国首都伦敦以及俄罗斯首都莫斯科等，都比广州年轻。下面，让我们对广州历史文化做一个简单的了解吧。

广州的历史文化

广州自何时起出现了古人类?

历史上,岭南地区出现人类活动的时间可追溯到数十万年前。在广东省云浮市郁南县河口镇和都村,有一个磨刀山遗址。面积达几千平方米的红土地上,立着一堆堆土墩,挖掘出石器的痕迹清晰可见。考古人员在磨刀山遗迹挖掘出土大量石器,包括手斧、刮削器、砍砸器等,加工工艺比较粗糙。这是广东地区旧石器时代早期文化留下的痕迹。

那么,广州地区的古人类又是何时起出现的呢?位于广州市从化吕田镇的狮象村遗址可以告诉你答案。

狮象村遗址是广州地区年代最早的古代人类遗址,在这个遗址上出土的文物包括石器、陶器及部分瓷器。遗址灰坑中,发现了大批量精致、锋利的石戈、石箭头等兵器,与磨刀山的相比,手工更为精细。这样的兵器在岭南十分罕见,让人惊叹不已。除石器时代的兵器外,考古人员还发掘出战国时期的陶缶、汉代的陶罐以及唐代的青釉四耳罐。由此可见,广州地区在距今五千余年前即有古人类居住。他们代代生于此、长于此,在每一个历史时期都留下了广州人生活的烙印。

哪些朝代曾把广州作为都城?

虽然广州在长达两千多年的历史长河中,一直都是华南地区的政治、经济、文化中心，但因其地理位置在沿海，基于国防等因素的考虑，将广州作为都城的情况并不多见。在秦末汉初与唐末，广州曾两次出现过割据的小国，分别为南越国与南汉。南越国系赵佗自立，在公元前206年至前111年期间，广州是南越王国的都城。而南汉系唐末刘岩成立，广州在公元917年至971年期间，是南汉的都城。

近代广州发生过几次革命？

拿过一张广州地图平铺，沿着广州市中轴线一一细看，三元里平英团遗址、黄花岗七十二烈士墓、广州农民运动讲习所、广州公社旧址、黄埔军校旧址等熠熠生辉。这些地名大多与近代革命有关：著名的三元里抗英斗争、黄花岗起义等均发生在广州；孙中山先生曾于此地三次建立起临时政权；毛泽东在这里创办讲习所，培养大批革命中坚力量；叶挺、叶剑英元帅也曾在广州领导起义……广州，是当之无愧的中国近现代革命策源地。吹去历史的浮尘，让我们来看看在这片古老的土地上，广州人民为了争取民主与自由，发起过多少次轰轰烈烈的斗争：

◎ 三元里抗英斗争

三元里抗英斗争发生在1841年5月，当时占据了广州四方炮台的英军到广州城北的一个小村庄——三元里抢夺财物、强奸妇女。英军的暴行在当地激起民愤，群众奋起反抗，打死数名英军。随后，三元里附近103个乡的非官方武装力量包围四方炮台并将英军引诱至牛栏岗。后天降倾盆大雨，英军枪炮失去威力。手持刀矛的人民乘势猛攻，将英军围困。惊恐万分的英军逼迫广州知府解散了抗英队伍，最终撤出虎门。

◎ 黄花岗起义

1911年4月27日，同盟会发动了第十次武装起义。这次起义由黄兴率领，共计有120余名敢死队员参与其中。他们臂缠白布，脚穿黑色橡胶鞋，从小东营指挥部出发，直扑两广总督，与清军展开血战。但因武器装备、人数等方面敌我悬殊，起义失败。革命党人被残杀，遗体血肉模糊，陈尸于广州街头。同盟会会员潘达微先生挺身而出，收敛72位

烈士的遗骨并埋葬于广州东郊黄花岗。虽起义未成，但黄花岗烈士浩气长存。

◎ 护法运动

1917年7月至1918年5月，孙中山先生为维护临时约法、恢复国会，开展了轰轰烈烈的护法运动。彼时袁世凯解散国会，恢复帝制。虽在护国运动的影响下，帝制又被迫取消，但黎元洪、段祺瑞等人经府院之争后引入张勋势力。张勋入京后拥戴溥仪复辟，因受到多方政治力量反对，复辟丑剧在短短几个月之内宣告结束，但段祺瑞在重新掌握北京政府大权后却拒绝恢复《临时约法》和召集国会。孙中山先生非常愤怒，他南下广州，发表演说，召集国会非常会议，并宣誓就职海陆军大元帅，率领一批革命党骨干和国民党激进分子成立军政府，北上讨伐以冯国璋、段祺瑞为首的北京政府。护法运动爆发后，各地护法军纷纷响应。经过数次和战反复后，孙中山发现大部分西南实力军阀名为护法、实为争夺地盘。于是他离开广州，前往上海。护法运动失败。

为什么孙中山没葬在广州？

在广州市越秀山南麓，坐落着一栋宏伟庄严的建筑物。它整体呈八角形，屋顶全部采用蓝色琉璃瓦。在阳光的照耀下，琉璃瓦盖与红柱黄砖交相辉映。兼以四周绿树环绕，景物错落有致，建筑物显得格外雍容华贵。

这就是广州的中山纪念堂，是广州人民和海外华侨为纪念孙中山先生而集资修建的。众所周知，孙中山先生与广州有着千丝万缕的联系。他的东西药局，设置在广州；创建兴中会后，他前后领导了10次起义，2次在广州；1921至1922年期间，孙中山在广州就任了中华

中山纪念堂

民国非常大总统……广州可说是孙中山先生当之无愧的革命大本营，也是国民政府发家的地方。但孙中山先生逝世后，却没有选择广州作为自己最终的归属。

据记载，1925年3月12日，孙中山先生生命垂危。宋庆龄、孙科及汪精卫、何香凝等人在孙中山病榻前商议他的后事，汪精卫提议将孙中山先生葬在北京景山。此时，已陷入昏迷的孙中山突然苏醒，挣扎着说："不对，不对。我要葬在紫金山。"

孙中山先生作出这个决定的理由很简单：他要与共和同在。南京是当时国民政府的所在地，因此，他要求葬在南京，而不是广州。

虽然广州最终并未成为孙中山遗骨埋藏之地，但广州人民依然对这位伟大的革命先行者满怀追思。广州承载了孙中山一生的挫折与伟大：中山纪念堂、中山大学、孙逸仙纪念医院……每一个地名，都记录着孙中山先生步步坚定的足迹。

广州城中轴线的演变

广州城市的近代化始于1918年，彼时广东省警察厅厅长魏邦平促使市政公所决定拆毁城墙，修筑马路。魏邦平的改建计划包括拆改起义路，但那时候的起义路满是书院与宗祠，其中许多书院、宗祠还有政治背景。魏邦平要将起义路开得平平直直的愿望最终没有实现，他郁郁而终；后来者陈济棠却在广州改建中大展宏图。

迷信风水的陈济棠着力于经营广州城的中轴线，他认为这样可以巩固自己的政治地位。随着越秀公园、中山纪念碑、中山纪念堂、海珠桥以及中央公园、起义路等标志性建筑的逐步规划、建设，广州市自越秀山到海珠广场再到江南大道这一自北向南的中轴线从此确立，气势宏伟壮丽。

1980年以来，广州经过高速发展，城市向东及南扩展。1984年，广州市提出了新城市中轴的概念。新的中轴线贯穿了燕岭公园、火车东站、天河体育中心、新电视塔以及海心沙岛，总长共计12公里。

近代广州的中轴线以纪念建筑、行政建筑为特色，宣示着当时执政者的权威；而如今的广州中轴线则记录着这个城市日新月异的经济发展状况，用商业地标、生态园景等建筑物，贯穿了整个城市的经济命脉。

建国后，广州行政区划的变更

1949年10月14日，广州解放。解放后的广州一度被定位为中央人民政府直辖市，是新中国成立之初的13个直辖市之一。此时的广州市被划分为28个区，其中城区20个、郊区7个、水上区1个。1950年，广州改为中南军政委员会领导，1954年又划归广东省领导，为省辖市。

1983年，韶关地区的清远县、佛冈县划归广州市。同年2月，广州实行计划单列。计划单列后，广州市被授予了相当于省一级的经济管理权限。它的收支将直接与中央财政挂钩，与省级财政脱离关系。

1993年，国务院决定撤销省会城市的计划单列。后广州被定为副省级城市，在国民经济与社会发展计划方面，被作为省一级计划单位看待，拥有省级政府的权限。

经过二十余年不断的规划调整，广州市现管辖的城市总面积达7434.4平方公里，区划包括越秀区、荔湾区、海珠区、天河区、白云区、黄埔区、番禺区、花都区、南沙区、增城区与从化区。其中越秀、海珠、荔湾被称为老三区，是广州市的老城区；而番禺、花都、从化、增城则被称为"新四区"，发展迅猛。

广州各行政区划的名字都起源于何处？

◎ 荔湾区

荔湾区得名于荔枝湾。"一湾春水绿，两岸荔枝红"即描述的是荔枝湾旧景。现在荔枝湾的往日风光虽已消失，但"荔湾"这一名称却保留至今。

◎ 从化区

明朝时期，有叛军在流溪河流域起兵作乱。政府派人镇压后，设立一县安置战俘。取其服从教化之意，故名"从化"。

◎ 越秀区

广州城内有一座山名为"粤秀山"，后因故更名为"越秀山"。该地建区时，以山名定为区名，此即为"越秀区"名称来历。

◎ 天河区

天河区得名于天河村。天河村原名大水圳村，该村民国时期李姓居多，与当时广州军阀李福林为同宗。1927年，李福林势力扩张，将其出生地"大塘村"更名为"天池村"，寓"天池出龙"之意。后又派人前往各宗族村游说，要求把宗族村名全改为天字头。由于大水圳村前有沙河涌流过，村名便改为了"天河村"。建国后，天河村的土地上修建起了天河机场、天河体育中心；最终，"天河"就成为了这片土地的区名。

◎ 白云区

白云区得名于白云山。每当雨后放晴，山顶白云缭绕，风景奇秀，蔚为壮观。"白云山"之名自此而来，后该区建区时亦定名为"白云区"。

◎ 黄埔区

黄埔区得名于黄埔港，黄埔港是明清时期海上丝绸之路的必经之处。黄埔原名"凤埔"，但外国船员误读为"黄埔"。久而久之，误读的名字反而传承下来，成为了我们今天所称的"黄埔区"。

◎ 番禺区

"番禺"之名，由来已久。明朝黄佐《广东通志》载："番禺县治东南一里曰番山，其山多木棉，其下为泮宫；自南联属而北一里曰禺山，其上多松柏。"正因该地有番山同禺山，故被称为"番禺"。

◎ 海珠区

海珠区得名于海珠石。海珠石是珠江三石之一，原为珠江中间的一个小岛。因为它地处航道之中，曾经被用作炮台。后来被开辟为海珠花园，在陈济棠修筑新堤时期，沉没于地表之下。现海珠花园仍残存下六块巨石，被放置在海珠桥两端。

◎ 增城区

东汉年间，南海郡原有六县。后拟新设一县，增建一城，故名之曰"增城"。

◎ 南沙区

南沙旧名沙埠，又名沙浦、南湾。它是珠江三角洲自然形成的冲积平原，沙的意思就是沙洲。2005年4月28日，政府将番禺区的南沙经济技术开发区和万顷沙镇、横沥镇、黄阁镇、灵山镇的庙南村、七一村和庙青村的部分区域，东涌镇的庆盛村、沙公堡村、石牌村的各一部分区域划归南沙区管辖，南沙区自此成立。

◎ 花都区

花都区有广州市北大门和后花园之称，1960年4月为广东省广州市属县，1993年6月18日，撤县设市，定名花都，人口近50万人。

广州金融业的发展史

广州的金融业一直位居中国前列。在没有特殊性政策扶持的情况下，广州超越了重庆、天津、珠海等享受大量政策优惠的城市，获得了仅次于北京、上海之后的全国经济总量的探花地位。

实际上，广州的金融业能得到长足发展，与它所处的地理位置、历史沿革有着割裂不开的联系。广州处于我国东南沿海，历史上一直是我国与东南亚、西亚、非洲、欧洲等地距离最短的贸易港。《南京条约》签订后，虽中外贸易特权从十三行手中旁落外国列强操控，但客观上，为广州近代金融业的发展提供了土壤。

在军阀混战的1923年，孙中山先生第三次在广州建立政权。彼时广东金融被汇丰、有利等外资银行把持，情况十分混乱。孙中山与宋子文于次年在广州建立起广州中央银行，并采用现兑等特殊手法阻止通货膨胀，同时发行公债。广州的中央银行，为中国近代金融史划下了第一笔浓墨重彩。

广州市解放后，大量江、浙、沪一带的民间资本通过广州流向海外，金融气氛浓厚。在良好的金融气氛与改革开放的大背景下，广州抓紧时机，促进金融业的发展。现广州市来源于金融业的税收占全市税收的8.2%，直接融资规模增速位列国内城市首位。

广州的"十三行"是指哪十三行？

"十三行"又称"公行""洋行"等，最初起源于明代。但明代时虽其名为"十三行"，实际并非固定的13家。行商数量变动不定，少的时候只有4家，多的时候可达20余家。在闭关锁国的年代里，十三行一方面肩负着管理国外商务人员、传达政令、代缴税款的义务，一方面又享有对外贸易的特权，性质上半政半商。

由于所有的进出口货物都要经过十三行买卖，这使得十三行成为了呼风唤雨、点石成金的地方。潘、伍、卢、叶四大行商，其家产总和比当时的国库收入还要多，是货真价实的"富可敌国"。尤其是祖籍福建的伍秉鉴，是个经商的天才。他用了七年的时间，使自家的怡和商行雄踞总商地位，如日中天，不可一世。曾有美国商人欠付伍秉鉴7万余元，滞留广州无法回国。伍秉鉴满不在乎地撕碎欠条，表示一笔勾销，对方想何时离开都行，绝不阻拦。然而随着历史的发展、中西方文化的剧烈碰撞以及由此带来的对外贸易持续开放，十三行不可避免地逐渐走向衰落，最终消失在历史舞台上。直到现在，广州市还有十三行路，这条道路见证了十三行长达数百年的兴亡史。

各类宗教在广州是如何和平共处的？

广州在我国宗教史上，占据着"四地"的重要地位，即：外来宗教海路入华的首选地、中外宗教文化交流的前沿地、宗教变革地、岭南宗教文化的中心地。早在西晋太康二年，佛教就传入中国。西竺僧伽摩罗在广州建立了三皈、仁王两座寺庙，佛教的"海上丝绸之路"自此而始。几乎在同一时期，鲍靓和葛洪南下广州传道修道，符箓派和丹鼎派应运

而生。彼时鲍靓创建的越冈院，就是如今广州三元宫的前身。唐朝初年，伊斯兰教传入广州；阿布·宛葛素创建的怀圣寺是我国的第一座清真寺。明末时期，范安礼利用葡萄牙人来华贸易的机会进入广州，并传播天主教。

经过数千年的历史演变，广州的宗教最终形成了多元共存的局面。有的广州人供奉土地神，有的广州人供奉财神；有的广州人信奉真主阿拉，有的广州人则笃信上帝。应元路的三元宫、光孝路的光孝寺、光塔路的怀圣寺、一德路的石室圣心大教堂……几大宗教的活动场所都分布在相距不远的范围内，它们彼此尊重，共同发展。广州地域的开放性与兼容性，让广州的宗教达到了"万物并育而不相害，道并行而不相悖"的和谐境界。

广州有哪些传统节日？

广州是一座很注重传统节日的城市。当春节、元宵、清明、端午、中秋等大部分重要节日来临时，广州都承袭中原旧俗，如春节时吃团年饭、贴春联、舞龙舞狮；端午节吃粽子、赛龙舟；中秋节拜月、赏月、吃团圆饭等。但另有一些节日，则是广州所独有的，其中包含着许多美好的故事和传说。

◎ 生菜会

生菜会起源于明末清初，有三百多年的历史。最初，人们在迎春日那天举办生菜会，大家一起吃生菜、"迎生气"。后来，因"生菜"同"生子发财"音近，生菜会渐渐地与送子观音的诞辰——农历正月二十六联系起来。每年的这一天，人们都会在观音庙附近看戏听曲、朝拜观音。生菜会上的食物也逐渐变得丰富：除了寓意"生财"的生菜外，还有象征长寿的粉丝、象征显贵发达的蚬肉，象征长久的韭菜等。直到今天，生菜会在老广州人心中仍然有着不可替代的地位。

◎ 波罗诞

相传唐朝时，有天竺属国波罗使者来华。后因延误归期，终老于广州，并被封为"达奚司空"。为了供奉他，广州人建立了南海神庙。由于使者来自波罗，又曾为广州带来菠萝树，于是民间便将神庙称为"波罗庙"，还设定了"波罗诞"作为南海神诞。波罗诞在每年农历二月十一至十三举行。庙会期间，各地善男信女结伴前往南海神庙，或观光、或祈福。彼时路上行人如蚁，庙中人声鼎沸，紫烟缭绕，爆竹轰鸣，胜似春节，故民间有"第一游波罗，第二娶老婆"之说。

波罗诞

广州人说"喝茶"就是喝茶吗？

广州人碰面时，喜欢问候对方"饮左茶未"？这一习惯用语折射出的是广州人上千年来对喝茶的嗜好。据传，南越国国君赵佗当年率领大臣在江边楼阁喝茶，眼见红日升起，珠江浮光耀金，非常壮丽。赵佗心花怒放之际手抓茶叶撒入江中，茶叶随即化作飞舞鹤群。不多时，鹤群又化为仪态轻盈的仙女。仙女降落楼阁之中，并向赵佗献上香茶。这个神话故事，可以将广州人喝茶的历史上溯到西汉时期。

然而，倘若广州人请你"喝茶"，可并非喝点茶水那么简单。广州人喝茶是讲究"一盅两件"的。所谓"一盅"，就是茶壶配茶盅。壶里放些粗茶，提神洗胃。"两件"多为萝卜糕、芋头糕之类点心，在清肠胃之余可以填饱肚子，补充精力。

如今，广州的"一盅两件"已经摒弃了旧时的粗放风格。"一盅"要求茶靓水滚，"两件"要求精美多样，马

一盅两件

蹄糕、糯米鸡、叉烧包等口感细腻的小吃正在逐步取代萝卜糕、芋头糕的地位。人在广州，邀约三五知己，在茶楼里可以从早茶一直喝到夜茶。大家海阔天空地指点江山，评论时政，别有一番情趣。

广州为何被称为"妖都"？

近年来，除"羊城""穗城""花都"外，广州又多了个别称——"妖都"。关于"妖都"的来源，说法真是五花八门：

有人说，广州被称为"妖都"是因为之前已经有了"魔都"（即上海）。按照妖魔鬼怪的说法，广州就应该叫"妖都"；有人说，广州的外来人口远超本地人口，外来人口的不断增加让许多人对广州产生了鱼龙混杂的印象，故有了"妖都"这个称呼；也有的人认为，"妖"在粤语中是一个常用的吐槽词，相当于"切"。正是因为这个语气词，广州才被称为"妖都"的。

事实上，广州"妖都"的别称与日本舶来文化——ACG有关。ACG是动画、漫画、游戏的总称，日本的ACG受众们将东京戏称为帝都，称大阪为妖都，京都和奈良则被称为大魔都和小魔都。ACG文化传入中国后，中国的受众也照搬了日本设定。由于北京、上海、广州这三个城市ACG业比较发达，于是北京成为了"帝都"，上海成为了"魔都"，广州则成为了"妖都"。广州兼容并蓄的文化态度，在广州人对"妖都"这一称谓的接受程度上可见一斑。

广州市为何选择木棉花作为市花？

木棉主要分布于华南地区，通常在12月落叶，晚春开花。木棉花盛开时直径可达12厘米，远远望去，满树殷红。

木棉有许多别名，例如烽火树、吉贝树等。《西汉杂记》记载，西汉时南越王赵佗曾向汉武帝进贡"烽火树"，这里的"烽火树"就是现在的木棉。而"吉贝"这个别名则来源于一个传说。

相传五指山上，有位老英雄名叫吉贝。他常常带领族人抵御异族的侵犯。后来因叛徒告密，吉贝被捕。敌人将他绑在木棉树上严刑拷打，但吉贝英勇不屈，最后被残忍杀害。吉贝去世后，他的身体化作一棵棵满身红花的木棉树。因此，后人将木棉树称为"吉贝"，以纪念这位英雄。

木棉树挺拔端庄的姿态，引来无数诗人的吟咏、赞叹。清代诗人陈恭尹在《木棉花歌》中形容木棉花"浓须大面好英雄，壮气高冠何落落"；广东诗坛领袖张维屏则在《东风第一枝木棉》中写道："烈烈轰轰，堂堂正正，花中有此豪杰"。这些诗句把木棉花英勇顽强的特质描摹得淋漓尽致。正因为木棉花象征着凌云壮志，洋溢着似火一般的热情，广州市政府才最终于1989年10月确定：选择木棉花作为广州市花，让木棉花来展现广州人的英雄气概以及他们对生活的热爱。

木棉花

广州的城门楼

广州旧城到底有多少个城门？

城门是城楼下方的通道，它与城楼、城墙相互连接，既能够起到军事防御的作用，又能够为城市防洪效力，是古代城市坚固的屏障。

漫步广州人民公园，可以找到一个广州古城的模型。在这个古城模型上，我们可以看到广州旧时的十八个城门。这十八个城门东至中山三路，西至中山六路，南至珠江，北至越秀山。它们相互连接，构成了旧广州的边界。

◎ 大北门

大北门位于现在的解放北路、盘福路、镇海路交界处。镇海路是沿着大、小北门之间的城墙修建的，这段城墙就是广州现在仅存的一段明代城墙。

◎ 小北门

小北门位于越秀山麓，在解放前就已被拆除。后来小北门依据越秀山旧城墙造型设计并重建，采用了青砖、红岩、灰墙、琉璃瓦等元素，现在是越秀公园的东门。

◎ 大西门

大西门位于现在的中山六路与

广州西门

人民路相交处西南侧，仅余残迹。它南北长50余米，东西宽18米，残存基址高三四米。古时的大西门商业繁华，有许多典当铺。著名的宝生大押就位于大西门外，是广州城的第三大典当铺。

◎ 文明门

文明门的开辟可追溯到明朝万历年间。它置身于喧闹的文明路骑楼群中，四周理发店、杂货铺、小吃店鳞次栉比。相传，以前书生们在广府学宫考完试，就经过文明门，再步行青云直街，旨在取个好意头"青云直上"。

◎ 大东门

大东门，学名正东门，位于如今的中山路与越秀路交界处。出大东门后，可以看到东濠涌。跨过东濠涌上的大东门桥，便是昔年坟墓遍地、高低不平的东郊。广州历史上发生过两次大屠杀，其中一次大屠杀将东郊作为难民埋骨之地。人们称之为"东门共冢"。

◎ 大南门

大南门位于现在的北京路、大南路、文明路交界处。

广州大东门

◎ 小南门

小南门又称定海门，位于现在的德政路与文明路的交界处。穿过小南门往北，就可以抵达原番禺学宫；而小南门的东边就是广东的贡院。

除了前述这些主要城门外，还有永清门、靖海门、油栏门、竹栏门、五仙门、归德门等。广州十八城门所在的位置，至今仍然是商业旺地。从前花农贩花之地——五仙门，在民国时期建立起五仙门发电厂；而油栏门周边则成为了海味干货批发市场……广州人对商业的重视，在旧时城门楼的变迁历程中体现得淋漓尽致。

《浮生六记》里的幽兰门是靖海门吗？

沈复是清代的作家、文学家。生于苏州幕僚家庭的他没有参加过科举考试，曾一度靠卖画维持生计，四处游山玩水。他在各地飘零的一生中，写下了《浮生六记》，大半辈子的欢愉与愁苦两相对照，让人不禁发出"浮生如梦，为欢几何"的感慨。

沈复在《浮生六记》中，曾多次提起过广州。贩卖各色鲜花的芳村、靖海门的扬帮妓船，还有位于"幽兰门"的十三洋行。实际上，广州各城门中并无"幽兰门"一门。有人认为，沈复笔下的"幽兰门"就是靖海门，李景新先生与卫家雄先生即持此说。然而，《浮生六记》里，沈复曾记载自己在乾隆八十五年"寓靖海门内，赁王姓临街楼屋"，又说正月十六，他与友人"同出靖海门，下小艇"。由此可见，沈复绝无可能将幽兰门与靖海门混为一体。那么，《浮生六记》里的幽兰门究竟是哪个城门呢？

其实，"幽兰门"就是广州的"油栏门"。它们二者发音相近，沈复在游览广州途中可能错将"油栏"写作"幽兰"。另外，油栏门位于靖海门之西、十三行之东，与沈复记叙的方位能够互相对应。所以，《浮生六记》里的幽兰门绝对不是靖海门，而应该是位于如今一德路与海珠南路相交处的油栏门。

双门底：广州城门里的除夕花市

双门底始建于唐天佑三年。彼时岭南清海节度使刘隐扩大南城，命人凿低南门两侧的番山及禺山，并建立清海军楼。这栋楼，即为"双门底"的雏形。后清海军楼经数代改建，被建成楼长十丈四尺、深四丈四尺、高三丈二尺，上为楼、下为两个并列的大门，俗称"双门"；双门底自此诞生。

双门底是古时广州的商业中心，书坊、古董市场均热闹非凡。到清朝时，双门底花市成为广州一绝。"双门花市走幢幢，满插箩筐大树秾。

道是鼎湖山上采,一苞九个倒悬钟"。这是晚清文人徐澄溥写下的《岁暮杂诗》,描述的就是双门底大街年宵花市的盛况。每到除夕之夜,广州万人空巷,人们扶老携幼看花买花。伴随着满城炮

双门底

竹的响声,双门底满街花团锦簇,各种姹紫嫣红的花朵竞相登场。桃花、吊钟花和水仙花是除夕花市的主角,它们分别象征着宏图大展、多子多福与大吉大利。若买得中意花束务必要高高举起,否则会落得空剩残枝。

如今的广州花市历经千年,传统依旧。目前,广州已形成了越秀、天河、荔湾、白云等区的十大花市;过去的双门底更名为"北京路",后来又被改造成为商业步行街。现在的北京路上,铺设着可以俯视千年古道的玻璃路面,还安装了变幻万千的彩虹喷泉。双门底在历史与时尚强烈反差的视觉效果中,更显迷人魅力。

归德门:一扇不能开启的城门

在广州博物馆碑廊,至今还保存着一块珍贵的文物:刻着"归德"二字的石额。它宽163厘米,高99厘米,篆体工整,笔势雄浑。自明代时起,就悬挂在广州城归德门上方。

归德门是一扇特别的门。它位于如今的解放路与大德路相交处,将南海、番禺两地相隔。清朝时期,归德门这一线还成为了满汉民族的分界线。西边为八旗驻地,东边为汉民族居住地,界限分明。由

归德门

于归德门地处交通干道，故人来人往，十分热闹。

除却作为分界线而存在的特殊意义之外，归德门还有一个数百年来没有解开的谜团：它是一扇夜晚不得开启的城门。往年的广州在晚九时左右就开始宵禁，所有城门关闭，钥匙上交将军府，等到黎明时分再开启。但在宵禁期间，如果有地方官员因公耽误，可以酌情开启放入。可这样的特例却不适用于归德门。据说当时的南海知县因公夜归，也只能绕道到大南门叫开城门，无法抄近路从归德门进入。同治十二年，西关故衣街茂兴洋货店发生火灾，急务当前，归德门也不许开。众人只能绕道大南门、太平门前往扑救。如此不通情理，实属少见。

归德门不许开启的原因至今也无人知晓。今天的归德门，已经完全没有了昔日的踪迹。过去摩肩接踵的花鸟虫鱼市场早已消失，一条宽阔的解放路贯通南北。只剩下博物馆里的碑廊，作为上百年来广州城历史的见证。

东门共冢：广州大屠杀的血腥产物

广州历史上，曾经发生过两次惨绝人寰的大屠杀：卢循焚城与庚寅之劫。前者发生在东晋年间，孙恩、卢循在浙江一带起义，后被朝廷派兵镇压。卢循兵败后率领数千人马逃到海上，泛舟南下抵达广州，随后攻城。当时，卢循采用了火攻策略，他派人入城放火。由于时值深秋，夜风大作，城内建筑材料多用木竹茅草，火势蔓延熊熊。这次焚城导致三万余人身亡，最后只得挖掘大冢埋葬。

庚寅之劫则发生在明末清初，尚可喜与耿继茂攻陷广州后对城内居民进行了长达十二天的大屠杀。据清史记载，这场屠杀中共有数十万人命赴黄泉。那些尸体在广州城东门外被焚烧合葬，彼时"累骸成阜，行人于二三里外望如积雪"。传说尚可喜在屠杀后陷入了永无止境的噩梦中。他开始流连于广州城内各种寺庙道观，想寻求心灵平静。最终，他在海幢寺遇到了天然和尚。在天然和尚的点拨下，他扩建了海幢寺，以超度在庚寅之劫中死去的亡魂。

大南门：一项长达两年的拆迁工程

广州城大南门位于广城市中轴线上，内外均为官府。外省来广州上任的官员，大都乘船抵达天字码头，再从大南门入城就职。

从1912年起，广州市就开始了拆城筑路运动。但城墙拆除的过程十分艰辛漫长，仅大南门一段，拆除工作就耗费了将近两年的时间：

1919年2月至3月，永兴公司商人韦仕中标，成为大南门拆迁工程的负责人。在韦仕与市政公所签订的合约中载明，该工程完工时间为90天，每延迟一天，要罚款30元。然而，永兴公司在拆迁过程中遇到了很大的麻烦，承包商韦仕无力再雇佣工人。该工程自开工日起至1921年1月30日止，扣除掉泥土处理期、战争停工期、下雨影响工期的日期后，延期长达335天，罚款共计10065元，在当时是一笔十分庞大的数额。

由于永兴公司已无法再继续开展拆除工作，而同时进行的西濠工程又急需大南门拆除工程中产生的泥土来进行填充；一旦大南门拆除工程搁置，西濠工程、马路兴建工程等都会受到影响。基于种种考虑，市政公所必须引入第三方来接手。此时，接盘者陈钜臣出现在官方视野中。他推荐华兴公司来顶替永兴公司，以尽早完成工作。然而，市政公所要求华兴公司必须按照原来的合同进行拆除工作，之前的罚款也需要华兴公司偿还，方可批准承接；因此，双方出现了利益的博弈。华兴公司希望减免罚款，而市政公所却将此事推脱到工程科，要求工程科拟定解决方案。承接工作迟迟得不到落实。

直到广州颁布《广州市暂行条例》后，市政公所被广州市政府工务局取代。工务局决定对永兴公司作出严厉处罚，解除双方签订的合同，并将永兴公司缴纳的押金和部分工程量充公以抵扣罚款。大南门拆迁工作至此方得以继续下去，当年官方与民间力量的博弈，在这段长达685天的拆迁工程内展现得淋漓尽致。

传说中关系着科举风水的城门楼——东西照壁

照壁是中国古代传统建筑的特有部分,明清时期特别流行。它是大门内的屏蔽物,又称萧墙,传说是为了辟邪而修建,因为鬼怪只会走直线,不会转弯。广州东西城门瓮城内加筑的照壁也是基于风水的考虑,认为这样可以防止阴、阳二气相撞,从此城中可免兵祸。

但东西照壁建造后,广州人民却纷纷表示反对。他们强烈要求拆掉照壁,理由听起来不免有些奇葩:照壁阻挡了广州人科举考场上的运气。

原来在科举考试中,广东人里产生过状元,也产生过探花,但却一直没有广州人中过榜眼。广州人将此事归咎于广州城东西门的照壁,认定照壁完工后,形成了两道屏障,仿佛广州城的双眼被人为遮蔽。这样一来,广州人自然与榜眼无缘。幸好清代道光三十年,有个叫许其光的番禺人中了榜眼,打破了东西照壁与科举风水有关的谣言,东西照壁得以幸存。

然而清代咸丰七年时,英军进攻广州,炮火连天;在这场战争中,肩负着避免兵祸使命的照壁终究没有逃脱倒塌的命运。东西照壁的修建初衷与它最后的结局形成了强烈反差,让人不由得发出一声叹息。

西门瓮城:广州十八城门的最后记忆

瓮城属于古代城市的防御设施之一,可以加强城池的防守。大多数瓮城都修建在城门外,它们呈半圆形或方形,设置有箭楼、门闸等攻防设施,是城墙的一部分。

在广州中山七路与人民路交界点的西南侧,就有一处淹没在繁茂的植物丛中的古代遗址——西门瓮城。它修建于明代,城垣由红沙岩条石包边,墙芯则以黄褐色土夯实。广州西门的城墙高大雄伟,一直是广州抵御外来侵略者的重要屏障。即便是明末时期,清军南下将城门攻破,也不能怪罪于城墙不够坚固。18世纪中叶来华的美国人威廉·亨特著有《旧中国杂记》,看了广州城墙后,他说,"这记载看来是可信的。你看那高大的城墙、巨大的双扇城门与高耸的城楼；而敌方没有炮兵，他们的军队主要是骑兵，用的武器是弓箭和长矛。"

辛亥革命以后，广州市引入西方规划建设理念，开始了市政基础建设。大部分旧城墙都遭遇了破坏性的改建，它们被推平、被拆除，只有西门瓮城因拆除西城门时被残砖废石掩埋而幸免于难。

如今的西门瓮城已经在文物考古研究所的主持下得到了发掘。遗址表层覆盖的植物被悉数清理，城墙本体也得到了清洁和预防性微生物防治。在旧城遗址上，修筑起方便游人参观的小公园。西门瓮城穿越过数百年的时光，成为广州十八城门的最后见证。

广州的街桥地名

　　街巷将城池划分为一片片方格网，除供居民通行外，还与明渠暗沟共同承担着排污、排雨的功效。桥梁则架设在江河湖海之上，为水域附近的居民往来提供便利。如果说城门墙是一个城市的骨骼，那么街桥便是它的血脉。

　　城市街桥地名的来历，可以从侧面反映出该地的人文风情。西来正街与达摩有关？毓灵桥为何又叫龙门？为什么人们说龙藏街背后是一个拍马屁的故事？"飞来对面巷"这个奇怪的名字从何而来？……通过研究广州市街桥地名背后的故事，相信你在游览期间能够对这座古城多一份别样的体验。

广州的街桥

毓灵桥为什么又叫"龙门"?

毓灵桥位于广州市荔湾区,横跨大冲口涌。在清代中叶,该地属于钟秀乡。"毓灵桥"的名字,也就来源于"钟灵毓秀"这个成语。

毓灵桥造型古朴,没有任何浮夸的花纹。在桥的两岸,商业十分繁华:茶楼、药店、肉店、山货店等数百家店铺鳞次栉比,人群熙熙攘攘,摩肩接踵。除商业发达外,毓灵桥周边的文化气氛也颇为浓厚。当时的棉州书院就建立在毓灵桥附近,那些中举的才子们衣锦还乡后,乘船要通过毓灵桥下;再加上赛龙舟时,毓灵桥常常作为竞赛的终点站,因此,毓灵桥又多了一个"龙门"的美称。

毓灵桥

如今的毓灵桥,在经过数次损坏与修复后,成为了广州市的重点文物保护单位。漫步毓灵桥上,观古桥流水,赏红花绿树,听蜂蝶鸟鸣,让人不由得心旷神怡。

广州现存最古老的桥是哪座桥？

漫步位于广州市海珠区前进路的晓港公园，穿越过一排排姿态优雅的翠竹，可以发现公园内有一座造型简洁的古代石桥。这座桥叫"云桂桥"，是广州市区现存最古老、保存也最完好的石桥。它最初建于明代时期，是与海瑞齐名的清官何维柏的手笔。

云桂桥

何维柏是广州人，一生为官清廉。后被严嵩陷害，削去职位。贬回原籍的何维柏在广州南郊隐居，还设立了天山书院教授学生。为了方便学生来往，他出资修建了一座石桥——小港桥。何维柏的学生们都非常争气，其中中举人者过半数，中进士者多达十余人，可谓桃李遍天下。后来，为了纪念何维柏，这座小桥被改名为"云桂桥"，取"步云折桂"之意。云桂桥的桥名中，孕育着古代读书人考取功名的美好愿望。

西来正街是从何处得名的？

达摩祖师原为印度人。传说他原为南天竺国的王子，出家后倾心于大乘佛法，并改名为菩提达摩。他是中国禅宗的始祖，主要宣扬二入四行禅法。南朝宋末，达摩祖师自印度航海来到广州，准备从这里北行到北魏，沿途用禅法教人。为了纪念达摩祖师，人们把达摩抵达广州时登岸的地方称作西来初地，把他搭建的用于苦修的草庵称作西来庵；如今广州市荔湾区下九路一代的西来正街、西来后街、西来西、西来东等街巷名均由此而来。"西来"

西来初地

二字，记录着佛教在中国传播的足迹。直到今天，仍有络绎不绝的海内外游客前往西来庵（如今的华林寺）朝拜，以瞻仰当年达摩祖师修法传教的风采。

相公巷和相公有什么关联？

相公巷位于广州市越秀区大新路。它名为"相公"的原因，确与相公有关。但这里的相公并不是老公，而是对"君子"的一种称呼。

明朝末年，巷里住着一位书生，名叫吴八。因为他心地善良，又热情助人，虽然没有考取功名，但大家都尊称他为"吴相公"。

有一天晚上，吴相公读书读得略感疲倦。他走出屋门准备休息一会儿，突然发现巷口出现三条人影。这三人将一包东西扔到巷口水井内，还窃窃私语："这次他肯定死！""有这么多人陪着死，他赚了！"吴相公一听不对劲，便喝跑了这些匪徒。他担心不知情的街坊误饮有毒的井水，于是决心守住这口井。一旦有街坊来打水，吴相公就告诉对方昨夜有人投毒。

打水的人陆陆续续多了起来。越来越多的人开始质问吴相公："你是不是昨晚眼花看错了？"吴相公见无法打消众人疑虑，便打水上来，对大家说："这样吧，我先喝一口水。如果我有事，你们千万别喝。"

吴相公喝完一碗井水后，随即腹中绞痛，不久便七窍流血而死。街坊们追悔莫及，只好将他厚葬。为了纪念这位书生，小巷也因而改名为"吴相公巷"，后来简称为"相公巷"。这就是相公巷的由来。

流花古桥与刘氏皇帝有关吗？

流花古桥位于旧时的交易会展馆之后，现仅存桥身石板数块。虽然"流花古桥"字样依然刻在桥侧，但现在许多广州本地人都对它无甚了解。其实，这座桥由来已久，它的命名还跟刘氏皇帝有关——

南汉时期，刘氏皇帝命令部下疏通开挖芝兰湖，筑起离宫别苑供自己与妃嫔享乐。彼时，别苑内莺莺燕燕，美人日日徜徉其间。在这个依山傍水的温柔乡里，筑有一座木桥。木桥下可以通舟，两岸一片桃红柳绿，相映成趣。宫人们时常采撷鲜花，或用于供佛，或用于妆扮，或用于装饰内室。每日清晨，当宫女起身梳妆时，便顺手将前日残花抛落水中。这些花朵随着水流流淌到木桥之下，木桥从此就有了"流花"的名字。

流花古桥

汇津桥：服役至今的古桥

　　汇津桥是马涌河上三大古桥之一。因桥下有三支水流入（一支由永兴街流入，一支由珠江泳场流入，一支由沙园流入），故而得此桥名。

　　汇津桥始建于清代中叶，桥头风光秀丽：水松挺拔高耸，芦苇身姿颇具风韵，无数水鸟在此地聚居筑巢。每到傍晚，有渔舟晚唱，划桨声伴着鸟鸣声，一派丰饶的田园美景。吴绍东就曾经在《日暮过马涌桥》一诗中写道："田禾正稔熟，十里黄云垂。何处荷花风，送香吹复吹。天际鸟三两，时有归云随。晚松凉欲滴，爽气沁诗脾"。

　　如今，马涌河上原有的式样繁多的桥梁，大部分已经消失在历史的长河中，但汇津桥却完好地保存了下来。时至今日，汇津桥仍是附近居民的主要通衢。

石井桥有什么传说？

　　石井桥坐落在广州市白云区石井镇内。以前，石井河上是没有桥连通两岸的。要想出行，全靠木船摆渡。由于湖畔有一大片泥潭，人们上岸时，总会把身上衣裤弄脏。当时有个叫周合盛的年轻人，心地善良。他每天都在河边帮助来往路人过河，不由得生出了要在石井河上修建桥梁的愿望。

有一天,周合盛背了一位须发皆白的老年人过河。老人过河后,抬起自己的光脚对周合盛说:"我的鞋丢了,你帮我找找吧!"周合盛不辞辛苦,在烂泥中找到老人的鞋子。谁知老人得寸进尺地对他说:"给我穿上!"周合盛恭恭敬敬为他穿上鞋,老人起身就跑,速度飞快。周合盛认为老人不是普通人,连忙拔腿就追。追上后将自己的梦想告诉了这个老人。老人听周合盛讲完,有感于他的热心:"年轻人,你一定会实现愿望的!"话音刚落,就化成风消失了。

石井桥

那天晚上,周合盛做了个梦。梦里的老人把造桥的材料、方法等都一一告知了周合盛。最后,周合盛询问老人尊姓大名,老人说:"吾乃黄石公是也!"

按照黄石公的指导,当地居民迅速筹备费用,在周合盛的监工下把石井桥建了起来。人们为了纪念周合盛与黄石公造桥的恩情,便在桥上刻了两副对联。一幅是"好进仙人履,能通驷马车";一幅是"彼岸通黄石,横江映白虹"。

如今的石井桥,依然留存在石井河上方。经历过来来往往行人的磨损,受到过侵略军枪炮的击打,风霜雨雪中它依然坚挺,用累累伤痕的身躯,承载起石井镇百年的岁月流淌。

福泉街上真的有福泉吗?

在现在的广州市惠吉西路附近,有一条福泉街。福泉街中有一口井,从井口往下看,可以看到一块粉色石头,状如巨碑,从地底突出,倒悬井内。因此,这口井被称为"吊碑井"。"福泉街"街名的由来就和这吊碑井有关。

相传古时的吊碑井，有大量蝙蝠在井中栖息。忽有一日黄昏时分，天边飞来一双白鹤。井中蝙蝠纷纷自井口飞出，并绕着白鹤飞舞，直至天黑。天黑过后，这对白鹤飞入井里，站在石碑上休息了片刻，然后飞向远方。因当地人将蝙蝠、白鹤视为仙物，这一奇观被他们看在眼里，遂将这条街称为"福泉街"（福与蝠发音相同）。

高第街与中举有关吗？

"联翩曾数举，昨登高第名""如此高材胜高第，头衔追赠薄三唐"……自古以来，"高第"二字就与中举联系密切。位于广州市越秀区的高第街，也跟中举有关吗？

如果你的回答是"有关"，那么恭喜你，你成功地受到了惯性思维的误导。实际上，高第街与科举考试半点关系也没有；它的名字，来源于一段美好的爱情故事。

传说旧时的高第街上，有一户财主。财主家女儿与一个叫高弟的青年相爱，结果被财主佣人告发。这对情侣别无他法，只好私奔出走。几年以后，在外漂泊的高弟夫妻赚到了一大笔钱。他们回到故乡，发现财主已经家道中落。于是，高弟夫妻斥巨资买下整条街，这条街的名字自此改成了"高弟街"。再后来，有个秀才途经此地。他认为"高弟街"的名字太俗，将其改为"高第"，取高家府第之意；"高第街"的街名随后便流传至今。

为什么广州也有西湖路？

众所周知，西湖是杭州一景。然而西湖不仅仅是"杭州特产"，广州也有一条西湖路。这条路与古时位于广州市越秀区的一片湖泊有关，据传五代时期南汉皇帝还曾在此炼丹呢。

在广州的西湖边上，发生过一段凄美的爱情故事。当时西湖边住着一位梁员外，他有两个女儿，大的叫菊香，小的叫莲香。梁员外原配病逝后，菊香、莲香多了一位后母陈氏，陈氏对两个继女十分苛刻。

十几年过去，菊香与莲香都已出落成美丽的少女。某日她俩前往西湖划船，突遇天降大雨。两姐妹去湖边的爱莲亭躲雨，结果莲香不慎落水。恰好亭内有个书生也在躲雨，他跳下湖去救起了莲香。无巧不成书，姐妹俩发现这个书生是自家远房表哥文子元。文子元的才华横溢让两姐妹心动不已。

回家后，妹妹因着凉而高烧不退。她成天茶不思饭不想，被姐姐瞧出心事。姐姐问她是否爱上文子元，妹妹含羞称是。于是，姐姐菊香便给文子元修书，并附上一片白莲花瓣，信中写出了妹妹莲香的心事。文子元知道后非常高兴，他立即前去拜访梁员外。

西湖路

陈氏得知后破口大骂，并声称莲香早已被许配给富豪做姨太。

莲香得知这个消息后，痛不欲生，次日便离家不见踪影。后来，人们在爱莲亭附近找到了她的尸体。文子元得知爱人殉情，自己也来到爱莲亭，投湖自尽。

两人离世后，菊香更加沉默寡言。有一日，她出门散心。在爱莲亭徘徊时，看到湖面竟然慢慢地开出了一朵雪白的并蒂莲。

相传，这朵并蒂莲就是莲香与文子元的幽魂所化。当年烟波浩荡的西湖已经成为了西湖路，但关于并蒂莲的传说却依然流传，让人听说后无端生出千重愁绪，万般感慨……

龙藏街：与藏龙卧虎无关，与拍马屁有关

在广州西湖路与惠福东路之间，有一条街叫"龙藏街"。尽管广州城人才辈出，无数名人政要均在广州工作、生活过，但这条街名的由来却跟藏龙卧虎毫无关系。实际上，"龙藏街"下藏着的是一个拍皇帝马屁的

故事。

五代十国时期，广州刺史刘岩独霸岭南，建立大汉国，史称南汉。他残暴至极，喜欢动用酷刑。他身边得到重用的臣子，必须先进行阉割。他认为如果让重臣们不能生育，那么南汉的帝位就受不到外戚威胁，可以一脉相传，永保江山。

刘岩建国后，大兴土木，修建金碧辉煌极尽奢华的南宫以供自己享受。南宫落成后的第二年八月，一道白虹出现在南宫三清殿上空。彼时许多官员都认为这是凶兆，昏庸的刘岩更加满怀忧虑。这时候，一部分油嘴滑舌的臣子便站出来拍皇帝马屁、讨皇帝开心了，翰林学士王宏就是其中一个。

王宏告诉刘岩，说白虹其实就是白龙。白龙降临，说明刘岩正是上天认可的帝王。刘岩十分高兴，给了王宏非常丰厚的赏赐。他为了安定人心，把年号改为白龙，还将自己姓名改为刘龑，因为"龑"字上有"龙"。

这个理论经过刘岩君臣大肆宣扬后，百姓们也都相信白虹是白龙。大家都认为这一带是藏龙之地，龙藏街之名随后也自此而来。

从一到十：童谣里的广州街巷

广州人有一首含有数字"一"至"十"的童谣，这首童谣把广州一些街道地名串成了顺口溜：从一德路开始，分别为二沙头、三元里、四牌楼、五仙观、六榕路、七株榕、八旗二马路、九曜坊、第十甫路。现在，让我们来依次认识一下童谣里的广州街巷吧：

◎ 一德路

位于广州市越秀区，呈东西走向。清朝时期，一德路是广州的南城墙。后民国9年被拆除，并修建马路。因路边有一德学社，故该路被命名为一德路。一德路上有许多名胜古迹，例如两广总督府、石室大教堂等。如今的一德路遍布玩具店、海味批发市场、文具批发市场，规模非常大。

◎ 二沙头

二沙头就是今天的二沙岛，位于广东省体育馆附近。在民国时期的二沙头附近，有一座水上机场。它以水面做跑道，以浮码头做旅客候机室。在民国26年，二沙头机场随着中航广州航线停航而停用。现在的二沙头成了广州市别具风味的河心岛，风景秀丽，闲适优雅。

◎ 三元里

"羊城仰风景，南国多碧煦。毓灵望越秀，舒卷松涛前。振臂举雷霆，记载史记中。英雄斗争地，俯慕三元里。"这是一首吟咏广州人民抗英斗争的诗歌，诗里的地点就是位于广州北郊的三元里乡。1841年，英军到三元里一带抢劫掳掠，强奸妇女。三元里人民振臂而起，反抗英军，最终大获全胜。从那以后，三元里成为了中国人民不甘屈服、敢于斗争的象征。

◎ 四牌楼

四牌楼位于广州市越秀区。因明代时建有惠爱坊、孝友坊、忠贤坊、贞烈坊四座牌坊而得名。惠爱坊纪念的是历代自中原入粤的67位名宦；忠贤坊纪念的是广东本土的49位乡贤；孝友坊纪念的是广东本土的54位仁者；贞烈坊纪念的是广东本土的55位节妇。今天的四牌楼即是解放中路，但不少老广州人仍然习惯使用"四牌楼"这一旧称。

◎ 五仙观

五仙观位于广州越秀区惠福西路，是一座祭祖五仙的谷神庙。五仙观的由来与五仙赠穗有关，它依山而建，玲珑精巧。在五仙观后殿东侧，有一块裸露的红砂岩，上存巨大脚印状凹陷。古人认为它是仙人足迹，给予了重点保护。五仙观属于羊城八景之一，其中的"穗石洞天"和"五仙霞洞"最为出名。

◎ 六榕路

六榕路以其路上的六榕寺著名。六榕寺与光孝、华林、海幢寺并称广州佛教四大丛林，始建于南朝宋代。六榕寺内塔高57米，共17层，塔的外形华丽壮观，檐角都悬挂吊钟，整个塔好像是花朵叠成的一根花柱，塔顶好似长在最高一朵花上的花蕊心。登至塔顶后，可以俯瞰广州城全景。

◎ **七株榕**

七株榕位于广州越秀区诗书路，因街内原有七株古榕树而得名。现在，这些古榕树仅剩两棵，分别位于七株榕小学内与越秀区中医院侧门。七株榕附近有学宫街，学宫街内的番禺学宫是古代省试的举办地点，建筑物极具典型南方风情。

◎ **八旗二马路**

八旗二马路与旗人有关。相传清朝时期，官吏从水路来到广州，都在天字码头附近上岸，然后走过这条道路去八旗会馆休息。最后，由八旗子弟及其他人员到接官亭欢迎官员来任。由于该路与广州八旗人员关系密切，所以被冠以"八旗"的名号，意为驻粤"八旗兵"活动频繁的"第二地区"。

◎ **九曜坊**

"九星坠地化为石""天然九朵芙蓉瘦"……这些诗句出自清代诗人吴兰修笔下，吟咏的是位于广州吉祥路南段和教育路一线，药洲小岛附近的九曜石。这些石块"瘦""透""皱"俱备，千姿百态，与湖色天光相互映衬，魅力非凡。因着九曜石的知名度，附近的华佗庙被更名为"九曜古庙"，庙旁的桥成了九曜桥，附近的街道则被称为九曜坊。如今，位于九曜坊的九曜园中，游客仍然可以一睹部分奇石的风采。

◎ **第十甫路**

第十甫路位于广州荔湾区，呈东西走向。相传，第十甫路原为第十铺路。清朝初年尚可喜攻陷广州时发誓要杀人三日，从西门起连杀十八铺路。当时的幕僚王湘泉得知内情后焦虑万分，因一铺路就是十里，十八铺共计一百八十里。这样的话不知有多少无辜者惨死尚可喜刀下！在局势万分紧张之际，他灵机一动，突然想到古时"甫""铺"

第十甫路

相通。于是,王湘泉传来心腹,交代他们赶制木牌,从第一铺一直写到十八铺。自六脉渠开始,每隔几十米就钉下一块木牌。后清兵不熟悉环境,在尚可喜一声令下杀入广州城。到钉着"十八铺"的木牌处便停手了。从那以后,"铺"成了"甫"。第十甫路也自此而来。

荔湾路为什么被称作"鬼街"?

荔湾路以一年一度的迎春花市而闻名。在迎春花市上,各种鲜花争芳斗艳,人人喜气洋洋,它是广州地区最具有岭南特色的节庆聚会。

然而,荔湾路却还有一个风格与迎春花市完全相悖、令人毛骨悚然的别名——鬼街。为什么荔湾路会被人称作鬼街呢?原来,这和广州市的"天光墟"有关。

天光墟最初起源于清代,它是在乞丐集团"关帝厅人马"和当地警察局庇护下开设的夜市。在天光墟上,你可以找到各式各样的商品:有旧家具、旧器皿、旧衣服,也有古董、字画、古籍。这里的顾客分为两拨:一拨是为了节省家庭开支,不得不购买二手货物的市民;另一拨则是有钱有闲、附庸风雅的古董商和收藏家。他们在晚饭过后,就带着手电、放大镜,前往天光墟"淘宝"。因为天光墟的赶集时间多为凌晨三四点钟,一到天亮,所有的地摊就如同鬼怪一般"人间蒸发",于是天光墟的举办地——荔湾路最后就落得个"鬼街"的别名。

文明路:文化以外,还有美食

文明路位于广州越秀区,是一条颇有人文气息的道路。沿着文明路一路走下去,你可以经过广东省立中山图书馆、原为广东文献馆的广州第一工人文化宫、中共广东区委旧址、鲁迅纪念馆以及国民党一大旧址等。尤其是国民党一大旧址,它不仅是清朝时广东贡院所在地,还是国立中山大学的旧址,具有非凡的历史意义。

除开这些与文化相关的元素外,文明路还是广州市老城区最有名的"糖水一条街"。在长约百米的街道内,十几家甜品店鳞次栉比。数十年的老品牌诸如"百花甜品""玫瑰甜品"与近年新秀"明记甜品""四哥雪花冰"等相互竞争。当你来到文明路,在市一宫看完电影、在图书馆漫游过书的海洋后,到任意一家店铺去品尝一碗清甜爽口的糖水,一定能为你除去一身的疲乏……

文明路

为何会有"飞来对面巷"这样奇怪的名字?

穿过广州市小北路,过小石街。在小北路小学对面,有一条奇怪的小巷,叫"飞来对面巷"。"飞来对面"的巷名过于特别,让许多初来乍到的游客百思不得其解。其实,"飞来对面"与一段民间智斗传说有关——

相传明朝时期,飞来对面巷原本是没有名字的。在这条小巷里,居住的都是一些穷苦人家。小巷对面的小石街,却是豪门富户的聚居地。那里高楼大屋,气势恢宏。不少豪门常年欺压对街的贫民,趾高气扬,不可一世。

有一天,富人区大摆筵席,请客吃饭。席间,他们谈到小石街,不免感觉有些晦气:小石街的名字又普通又穷酸,根本配不上自己有钱人的身份!于是席上的门客纷纷提出建议,给小石街更名。有人提议叫"大发街",因过于俗气被否定;有人提议叫"广财街",又因不太雅致无人赞同。最后,一名师爷站出来,卖弄文墨:"历朝历代,最为吉利的名称,总逃不过'福禄寿喜'四字。其中,又以'福'字为首。我看把小石街改为福来街最妥当,你们意下如何呢?"众人听后个个响应。

街名择定后,豪门富户选好黄道吉日,请来神婆道士,用昂贵的大理石加金粉来制造街牌。挂牌那天,热闹非常,锣鼓喧天。福来街对面

的平民百姓们被搅得不得安宁。

后来，广东才子伦文叙来到无名街探亲访友。大家向伦文叙谈论起对面福来街的更名过程、富户们卖弄权势的霸道，伦大才子十分气愤。他决定给无名街取一个更好的街名，为无名街上的百姓争口气。经过沉思后，伦文叙在纸上奋笔疾书"飞来对面巷"五个大字。他向四周疑惑的百姓们解释道："福来巷正对着无名街。我给这条街起名'飞来对面'后，福来街所有的福禄寿喜都飞到咱们巷里，给大家带来喜气！"

无名街的新街名挂出去后，气得福来街的有钱人七窍生烟。百姓们获得了精神上的胜利，而"飞来对面巷"这个奇异的名字，却流传至今。

从鬼巷到仙巷：不雅街道更名记

广州市虽贵为广东省会，是岭南地区自古以来的文化、经济中心，但却免不了其市井气息。撇去各种寓意着美好祝愿、雅俗共赏的街名之外，广州另有部分名字粗鄙陋俗、令人尴尬的街巷，令人难以启齿。

在今天的沿江路旧五仙门发电厂西侧，就有一条小巷叫"鬼巷"。这条小巷因巷内居住的外国人较多，故而得名。后来，"鬼巷"被改名为"仙巷"。由于该条小巷在五仙门附近，这一番改名不仅变俗为雅，还与地理位置贴合甚紧，非常巧妙。

除了"鬼巷"外，广州市还有一条"屎巷"。屎巷位于同福中路，旧时是粪便集中转运的地方。因为"屎巷"一名让人难堪不已，故后来更名为"有余巷"。而分别位于文明路和滨江西路的两条厕坑巷，则被更名为"入敬巷""愉快巷"。

经过数十年来的街名统改，如今的广州已经很难再见到名称过于粗鄙陋俗的街巷了。不雅街道更名记的背后，是广州日新月异的城市文化发展历程。

什么是泮塘路五瘦？

泮塘路位于广州市荔湾区。在古代，泮塘路周围的地区地势低平，池塘、洼地随处可见，因此人们将这片区域称为"半塘"，后来几经演化，最终成了"泮塘"。传说泮塘路附近从前的居民时常前往附近的西禅寺参拜。有一回，西禅寺的和尚送给了泮塘居民五种水生植物的种子，并告诉他们这是五仙果，用来供佛的。不久之后，泮塘地区将发大水，只有这五仙果可以存活。

居民们带着五仙果种子回到家里将它们种下，后来果然遭遇了洪灾。他们种植的所有农作物全部被大水冲得七零八落，只有五仙果生出的芽愈发茂盛。这五种植物分别为菱角、慈姑、马蹄、胶笋和莲藕，因拿它们烧菜时需多放油，与肥恰巧相对，故泮塘居民将它们称作"泮塘五瘦"。

泮塘五瘦，后来又被称为"泮塘五秀"。据传泮塘五瘦诞生后，有五个秀才路过泮塘。当地居民挖掘五瘦的场景被五个秀才看在眼里，他们觉得非常好奇："你们这些植物叫什么？是怎么来的？"泮塘居民告诉秀才五瘦来历后，秀才们大笑起来："这个名字太难听了，不如把秀才的秀作为特产名，这样岂非更好？"从那以后，五仙果完成了自"五瘦"到"五秀"的变身。如今的泮塘路，虽池塘、洼地已不再，但五秀的故事却依然在当地代代流传。

地名里的故事

惠福巷跟金花娘娘有关吗？

惠福巷是广州惠福路的前身，传说中的送子娘娘——金花菩萨就出生在惠福巷中。

明朝洪武年间，广州巡抚夫人难产。各方名医均束手无策，夫人性命垂危。后来，巡抚做了个梦。梦中有一名须发皆白的仙人，告诉他说如果可以找到金华姑娘，夫人将会母子平安。巡抚从睡梦中惊醒后，立刻派遣手下在广州全城搜寻金华姑娘。最后，在一条小巷中找到了一位名叫金花的小女孩。巡抚将小姑娘带回府邸，夫人果然顺利地生下了孩子。这件事情传开后，大家都尊称小金花为"金花娘娘"，许多孕妇都前来找她寻求庇佑。但金花一天天地长大，到婚嫁年龄时却没有人敢跟"活菩萨"结婚。她闷闷不乐，最终跳湖自尽。附近的居民们为金花修建了一座金花庙供奉她。金花庙位于金花诞生的小巷中，又被称作惠福祠。时间一长，这条小巷也就随之改名叫做"惠福巷"了。

金花娘娘

六祖慧能是在盘福路受戒的吗？

盘福路位于广州越秀区象冈山侧。"盘福"之名与宗教有关："盘"字象征着回旋盘绕，"福"字象征着佛门福地。为什么盘福路成了佛门福地呢？这与我国禅宗六祖慧能有关联。

相传南朝宋武帝时期，有印度高僧来到广州诵经传教。为了便于佛门弟子开展受戒仪式，他特意创建了一个戒坛。戒坛完工后，这位高僧预言：后当有肉身菩萨于此受戒。

近百年后，另一位印度高僧——智药三藏前来弘扬佛教。他从家乡带来一株菩提树，将其种在戒坛旁边。菩提树种下后，智药三藏也说出了一句预言："吾过后170年之后，有肉身菩萨在此树下开演上乘，度无量众。"

两位印度高僧的预言最终成为了现实。174年后，禅宗六祖慧能在这株菩提树下剃头受戒。正因为这段神秘的故事，两位高僧筑戒坛、种菩提的地方被人们当作佛门福地，"盘福路"之名由此而来。

福地巷是如何得名的？

福地巷位于广州市珠海中路。如果有人要问福地巷福在何处？当地人一定会骄傲地回答道：福地巷可是发生过一门四元的佳话呢！

伦文叙是明代广州有名的才子。他出生在这条街巷中，从小就勤奋聪慧。24岁时考中举人，34岁进京考试又连中两元，一时间声名大噪，大家都称之为"鬼才"。

伦文叙不仅自己才华横溢，还对孩子教导有方。他的长子伦以谅在广东乡试中考中解元，次子伦以训考中榜眼，幼子伦以洗考中进士，父子四人共计夺得状元一个、榜眼一个、会元两

伦文叙

个、解元一个，被誉为"一门四元"。这样优异的科举成绩在古今中外均为罕见，就连皇帝都曾经立牌坊表彰他们，称他们为"中原第一家"。

正因为伦氏父子均为"学霸"，所获赏赐甚为丰厚。伦氏一家前前后后共计获得了七座牌坊，分别是状元坊、会元坊、父子及第坊、父子会元坊、三元坊、兄弟进士坊、四海儒宗坊。大家把伦氏父子宅邸的所在地称为"福地"，这条小巷也就更名为"福地巷"了。

清泉街上曾有格格弃家修行吗？

清泉街位于广州越秀区广东科学院越王井对面。相传，越王井是赵佗开凿的。赵佗能活到103岁并无疾而终的秘密就在这口井里。千百年来，越王井一带的居民都自井里取水饮用，清泉街也因为这口井里的井水而得名。

除越王井的传说之外，清泉街一带还有一处与尚可喜有关的遗迹。尚可喜有个小女儿，性格温柔善良。她看不惯哥哥们飞扬跋扈的生活状态，担心迟早会遭到报应。于是决定出家为尼，为家族命运祈福修行。曾经在平南王府里娇生惯养的格格，如今"缁衣顿改昔年装"。她常年与青灯古佛相伴，熟读佛教经典，严格持戒，大家都尊称她为"姑姑"。

虽然这位格格每天持戒诵经，却并不能力挽狂澜。她的担忧成为了现实，尚可喜家族的命运没能够善终。原本是格格修行之地的檀度庵，在清末民初却变成了达官贵人寻欢作乐之所。格格的一生与清泉街相伴，到头来仍然是"风流肮脏违心愿"，令人不禁感慨万千。

为什么康保裔没有到过广州，广州却依然有条"康王路"？

康王是北宋将领康保裔。他祖籍河南洛阳，征战南北。为了保家卫国，他与契丹人发生过无数场血战。河间一役，康保裔折损了不少兵力，被契丹战士重重包围。手下都劝说康保裔突围逃跑，但康保裔认为自己不能苟且偷生。最终，康保裔在河间战死。皇帝听说后十分难过，追赠他为侍中。

康保裔的足迹遍布四方，从洛阳，到凉州，再瀛洲……在他英勇奋战的一生中，从未去过广州。然而，正因为康王的英雄事迹在老百姓当中流传，并且不断神化，最终他从一个有血有肉的人成为了"康公""康王"这样的神。北宋时期，因国力衰弱，人口向南方迁移，关于康王的传说也随之流传到了岭南地区。为了纪念康公，广州人修建起了康公庙、康王祠，其中的一座祠堂就坐落在如今的康王路上。这段故事，便是"康王路"的来历。

皆佳街与履理里：读音中的趣味

皆佳街与履理里均位于广州市黄埔区穗东街的南湾社区内，由麻石铺成，至今已有近600年的历史了。其中，"皆佳街"是指希望住在这条街上的孩童们品学优秀；而"履理里"则意味着无论情况如何，都必须要讲道理。

虽然"皆佳街"与"履理里"的普通话读音非常拗口，但如果用粤语来念的话十分有趣：地名里三个字的读音是一样的。

在皆佳街与履理里，有一座麦氏宗祠。麦氏族人在此地代代居住，最有名的人物要数慈禧第一任御用西医麦信坚了。麦信坚曾先后在香港师范学院及北洋医学堂学习，学成后，他开了一家西洋诊所。李鸿章来广州巡查时，曾患上严重的皮肤病，当时各个名医均束手无策。经人介绍，李鸿章识得了麦信坚。麦信坚治好了李鸿章的皮肤病，后又被李鸿章推荐给慈禧太后。于是，麦信坚便进宫成了慈禧的御医。

直到今天，皆佳街3号还坐落着麦信坚的故居。沿着故居前行，可以找到初泰麦公祠。这座祠堂是麦信坚为纪念自己的父亲而修建的，祠堂石匾系慈禧赏赐、李鸿章手书。后来，麦公祠成为了村里的私塾，有很多麦氏老人当年还在麦公祠里学习过"四书""五经"呢！

崔府街是崔与之居住过的地方吗？

崔与之是南宋名臣。他原籍江西，后来随父移居广东。在崔与之少年时期，父亲就因病去世，家境贫困不堪。即便如此，他却志向远大，奔赴杭州入太学苦读，三年不入临安街市。最终，他考中进士，步入仕途。

"无以财货杀子孙，无以政事杀民，无以学术杀天下后世。"这是崔与之一生身体力行的名言。他不养姬妾，不增私产，就连儿媳陪嫁的土地都让儿子一一退还。虽然崔与之一生清廉，又屡建奇功，但目睹了官场上各种乌烟瘴气，让他内心苦闷异常。在崔与之晚年，他决心告别每天曲意逢迎的生活，辞官告老，回到广州西关，过起了"长桥流水白云闲"的悠闲日子。而崔与之当时选择的隐居地，就位于朝天路旁的崔府街。如今的崔府街位于闹市中央，并没有安宁闲适的氛围，但几百年前的崔府街，却是一片依山傍水、鲜花盛开的美地。在这个地方，最出名的花就是菊花。菊花开时，漫山遍野一片金黄，空气中弥漫着芬芳。崔与之十分喜爱菊花，遂自号菊坡先生。他日日吟诗修竹，自在祥和地度过了晚年。

崔府街

珠光路：从刑场到市场

珠光路位于广州北京路和德政南路之间。听到"珠光"这个名字，大部分人都会联想到珠玉宝石。实际上，"珠光路"与宝石并无半点联系。由于过去这条路旁有一座供奉文昌星的珠光殿，所以它才得了个"珠光"的美名。

有清一代，珠光路曾经作为刑场存在。咸丰年间，在太平天国影响下，广州天地会爆发了洪兵起义。两广总督叶名琛寝食难安，日日督战。在激战过程中，叶名琛搜捕到大批叛军。这些叛军连同其家属，甚至是部分对叛军表示过同情的百姓都被押送到刑场斩首示众。当时的珠光路，就是斩杀义军和百姓的法场地。传说中，起义军的鲜血浸透了珠光路的每一寸土地。有小贩将带有鲜血的泥土挖出，烧制风炉沿街叫卖，认为这种风炉坚硬耐用，"机关枪都打不烂"。

如今的珠光路一带，已经成为了居民区。虽然没有大型超市、商业中心，但沿着街道两旁的骑楼漫步，你可以发现各式各样的杂货店、果蔬店、海鲜店以及花店。珠光路经历过清政府血腥的屠杀，也经历过民国时商贸风气的兴盛。百余年的光阴在珠光路稍纵即逝，朝代的兴衰成败与人间的世事无常反复上演，如今只留下残破却依然高耸的骑楼，任今人咏叹凭吊……

恤孤院路上为什么没有孤儿院？

恤孤院路位于广州市越秀区新河浦路附近。在这条道路上，你看不到喧哗吵闹的商铺，也看不到现代化的高楼大厦。你能看到的，只是五六米宽的一条寻常巷陌，红砖碧瓦，绿树成荫。

原恤孤院

恤孤院路，得名于1903年在这里开办的一家孤儿院。那时候，东山还是遍布稻田、鱼塘、竹林的一片荒郊，居民稀少。光绪年间，美国的基督教会在广州看中了这片土地，打算建设宗教建筑和西式住宅。为了收养教会里失去双亲的孤儿，湛罗弼牧师提议修建孤儿院。这家孤儿院成立后，院门口的小路就此被命名为恤孤院路。

二十年后，恤孤院搬迁至沙河。它的原址经历了多次变迁：从东湖街道办事处，到培正小学，再到洋房洋楼……这些民国时期的建筑物美丽而寂寞，漫步在恤孤院路上，你会有种错觉，仿若穿越了时光，回到了那个宁静的 1923 年。

沿着这条略显狭促的街道一直往前走，你可以看到逵园和春园。这两座洋房，连同隅园、明园和简园，合称东山的"五大侨园"。逵园的楼顶，正面带着"1922"的字样。正是在这个地方，中共三大秘密召开。那段珍贵而又激情澎湃的历史，如今在恤孤院路上的陈列馆中一一再现。恤孤院路，成为了一条独特的道路。在近百年的沧桑变故过后，它为广州城留住了风云激荡的年代里那些潜藏在深处的记忆。

越秀山上为什么会出现海员罢工路？

在广州市越秀山小蟠龙岗镇海楼东侧，有一座海员亭。从镇海楼起，到广州美术馆旁与吉祥路相接的这条路，则叫"海员罢工路"。越秀山为什么会和海员这一职业联系在一起？其中，有着一段历史缘故：

在民国时期，大批劳力自内地奔赴香港，从事海员工作。后来，这些海员还成立了香港中华海员工业联合会。1922 年 1 月，海员们为了反抗英国资本家的压迫剥削，要求涨工资、禁止虐待，在林伟民等人的领导下，举行了

海员大罢工

大罢工运动。罢工工人里有近万人从香港毅然返回广州，还在广州西濠口设置了罢工总办事处。

这场罢工进行了整整 56 天，最后以海员们的胜利告终。罢工期间，海员们在越秀山修筑了一条海员罢工路，还计划要修建一座海员亭以纪念这次运动。一开始，因经费短缺，海员亭迟迟没有落成。后来，通过广东海员支部委员梁国英等人发起的筹款活动，筹集到了建设费用。海员亭于 1933 年终于建成。如今的海员亭，矗立在一个方形平台上，地面

还镶嵌着一枚船锚形状的海员工业联合会会徽。越秀山上的海员亭与海员罢工路，是广州人民勤奋英勇的精神象征。

广州深井村是那个烧鹅名村吗？

在广州市黄埔区大沙地西南有一个深井村，据说，这个村落原名金鼎，更名为"深井"盖因此地水井普遍比较深。

然而，广州市的深井村却不是大家所熟知的"深井烧鹅"诞生地。实际上，深井烧鹅是香港深井村的特产，因为村名相同，故容易混淆。

广州深井是一个没有经过商业开发过的古村镇。它始建于明末清初，至今村内仍然保存了许多民居及宗祠，房屋建筑造型古朴，青砖屋、石板街都还保留着百年之前的模样。在深井，最大的宗祠要数凌氏宗祠了。凌氏是深井村的原住民，相传是南宋末年为逃避元兵追杀，从福建地区跋山涉水迁徙而来。凌氏宗祠始建于明末，祠中供奉着始祖以来的先人灵位。如今的凌氏宗祠濒临荒废，大门紧闭，杂草丛生。只有精美的雕梁画栋，还在默默地诉说着这里过往的辉煌。

鸡冠坐与鸡有关吗？

鸡冠坐位于广州市黄埔文冲村，是一条全长约1公里的土坝。这条土坝的由来，有一个神奇的故事：

传说每年南海神庙波罗诞上，出售的波罗鸡多达十几万只。这十几万只鸡里，只有一只会打鸣。这只会打鸣的鸡，被谁家买到，谁家就能财运亨通。有一次，附近的一位财主为了讨彩头，便勾结当地豪绅，把波罗诞上的波罗鸡全部买下。他还强迫波罗庙中唱戏的戏班子把戏箱拿出来帮他运送这些鸡。

这个财主得意洋洋，觉得会鸣叫的那只波罗鸡一定在自己手中。谁知道鸡被送回家后，他才发现，这些鸡没有一只打鸣。一气之下，财主把波罗鸡全部放火烧掉，还赶走了戏班子。戏班子里的艺人往回赶时，路过了文冲村一条土坝。沿途的村民告诉他们，这条土坝在清晨时分能够听到响亮的鸡鸣声。于是戏班艺人沿着土路一路寻觅，终于找到了那只会叫的波罗鸡。后来当地人便称呼这条土坐为"鸡冠坐"，称呼土路为"戏子路"了。

莲塘村的来历你知道吗？

湖南郴州有莲塘村，福建石狮有莲塘村，江西赣州有莲塘村，广州番禺区也有个莲塘村。广州番禺的莲塘村建村已有近700年的历史了，它依山傍水，生长着上千亩的榄林、古荔、竹海，是个风光秀丽的地方。

相传，宋端宗景炎年间，陈姓入粤始祖的第五代子孙是时四、季四两兄弟。这两兄弟原本都居住在重岗村，后来时四赶着鸭群到莲塘村鱼塘放养，见此地山明水秀、环境清静，于是带着家眷来到这里定居，与季四分开。后来，时四在莲塘村辛勤劳作，生儿育女，莲塘村的人烟也逐渐繁盛起来。

莲塘

莲塘村村前排列着五口池塘，用于防火、防盗及养鱼。这五口池塘环绕着村庄，形状就像莲藕一般，因此大家把这座村庄称作"莲塘村"。

时四陈氏公祠、鸿佑家塾、秀昌书舍……这些古建筑至今保存完好，只有金花庙与天后宫在"文革"时期被拆除。在莲塘村漫步，你可以看到那些错落别致的古村落，你可以走过那些青石板路，你可以尽情欣赏那些花鸟雕刻以及精美的图画……这是一份专属于莲塘古村的诗情画意。

珠江中真的有宝珠吗？

珠江是中国第二大河流。它原本指的是从广州到入海口的一段96公里长的水道，后来逐渐成为西江、东江、北江以及珠江三角洲上各条河流的总称。

珠江为什么名叫"珠江"？在珠江底部真的能找到宝珠吗？在传说中，确实存在着这样一段有关宝珠的故事：

珠江

南越王赵佗曾经拥有一颗举世无双的宝珠——阳燧宝珠。他对阳燧宝珠爱不释手，生前连拿出来看都不太舍得，身后自然也带入了坟墓。那时候，广州有个书生名叫崔炜。生性善良的他救活了仙女玉京子，玉京子为了报答崔炜，将其带入赵佗的墓穴深处。在墓穴中，崔炜见到了已经成仙的赵佗，赵佗慷慨地将阳燧宝珠送给了他。后来，崔炜迫于生计将宝珠卖给了一个波斯商人，结果这个商人坐船回国的时候不慎将宝珠掉入了江中，无法找回。这颗宝珠让江水更加清澈、明净，熠熠生辉。它在岁月变迁中慢慢地成为了一块圆润光滑的石头，并逐渐露出水面。人们把这块石头称为"海珠石"，而海珠石所在的这条河流，也就获得了"珠江"的美称。

乐善好施牌坊是奖给谁的？

在广州市龙潭村大街上，有一座"乐善好施"牌坊。这座牌坊是光绪帝奖励给白纶生老人的，因他一生行善，且不求回报。

白纶生出生时，家境贫寒。他15岁那年去广州谋生，却承担不起渡船的费用。当时与他同船的一位老伯替他支付了船票，他才得以顺利抵达目的地。白纶生到广州后，就去了亲戚家的洋行，从杂工做起，不辞辛劳，诚实苦学。随着他的业务越来越精通，生活条件也越来越好。最终，白纶生在广州发家。

发家后，白纶生曾多方寻找当年为他支付船票的老伯，却遍寻不着。

为了弥补这个遗憾，白纶生自己也开始热心善事。他创办过爱育善堂，向贫苦百姓施舍粥饭、衣被、棺木；他还捐赠了72亩土地，用于修建房屋，给失去土地、无家可归的人们免费居住。这片土地被命名为西滘村，村人在村里修建了报恩祠，以供奉白纶生。

光绪十六年，湖南省水灾。白纶生捐赠了一笔巨大的赈灾款。这件事被光绪帝得知后，命两广总督在白纶生的老家修建牌坊，以示表彰。"文革"时期，牌坊差点毁于一旦。龙潭村村民将牌坊上的字更改为"为人民服务"与"为革命种田"，这才使得"乐善好施"的牌坊保存至今。

乐善好施牌坊

李白巷跟诗人李白有什么关联？

李白巷，位于广州市北京路东侧。它虽然名为李白，实际上跟诗人李白半点关系也没有，是条再平凡不过的小巷。

据资料记载，广州的李家巷至少有四条以上，全都是因为聚集了许多李姓居民而得名。北京路原本叫做"汉民路"，是当时政府为了表彰胡汉民而命名的。李白巷靠近汉民路，故而也是富户聚居的地方。当时李白巷里居住着一个姓李的大军阀，职位为旅长，曾经娶了六房姨太太。如今，李白巷里还有这位李旅长的私宅。宅子有三层高，铺满漂亮的西式花纹地砖，从中可以窥探到一丝当年李旅长富贵豪奢的生活气息。后广州再次爆发战役，李旅长带着老婆们踏上战场，从此人去楼空，杳无音信。

20世纪30年代，为了避免地名混淆，国民党政府将这条小巷正式命名为李白巷。八十多年过去，李白巷已经摇身一变成为了假名牌的集散地。各种浪琴、欧米伽、劳力士应有尽有，与北京秀水街齐名。

你知道西瓜园的来由吗？

在广州市中心，有一条人民中路。但许多老广州人都称之为"西瓜园"，这是为什么呢？原来，传说在人民中路一带，曾经发生过一个奇异的故事：

从前，有个赌徒叫郭顺，吃喝嫖赌样样精通。他的本业是理发，但由于无心学艺，经常把客人的头皮刮破，或不慎剃掉顾客眉毛。这样的事情发生得太多，最终导致没有人愿意帮衬他的生意。因此，郭顺非常穷，经常会挨饿。

某年春节前夕，别的理发匠都忙得不可开交之时，郭顺却依旧闲得发慌。对于如何度过新年，郭顺十分发愁。这时，一个农夫从路边经过。他在郭顺的理发店旁卸下了肩膀上扛着的一只大口袋，口袋里鼓鼓囊囊的。农夫在郭顺店里坐下，要求理发。郭顺一边理发，一边打量着那只口袋。他装作不经意，走过去踢了一脚。口袋里的东西发出"哐当"的响声，郭顺心想：一定是银元。他开始打起了歪主意，计划杀死农夫霸占银元。

想干就干。郭顺拿起剃头刀，隔断了农夫的脖子。解开布袋一看，却大失所望：袋子里根本不是银元，而是用来拜神的瓦灯盏。郭顺只好把灯盏与农夫的尸身一同埋在了理发店后的一个土坑里。可又担心农夫冤魂找自己报仇，他就用手指蘸着农夫的血，在一块瓦片上写上"你又错时我又错，灯盏何必用肩托？若要报仇时，除非马生角"的字样，盖在农夫尸体上，然后逃跑了。

几年过去，这块土地上长出了一棵西瓜藤，还结出一枚饱满硕大的西瓜。某天，当时广州的知府骆秉章微服出巡，路过郭顺曾经的理发店，由于天气炎热，汗流浃背，想去讨水喝。见理发店已经荒废，便绕着店走了一圈，在店后发现了这个孤零零的大西瓜。知府派人切开西瓜，西瓜里流出的却不是果汁，而是鲜血！知府心知有诈，吩咐手下掘地三尺，挖出了瓦片、灯盏和尸骨。原来，"骆"字拆开来看就是"马"加"各"。广州话中，"各"与"角"发音相同。知府看到瓦片后，认为自己就是为尸骨伸冤的责任人，于是四周打听，缉拿凶手。那时的郭顺在乡下避过风头后，又回到广州在赌场打杂。当他在赌场上大赢四方之时，知府派人赶到将其捉拿归案。郭顺在知府衙门看到瓦片后，心知东窗事发，只好认罪伏法。这段故事流传开来后，那块土地遂被广州人民称作"西瓜地"了。

你听过"雅荷塘"背后的故事吗？

在广州市德政北路，有条街叫作"雅荷塘"。据说很久以前，这里住着一位阿婆，姓甚名谁无人能说清。阿婆心地善良，但无儿无女，丈夫也早早地去世，只能靠着一口鱼塘维持生计。于是，大家把这口鱼塘称为"阿婆塘"。

突然有一天，阿婆塘中发出五彩亮光，人们纷纷跑到塘边看稀奇。两个水性好的男青年自告奋勇下水探查，不久后，便从塘中打捞出了一尊观音像。

见请来了观音，街坊邻居都很关心这尊像该如何处置。有人建议由大家捐款来建庙，可是当地人都不富裕，闲钱从哪儿来呢？这时候，阿婆说："既然观音菩萨像是从我的鱼塘里捞出来的，那我就多捐点吧。"她蹒跚着走进自己的小屋，拿出了一生的积蓄五十两银子作为善款。众人十分感动，在阿婆的带领下纷纷慷慨解囊，很快地，建庙的钱就凑齐了。

钱凑足后，人们推举出当地一位通文墨又有公德心的劳大伯主持建庙，这笔钱款也由劳大伯负责保管。大伯回到家里，将大家捐款的数目写了张名录，一一对应，准备第二天拿到石店里去刻碑。然而次日醒来，劳大伯却始终找不到建庙的钱。一开始，他疑心是被小偷拿去了，可家中完全没有小偷进入的痕迹。他想，难道是我犯下了错，上天要惩罚我吗？

劳大伯失魂落魄地盯着名录单看，忽然发现：自己在繁忙中出错，竟然忘记写上捐款最多的阿婆的名字了。于是劳大伯赶紧来到阿婆家中，询问阿婆的姓名。阿婆笑着说："我叫黄雅荷。"

当阿婆的名字也写在了名录纸上，奇迹出现了：劳大伯打开柜子，发现银两好好地在里面呢！他赶紧向天拜谢，又筹备建庙事宜。观音庙落成后，大家前来参拜。看到石碑上的名字，终于知道原来阿婆叫"黄雅荷"。于是，阿婆塘也更名为"雅荷塘"了。

时过境迁，如今在德政北路附近已经找不到鱼塘和观音庙的踪迹。然而，"雅荷塘"的地名和这段故事却在历史中保留了下来。

广州的山水园林

　　山水，是一方土地的自然风光；而园林，则承载着一个城市深厚的历史文化。在一座美丽的庭园里，不仅凝聚着能工巧匠巧夺天工的技艺，还蕴含着传统儒释道哲学，以及古典雕塑、绘画等各类艺术形式。广州的园林，秉承着古代师法自然、融于自然、顺应自然与表现自然的园林理念，将人与自然巧妙地结合在一起。园林中发生的许许多多传说，也为它们增添了不少神话色彩。通过对山水园林的涉猎，你可以在学习广州自然地理构成的同时，去体会其中的历史文化，去探索广州人独特的自然观和人生观。

广州的山

你知道莲花山的传说吗？

莲花山位于广州市番禺区珠江三角洲珠江口，由40余座红色砂岩低山组成，属于典型的丹霞地貌。据说，2000多年前的南越王墓，就是从莲花山上开采石块修建的墓穴，再通过水路运输到象岗山的。莲花山南天门边，坐落着一块莲花石。这块莲花石可不仅仅是一块普通的石头，它蕴含着一段传奇的神话故事。

莲花山

相传很久以前，珠江口一带有一条恶龙。恶龙兴风作浪，淹没了当地大片田地，还时常掀翻渔民们的舟船。珠江口沿岸的百姓民不聊生，饱受其害。南海观世音某日云游至此，亲眼见到恶龙的诸般劣性。她大发慈悲，将自己乘坐的莲台掷入水中，化作一块巨石，永远地镇住了这条恶龙。从此以后，人们又过上了幸福安宁的生活。而观世音莲台所化的巨石，就留在了山中。大家都称呼这块石头为"莲花石"，这座山也就得名为"莲花山"了。至今，莲花山上还有始建于明朝万历年间的莲花塔和清朝康熙时代的莲花城。登上莲花塔，可以望见大片烟波浩渺的狮子洋，当年海上丝绸之路上百舸争流的壮观场景仿佛时光倒流一般，重现在你的眼前……

火炉山的名字是怎么来的？

火炉山，位于广州市天河区东北部。有人说，火炉山原本应该是"葫芦山"，因为从天空俯视，火炉山的形状就像一只巨大的葫芦。再加上山上泥土的颜色是红色的，所以称之为"火葫芦"。广州话中，"葫芦"与"火炉"发音又十分相似，所以这座山得了个"火炉山"的名字。

实际上，火炉山名字的由来与道教中的太上老君有关。据说古时候太上老君在府邸炼丹，不慎掉下一个石锅。这口石锅在广州地区引起了熊熊大火，导致该地寸草不生，人烟绝迹。后来南海观世音菩萨路过此地，深感当地人深处水深火热之中。她上奏玉皇大帝，请求玉皇将火炉山化作森林。于是，玉皇大帝下令，让四海龙王合力运来五湖四海之水，彼时，火炉山上方惊涛骇浪，电闪雷鸣。由于火炉山的火是太上老君用于炼丹的三昧真火，故迟迟无法熄灭，直到七七四十九天之后，这片土地才重获新生。传说中龙王们运来的救命水慢慢地渗透到了火炉山地下，历经几千年的地质演变后，最终成了一片巨大的矿泉水带。

火炉山森林公园

如今的火炉山，空气清幽，林木茂盛，水质清甜。山中的猪头石、鸡枕石等自然奇观吸引了无数游客来此地游玩。

"打虎要靠亲兄弟"的俗语出自火炉山吗？

古时候，火炉山一带流传着有猛虎出没的传说。清末民初，柯木塱村民发现老虎从火炉山东麓下山，前往背坪老屋捕猎。这些老虎咬死了许多猪、牛、羊、马等牲畜，让村民们损失惨重。这时候，村子里的杨观宝兄弟4人站了出来，他们召集村民，手拿刀斧、锄头、棍棒，准备上山搜索老虎，为民除害。众人行至某条山谷时，果然发现一只威猛雄壮的老虎。杨观宝立刻举起刀斧向老虎所在的石洞冲过去，打算迅速将老虎制服，谁知道老虎身手敏捷，绕到杨观宝身后，一口咬住了他挂在腰间的刀鞘。其他人都以为杨观宝即将命丧虎口了，纷纷扔下手中武器只顾逃生。唯独杨观宝的几个兄弟，勇敢无畏地扑向老虎，不顾一切地与老虎搏杀，最终制服了这头老虎，救出杨观宝。从此以后，村子里再也没有虎患。杨观宝兄弟们的故事轰动了全村，最后，人们还总结出了"打虎要靠亲兄弟"的俗语。

为什么火炉山上有敬牛为佛的风俗？

清朝末年，火炉山上虎患凶猛。但人们需要养牛以维持生计，不得不放牛上山。有一天，一群孩子将自家牛群赶到火炉山山窝中放牧。孩子们把牛赶进山窝后，就去做砍柴、挖药、摘野果等其他农活。因为这群牛已经养成了习惯，在山上吃草到下午3点左右，就会自行下山回栏。然而那天下午四五点过，牛群却依然没有回到栏中。于是，孩子们便爬上火炉山查看究竟。结果，孩子们被眼前的一幕惊呆了：一头饿虎虎视眈眈地盯着牛群，而牛群则非常团结地围在一起，共同与猛虎对峙。其中一头大黄牛牯，为了保护自己的小牛，与老虎展开了殊死搏斗。几个回合下来，老虎被牛牯逼得连连后退，最后被牛牯的牛角顶在山崖上，动弹不得而死。这头牛牯，也因为伤势过重倒地而亡。后来，火炉山的村民们就将这头牛牯安葬在山上，并且把它尊为佛祖。每年农历四月初八，就是这头牛牯为了保护小牛而牺牲自己的日子。人们会派人上山祭祀，祈祷全村耕牛平安。火炉山独特的敬牛为佛的风俗，到建国后慢慢地消失了。

王子山与王子有关吗？

王子山位于广州市花都区梯面镇西坑村，是一座原始、清幽的天然大氧吧。王子山层峦叠嶂、林木茂盛、泉水清凉、空气清新，被誉为广州市区最大的"市肺"。

王子山之所以山名"王子",与一段神话有关。相传很久以前,一位王子率领大军来到梯面。恰逢洪灾来袭,无数的生命财产即将毁于一旦。这位王子立刻下令让军队协助当地居民抗击洪灾。然而,洪灾来势汹汹,水势浩大,王子和他带领的军队都被吞噬在洪水之中。在千钧一发之际,王子化作了一座大山,阻挡住洪水来袭。而他的将士们,围绕在王子周围,化作了一座座小山峰,与他共同守护这片土地。与王子山南北呼应的牙英山,也同样地流传着和这位王子相关的传说。牙英山的别名是崖鹰山,比王子山更加陡峭险峻。据说王子南巡时,有一只老鹰为他带路;王子在洪灾中去世那一刻,这只忠心耿耿的老鹰也化作山峰,永远地陪伴在他的左右……

王子山

白云山上的云岩寺是怎么来的?

一提到广州名山,大部分人脑海中就自然而然地浮现出白云山的名字。白云山位于广州市白云区,是南粤名山之一,自古就有"羊城第一秀"的美誉。它山体宽阔,文化沉淀丰富,最早可以追溯到山北黄婆洞的新石器遗址。相传,秦末高士郑安期就是在白云山上隐居采药,并飞升成仙的。

沿着山道上行,漫步至白云山山顶公园东侧,你可以看到云岩寺的遗址。云岩寺遗址上,有一块"云岩",由四方亭、曲廊以及赏月台共同组成。赏月台的石壁上,还能看到一幅石刻:一名簪发长髯、布衣麻鞋的老

白云山

叟,仙风道骨,凌空欲去。老叟雕像之旁,有一篇苏东坡写的《安期生》,讲述了郑安期一生的故事。

传说在秦统一岭南、建立番禺城后,因番禺城内大部分军卒和居民都是从外地迁来的,大多水土不服,患上严重疾病。方士郑安期便来到白云山结庐而居,采集药草,为大家治病,普济众生。由于许多草药生长在陡峭的岩石上、水流湍急的小溪里,故郑安期不得不下溪水、攀危崖,以收集葛藤、菖蒲等药材。在某次采集药材的过程中,郑安期爬到了如今的"云岩"附近。他脚底一滑,不慎坠下山崖。在这一刹那,崖下一朵白云化作仙鹤,背负着郑安期羽化登仙。人们为了纪念他,修建了云岩寺。

抗日战争时期,日寇炸毁了云岩寺。此后多年,一直未经修复。只剩下几处遗迹,作为先秦神话的历史见证。

七星岗:沧海变桑田

七星岗位于广州市海珠区石榴岗路附近,地貌的奇特是它的一大亮点:山岗北坡和缓,南坡崖壁则呈额头状,下部山岩凹陷,岩壁下成斜平面台,台面向外下倾,倾角为15°。

事实上,这是一种典型的海蚀地貌,表明远古时代南海水域的边缘已经深入到了珠江三角洲的北部。七星岗以东1.5公里的赤沙村,还发现过古代沙堤。沙堤里埋藏着大量海生贝类动物壳,成为了古海岸存在的又一有力证据。七星岗的存在突破了世界古海岸线与今天海岸线宽度的最大值,达到100千米以上,是原来说法的一倍。

在石榴岗路与仑头路交汇处西北侧,有一处黑褐色的礁石墙;虽然每天都有无数广州人从它身侧经过,但大概很多人都不清楚,这道礁石

七星岗

墙竟然就是"世界第一古海岸遗址"。由于常年缺乏系统管理和养护，七星岗海蚀岩大部分被风化剥蚀，四周杂草丛生，让人感到无比遗憾。幸而广州市政府于 2012 年决定在此处修建七星岗遗址公园，对古海岸遗址加以保护，并开放大众参观。公园修建落成后，人们便可以在这片土地上，感受一下沧海变桑田的浩渺历史以及蕴含其中的伟大的自然力量。

龙头山与张果老有什么关系？

龙头山位于广州市黄埔区南岗镇庙头村对面。因为此山山间有一条溪流，蜿蜒辗转，就像起舞的飞龙，故当地人称之为"龙头山"。由于龙头山四周地形低平，从而显得它格外雄伟险峻，气势非凡。

龙头山是古代造山运动形成的蛋石地貌，有各种各样的花岗岩石块，奇形怪状，美妙非常。人们根据这些石块的造型给它们起了无数个美丽的名字：龙山睡佛、龙王点将台、龙王试剑石、龙头石、龙爪石、神仙脚印、巨龙朝南海等。民间有传言，这些石头是八仙之一——张果老赶羊到南方地区时，那些仙羊排泄的产物。

实际上，龙头山奇石是在中生代形成的。当时因地形运动，地壳深处温度极高的花岗岩岩浆上涌，侵入地表。岩浆冷却后，覆盖在花岗岩之上的沉积岩又逐渐被风化剥蚀，使得石块皴裂破碎。破碎后的石块一开始还具有明显的棱角，但随着岁月的流逝，岩屑层层剥落，最终呈现出圆形，这才是龙头山奇石真正的来历。

天堂顶有什么传说？

天堂顶位于龙门、增城、从化三县交界处，是南昆山的主峰。传说从前的南昆山并没有高耸入云的山峰，直到有一年，一条巨大的恶龙

天堂顶

来到这里。这条恶龙经常倾泻出滔天的洪水，让此地的居民田地被淹没、房屋被损毁，大家没有办法再生活下去，纷纷决定下山另辟田地。这件事后来传到了天皇的耳朵里。天皇听说人间受灾，每天寝食难安。最终，他下定决心告别妻儿，拎起宝剑下凡来到南昆山。天皇与水龙一番恶斗，水龙被杀死，天皇自己也精疲力尽，被水龙的毒液射中，倒地而亡。白鹤把这个消息告诉了天皇的妻儿，母子俩非常悲伤。他们匆忙地收拾了行李，来到南昆山寻找天皇的坟墓。

然而，南昆山上处处都是茂密的森林、漫天的荒草。母子俩找了很久也没有找到天皇的坟墓，他们痛苦地呼唤着天皇的名字，惊动了山神。山神化作老人，把母子俩带到一座高峰前。这座山峰峰顶有一块巨石拔地而起，直耸入云。山神告诉母子俩，这里就是天皇埋葬的地方。而巨石，是天皇的坟墓石。母子俩抱头痛哭，当说起如何拜祭天皇时，儿子提到要把这座山峰垒高，直达天堂，如此方可早晚拜祭。母亲同意了儿子的看法，两人没日没夜地挑土、填山，再次感动了山神。山神使用法术，把坟墓石变高，一直高到天堂顶。从此以后，母子俩再也不用下凡拜祭了。"天堂顶"的名字，就这样流传下来。直到今天，人们还能看到这块大石呢。

帽峰山的旺财蟾蜍是怎么一回事？

帽峰山位于广州市东北部，坐落在白云区太和镇与良田镇的交界处。它属于丘陵地区，虽然绝对高度不大，相对高度却比较惊人。再加上帽峰山上山坡陡峭、沟谷幽深，给人一种莽莽苍苍的感觉。

帽峰山之所以被称作帽峰山，是因为北宋进士校书郎古城之。古城之为朝廷效命多年，告老还乡之时，皇帝赠送给他一顶官帽。古城之去世后，这项官帽就化作了一座山峰，大家遂称它为"帽峰山"。

帽峰山

在帽峰山山腰上，有一座帽峰古庙。这座古庙建于何时，已经无人知晓。解放战争时期，中共地下党员曾在帽峰山成立广州东北郊人民游击队，帽峰山的帽峰古庙就成了这支游击队的重要活动场所。即使帽峰古庙在历史上曾经遭到多次破坏，但它香火十分旺盛，至今常有善男信女前来进香。传说，这座古庙的香火长盛不衰的原因，就在于古庙后面有一只招财蟾蜍。

2007年年底，帽峰山公园管理处打算开发古庙后的山顶，修建一个古庙广场。当施工人员挖掘掉大量黄土后，一块形似旺财蟾蜍的天然奇石出现在人们眼前。这块石头与帽峰山的传说相互印证，十分神奇。

为什么越秀山又叫观音山？

相传在明朝弘治年间，广州伦文叙三斗柳先开，夺得状元。柳先开不服气，决心破坏伦文叙家的风水，让他走下坡路。于是柳先开找到风水先生赖布衣，赖布衣指导他去江西龙虎山跟张天师请一个哪跋星，只要把哪跋星压在越秀山龙头上，伦文叙就会遭到重创。

越秀山

柳先开听说后喜出望外，连忙前往龙虎山，请来哪跋星。在赖布衣指点下，柳先开于越秀山龙头上筑庙供奉，对外宣称说这是一个观音庙，哪跋星是观音的七十二化身之一。为了迷惑越秀山百姓，他还在观音庙写了一首诗："观音坐龙头，青莲水上浮。富贵代代有，广东永无忧"。然而，众人不知道的是，在哪跋星的屁股下面，柳先开压了另一首万分恶毒的诗："哪跋坐龙头，乌龟水上浮。富贵勿三代，清官不加减"。

没有人识破柳先开的伎俩，大家反而信以为真，纷纷前来观音庙参拜。因着这座观音庙的缘故，人们习惯性地称呼越秀山为"观音山"。

观音的谎言最终是被湛甘泉揭开的。湛甘泉是当时广州地区的一位大官，他母亲听说越秀山上的观音庙后，就去参拜，结果被人群挤倒在地，跌伤脚踝。湛甘泉心想："为何在救苦救难的观音庙里，我母亲会受伤呢？"于是，他赶往庙中查看。结果，湛甘泉发现，台上供奉的竟然是害人的哪吒星！他当即下令，把这座庙拆得粉碎。然而，哪怕湛甘泉早就拆除了"观音庙"，"观音山"的别称，却至今还跟越秀山紧紧地联系在一起。

越秀山与道教有什么渊源？

越秀山位于广州市北侧，因其有越王台故址而得名，它是广州的地标之一。

在越秀山南麓，有一座三元宫。它始建于东晋元帝大兴二年，是广州市现存历史最长、规模最大的道教建筑。在这座1600余年的古老建筑上，体现着越秀山与道教不得不说的渊源——

魏晋时期，广州地区的南海太守鲍靓笃信道教。为了便于自己宣教炼丹，他在越秀山下建了一所越岗院。后来，鲍靓收了一名徒弟，名叫葛洪。葛洪自幼痴迷神仙及养生术，四处求学，探寻道教理论及炼丹养气之术。拜师鲍靓后，他在广州居住了近十年。鲍靓见葛洪勤奋好学，十分器重他，便把自己的女儿鲍姑许配给他。夫妻二人在钻研道教学问之余，还携手一起替百姓治病。

三元宫

当初鲍靓修身养性的越岗院，最终成了现在的三元宫。三元宫内，还有一口求龙仙井。这口井是过去的"鲍姑井"，人们为了纪念鲍姑与葛洪对百姓的贡献，用她的名字给井命名。

越秀山上的三元宫，揭示出山与道教千丝万缕的联系；而越秀山，也因此成为了广州的道教名山。

伍廷芳父子埋葬在越秀山吗?

伍廷芳是广东新会人,他父亲曾在南洋经商。3岁时,伍廷芳在父亲的带领下回到广州芳村定居,13岁时进入香港保罗书苑读书。在他16岁那年,伍廷芳与友人一起,创办了中国人最早的自办中文报纸——《中外新报》。在这份报纸上,伍廷芳极力宣传辛亥革命前资产阶级改良派的政治主张。

为了维护国家利益,伍廷芳做出过各种艰苦卓绝的努力。他曾经协助李鸿章办理洋务运动,担任驻美国、西班牙等国公使,出任海牙仲裁庭审判员,又组织修订《大清现行刑律》,废除了各种酷刑,结束了我国民刑不分的历史。武昌起义爆发后,伍廷芳宣布赞成共和。他先后担任过南京政府司法总长、外交总长等职务;北伐运动中,又出任广东省长。1921年6月,陈炯明叛变。伍廷芳受到刺激,心力交瘁,最终病逝了。他的儿子伍朝枢,也为国家作出了不少贡献。

伍朝枢年少时,跟随父亲到美国读书,又进入伦敦大学学习。回国后,从父出京南下,讨伐张勋复辟。伍朝枢担任过民国政府外交部长、军事委员会常务委员等职务,在省港大罢工运动中,为广州市政建设和劳资纠纷耗尽心血。1934年,伍朝枢病逝在香港。伍氏父子原本埋葬在广州市先烈东路黄花岗七十二烈士墓对面,1988年因建设需要被迁葬在越秀山南麓。在伍氏墓园中,人迹罕至,格外幽静。墓园东北面,竖立着一尊伍廷芳纪念雕像。他头戴瓜皮帽,身穿唐装马褂,双眼炯炯有神,交叉双腿安然坐于基座上。作为中国近代优秀的外交家,伍氏父子两代人的芳名永远地留在了青史上。

大夫山缘何得名?

大夫山位于广州市番禺区市桥以西。这里有山有水,花草丰茂,是一片难得的世外桃源。

大夫山早年名叫"大乌岗",因纪念西汉初年朝中重臣陆贾大夫而更名。陆贾是历史上能言善辩的谋士,他协助汉高祖刘邦平定了天下,打下了江山。当时赵佗在番禺一带自立为王,陆贾便被汉高祖派遣到南粤地区说服赵佗归顺汉朝。陆贾凭借自己出色的口才,将赵佗说得心服口服。后来,赵佗被授印封为南越王,陆贾则被封为上大夫。

刘邦死后,太后专政,轻视岭南地区,引得赵佗不满。赵佗再次自立为王,孝文帝只好又派出陆贾去当说客。赵佗又一次被陆贾说服,归顺汉朝。陆贾的功勋在南越地区传为美谈,相传他每次南下跟赵佗说理时,都会途经这座山。某次从此地路过,

大夫山

人困马乏,马儿情急,用前蹄刨出一口甘泉。从那以后,百姓就称呼这座山为"大夫山",那口甘泉则被命名为"饮马泉"。大夫山的山名中,饱含着当地人民对陆贾的尊敬与怀念。

陈济棠的母亲为什么要葬在凤凰山?

凤凰山位于广州市筲箕窝水库东南。这里气候冬暖夏凉,风景峻峭秀丽,茫茫林海加上连绵群山,一眼望去蔚为壮观,许多爬山爱好者都喜欢去凤凰山爬山。

但有个秘密很少有人知道:凤凰山还是一个风水宝地。相传,宋朝的风水大师赖文俊曾经路过凤凰山,并留下了一首古诗:"头顶芙蓉嶂,脚踏土地坛。右有覆船岗,左有莺蜂窦。鳌鱼把水口,狮象守门楼。谁人葬得中,代代王公侯。"

太平天国运动的领袖——洪秀全的祖坟便刚好葬在凤凰山的土地坛上。他起义后不久,地方官员便收到指令,要求把洪家祖坟挖开,以阻断良好的风水。咸丰三年,清廷见太平天国声势闹得越来越大,再次紧急召集当地官员,要把洪秀全祖坟后的龙脉凿断。

洪秀全领导的太平天国运动最终以失败告终,而洪家祖坟所在地,

最后被国民党革命军第一集团总司令陈济棠买下。因陈济棠素来信奉风水学说，他命令一帮风水先生前往广东各地寻觅风水宝地。后来，风水先生翁半玄为他找到一处宝地，位于洪秀全祖坟附近。于是陈济棠斥重金买下山头，又拨巨款兴修坟地，把母亲的遗骨从老家防城移葬到凤凰山芙蓉嶂。陈济棠没想到的是，即使占领了这块"风水宝地"，他也没能在政治道路上一帆风顺。陈母下葬后一年，"两广事变"发生。广州空军全体向蒋介石投诚，陈济棠仓皇逃到香港，建下的基业从此付诸东流。凤凰山并没有如陈济棠所想的那样给他带来好运气，耗费巨资最终一无所有，想来颇为讽刺。

你知道瘦狗岭上发生过什么传奇故事吗？

瘦狗岭位于白云山南麓，山形像足了一只头朝西北、尾向东南的瘦狗。如果站在白云山摩星岭上眺望，这片山更显瘦骨伶仃，几乎能数出它那一片片肋骨。因此，人们都叫这片山岭为"瘦狗岭"。

在瘦狗岭上，曾发生过一段离奇的故事。相传从前，有一户王姓人家在此处居住。父子二人相依为命，靠挖药材为生。儿子叫王勤，非常孝顺父亲。某天他俩进山采药累了，来到瘦狗岭的"狗头"稍作歇息。父亲坐在石头上侧身往下望，但见满山树木郁郁葱葱，一片鸟语花香，整个人仿如置身仙境。他对王勤说："孩子，这里跟风水宝地一样。如果我死了，你一定要把我葬在这儿啊！"

十几年过去，王勤长大成人。这天，父子俩如往常一样在山顶寻找草药，天气骤变，狂风大作，下起了倾盆大雨。父亲被狂风卷到了山脚，待王勤找到他时，已经咽了气。王勤听从父亲的嘱咐，将他埋葬在"狗头"之处。每年清明节，他都来到这里烧香祭祀。

这一年，王勤来到瘦狗岭祭祀时，恰巧遇上了一个风水先生。他见风水先生摔了一跤，又饿又痛，便把用来祭奠父亲的饭菜给风水先生吃。风水先生吃完，也不道谢，反而仔细打量起王勤父亲的墓地。他啧啧称奇："小伙子，你父亲的墓穴风水太好了。实不相瞒，这里是龙穴啊！"

这个消息后来被走漏了出去,最终传到了皇帝耳朵里。皇帝知道后,派遣国师夜观星象,竟然得出了同样结论:南方睿光射斗,龙气冲天,瘦狗岭会出一名天子。除非年年攻打瘦狗岭,将龙气驱散,否则皇帝基业不稳。

皇帝听说后,立刻下旨要求广东官兵年年炮轰瘦狗岭,闹得那一带鸡犬不宁。由于朝廷的攻打,导致龙脉被破坏,王勤家族果真没有再发迹,当然也当不成皇帝了。

水文园林

海珠湖是怎样成为鸟类天堂的？

海珠湖位于广州市海珠区东南方，虽然它与流花湖、东山湖相同，都属于人力开凿的人工湖，但却拥有独立的水网系统。因此，除观景以外，海珠湖同时具备着调蓄雨洪、生态保护等功能。

海珠湖位于我国5条候鸟迁徙通道的会合地，另外还是东北亚2条迁徙通道的途经停歇地。它那纵横交错的河网与四周幽深恬静的果林、湿地，为鱼、鸟等动物营造了极佳的生存空间。据统计，海珠湖湿地的鸟类约有62种，其中属于国家林业局保护鸟类的有45种，属于广东省重点保护的鸟类共9种，还有属于国家二级重点保护范围的鸟类2种。

海珠湖

在海珠湖畔漫步，你能时常看见叫声婉转动听的画眉鸟、活泼好动的白头鹎、珍巧可爱的暗绿绣眼鸟、嘴基上长着两撇胡须的八哥等。运气好的话，还能与捕鱼能手——鸬鹚偶遇。海珠湖，绝对是鸟类爱好者观鸟的首选之地。

如果你准备去海珠湖附近观鸟，一定要遵守这些注意事项：首先，避免穿着色彩过于艳丽的服装；其次，要保持适当距离，不要大声喧哗或追逐、驱逐鸟类。另外，记得尊重鸟类的生存权，不要因一时兴起就做出掏鸟窝、捉野鸟等恶劣行为。最后，保护好自己。别靠近水边，也别接触鸟类粪便。不论是掉进湖里，还是感染上疾病，都会让你吃不消哦！

东山湖是怎么来的？

东山湖原先叫"崩口塘"。早年间，广州大沙头东边与珠江相连的部分因河沙冲击的缘故形成了一片沼泽。随着淤泥沉淀堆积，许许多多大小不一的水塘就在大沙头与陆地之间诞生了。"崩口"的本意，是指瓷器经过碰撞后在口边处造成的缺损。人们见这些水塘中最大的那口与"崩口"形似，于是便把它称为"崩口塘"。

20世纪初的崩口塘，还是一片权贵云集的富人区。后来经过八年抗战，该地伤痕累累。贫困市民私自占用了崩口塘地区，并搭建起房屋。崩口塘一带一时间杂草丛生，污水横流。居住在当地的人们因为要种地，时常前往市区公厕掏粪。崩口塘成为了一个装卸粪便的地方。

东山湖

1958年5月，广州市政府提出号召，要把崩口塘修建成一片干净美丽的人工湖。当时的广州人，不论是普通群众，还是国家干部，不论是学校学生，还是工厂工人，大家都自愿参加修建东湖的劳动，每月至少一天。经过广州人一年多的劳动，东山湖最终落成。现在的东山湖，已经成了广州著名景点之一。每当湖边鲜花盛开，大家都前来东湖边上踏青游玩。过去的种种杂乱不堪，已经如前尘云烟，消散不见。

荔湾湖与荔枝有关吗？

荔湾湖位于广州城西。荔湾湖一带原本是珠江岸边的一片大沼泽，相传汉朝时期，被刘邦派遣来广州劝降赵佗的陆贾就居住在这里。他沿着驻地附近的溪流，种植荔枝、开辟莲塘，荸荠、菱角、茨菇等水生植物生长得无比繁茂，一片欣欣向荣。

荔枝，从此成为了这一地区的特产水果。在唐朝时期，此处即已修建"荔园"。五代十国时候，统治南粤的南汉还在荔枝湾兴建昌华苑，荔枝遍植。南汉后主刘伥更是每年夏季都在此处大设红云宴，极尽荣华富贵。明朝时期的荔枝湾，还因"荔湾渔唱"被列入了羊城八景之一。

荔湾湖

民国时，荔枝湾因战争的缘故由盛转衰，昔日的河流变成了下水道，荔枝树难以生长。为了恢复"一湾溪水绿，两岸荔枝红"的美景，广州市荔湾区政府决定重建荔枝湾。经过长达一年多时间的艰苦奋战，荔湾湖最终落成。如今的荔湾湖两畔，种植了近300株荔枝树，湖面被分为"小翠、玉翠、如意、五秀"四片水域，桥堤相接，绿草如茵，层峦叠翠，一派优雅的南国风光。当年美景，重现眼前。

麓湖的前世今生

麓湖位于广州市越秀区，在白云山风景区的南端。麓湖原名金液池，在解放初期，还是一片地势低矮的洼地，附近的村庄时常遭受水侵灾害。1958年，广州市动员全市人民参与造湖，把原先坐落在金液池畔的村落迁到了别处。村落的所在地经过平整，成为了湖底。九米多高的大坝也在麓景路北段拔地而起，蓄水面积高达300多亩。

为了使麓湖湖畔重现"六脉皆通海，青山半入城"的历史风貌，当地政府又进行了一系列的环境整治工作：用截污工程，实现雨污分流；开展景观改造，修建环湖绿道……现在的麓湖湖畔，一年四季鸟语花香、绿树成荫。宫粉紫荆、落羽杉、毛杜鹃等植物生长得十分繁茂，一派欣欣向荣的景象。漫步至麓湖南端，从一个小阶梯走下去，广州市区最大的人工瀑布便出现在你眼前。这个人工瀑布高 6 米，宽 20 米，非常雄伟壮观。

除了人工瀑布以外，麓湖附近还有聚芳园、星海园、白云仙馆等地供市民游览。在麓湖，人们可骑行、可乘坐游艇、可泛舟湖面，甚至可以打高尔夫球。昔日的小水塘，如今成为了"一山环秀水，半岭隐涛声"、湖光山色俱美的大型公园。

你知道黄龙带的传说吗？

黄龙带位于广州市从化区。相传远古时期，有一条黑色蛟龙，飞到此地的大山之中，从此踪迹难寻。时间一长，人们发现每当秋天的夜晚，山谷中央便有金光闪现。胆大的村民们前往山谷打探，在山中发现了矿石。矿脉绵延不断，让前来挖矿的乡民们逐渐地富裕起来。为了纪念这条龙的馈赠，大家将这座山称为"黄龙山"，流过黄龙山的河流也随之被称为"黄龙带"了。

1972 年 12 月，黄龙带水库开始动工，三年后水库落成。来到黄龙带水库库区，即可身处群山环抱之中。湖库像一条游动的长龙，曲曲折折，在山间蔓延。翠绿的树林、清澈的水面再加上碧蓝的天空，组成了"一龙带水藏飞瀑，两岸林海景迷人"的黄龙湖景。如果你在六七月的初夏来到这里，还能享受到采摘杨梅的乐趣呢！

黄龙带

天湖水库下的"温泉三瀑"是怎么一回事？

天湖位于广州市从化区，它是个始建于 1972 年的人工湖。因其坐落在"万丈飞瀑泻漏天"的瀑布之巅，故而得名"天湖"。天湖下方的瀑布，就是传说中的"温泉三瀑"。

温泉三瀑是天然瀑布群,分为五级。第一级至第三级是百丈飞涛瀑,第四级是飞虹瀑,第五级是香粉瀑。这五级瀑布中,又以百丈飞涛瀑最为著名。它应该是华南地区最大的自然瀑布,气势磅礴让朱德总司令都忍不住感叹,并亲笔题词曰"山舞银蛇"。作家郭沫若也写下诗歌来颂它,称它为"百丈叠三瀑,一溪奏万筘。泉飞崖罩面,水激石生花"。温泉三瀑的恢弘还曾让柬埔寨亲王流连忘返,据传他来到广州,参观完瀑布后,坚持要在瀑布下的岩石上享用午餐呢!

天湖水库

流花湖有哪些好玩的去处?

流花湖位于广州市东风西路以北,因流花湖东北面有一座南汉国的古迹——流花桥而得名。据传,流花湖原来是晋代的芝兰湖,后被开辟为菜园。经过广州市政府疏导街道水患、动员全市居民参与义务挖掘等艰辛工作后,流花湖最终落成。如今的流花湖,面积达32公顷左右。自从流花湖建成后,这一带居民再也没有遭遇过水患了。

除蓄水防洪的实用功能外,流花湖还以它秀美的风光而著名。在流花湖湖畔,种植着大量的芳草地与棕榈树,让人体会到一派南亚热带风情。流花湖面上,则有一座面积3000多平方米的鸟岛。岛上鹭鸟成千上万,你可以在观鸟台坐下,点一杯热茶,静静地欣赏鸟儿们热闹非凡的自然生活状态。往流花湖东边走,你将误以为自己身处于西双版纳的庭院内:杜鹃园、动力园一定会令人目不暇接。如果选择向西边漫步,还能够与被誉为"岭南盆景之家"的西苑相遇。西苑中

流花湖

主打盆景展览、观赏奇石，在西苑中徜徉一番，定能产生大饱眼福的快感。

东湖春晓是如何成为羊城八景的？

羊城八景特指广州市八大最著名的景点。从宋代开始，当地就有评选羊城八景的传统。这一传统代代相传，一直延续到今天。

最初的羊城八景包括扶胥浴日、石门返照、海山晓霁、珠江秋月、菊湖云影、蒲间濂泉、光孝菩提及大通烟雨，其中与广州水文相关的就有三处。而清朝的羊城八景则变为了粤秀连峰、琶洲砥柱、五仙霞洞、孤兀禺山、镇海层楼、浮丘丹井、两樵云瀑以及东海渔珠，最初的八景有的已经

东湖春晓

随着岁月的流逝而不复存在。1963年，广州市评选出了新的羊城八景，包括白云松涛、萝岗香雪、越秀远眺、珠海丹心、红陵旭日、双桥烟雨、鹅潭夜月与东湖春晓。在这张名单上，东湖春晓指的就是东山湖。后来，粤剧名旦林小群还演唱了一首与它同名的粤曲——《东湖春晓》，歌里唱到："且听处处歌声欢笑，且看广州建设成就辉煌，景色美复俏……"

这首歌历经数十年的光阴，一直传唱到了今天。2002年，广州重新评选出"羊城八景"，分别是白云山的"白云叠翠"、珠江的"珠水夜韵"、越秀山的"越秀新晖"、天河火车站的"天河飘绢"、陈家祠的"古祠留芳"、黄花岗的"黄花皓月"、奥林匹克中心的"五环晨曦"和番禺莲花山的"莲峰观海"。虽然东湖春晓已经不再是最近的"羊城八景"了，但它的美丽依然长留在广州人的心间。

余荫山房名字的由来

余荫山房位于广州南村镇，修建于清朝同治十年，距今已有140年的历史。余荫山房的故主是清朝举人邬彬，他曾经担任过刑部主事、七品员外郎。更让人惊叹的是，他的两个儿子也都中了举人。当时，人们都称呼这户人家为"一门三举人，父子同登科"。

后来，邬彬看破了世事人情，选择告老还乡，归园田居。他斥资修建了这座园林，为了纪念先祖的福荫，故而给园林起名为"余荫"。又因为园林坐落在偏僻的岗地之下，故而称之为"山房"。余荫山房的名字就是这样得来的。

余荫山房

在余荫山房里，有一副楹联："鸿爪为谁忙，忍抛故里园林，春花几度，秋花几度；蜗居容我寄，愿集名流笠屐，旧雨同来，今雨同来"。它与余荫山房的名字一起，道尽了园林主人渴望归隐的心声。

余荫山房里的瑜园为什么又叫"小姐楼"？

在余荫山房南面，紧挨着一座稍微小一点的瑜园。瑜园建于1922年，在原主人第四代孙邬仲瑜的主持下修建，是住宅式庭院。

瑜园造型精巧。在它的底层，有一个船厅。厅外，安放了一块小型方池。瑜园第二层，则被设计为玻璃厅。站在瑜园二层上，可以俯视整个山房。庭院景色尽收眼底，一览无余。

关于瑜园的用途，现存两种不同的说法。一种说法认为，这座瑜园是用来招待远道而来的亲朋好友的，另一种说法则认为，瑜园是给家里女眷居住的。正因为瑜园常年由女眷居住，故而才有了个"小姐楼"的别名。

如今，瑜园已经归属余荫山房，并与山房合在一起。这两座园林作为近现代岭南地区代表性建筑，于2001年被列入了第五批全国重点文物保护单位名单之内。

余荫山房有什么样的建筑特点?

余荫山房的布局十分精巧。它有两个主要的建筑特点:一是"缩龙成寸",二是"书香文雅"。

"书香文雅"指的是整座山房中,满挂了文采斐然的诗联佳作。据统计,该园中楣额足有三十多处,另有楹联40多对,原主人崇尚文化的精神世界由此可见一斑。而"缩龙成寸"原本是一种盆景艺术的创作技巧,使用这种技巧创造出来的盆景,可称为"咫尺盆域,耸立巨株",令人叹为观止。用在园林建造方面,"缩龙成寸"则象征着园林设计师能够在方寸之间展现建筑的精髓。余荫山房即是如此:在方圆三百步之内,亭台楼阁、桥梁廊堤尽收其中,各类砖雕、木雕作品丰富多彩,回廊、影壁相互借景……漫游园内,让人感觉园中有园,景中有景,妙趣横生。

实际上,除却这两个主要建筑特点外,余荫山房还吸收了一部分西方园林的造景理念。例如八角亭、四方水池等几何造型,这在推崇自然风光的中国传统园林中并不多见。另外,瑜园的建造过程中还大量采用了西洋花纹地砖、百叶窗等,西方特色与传统岭南风格融合在一起,体现了岭南人兼容务实的建筑理念。

余荫山房有哪些值得一游的景点?

余荫山房与佛山梁园、东莞可园、顺德清晖园合称四大名园,虽然它面积不足2000平方米,但由于其遍布亭台楼阁、名花异草,各种花径围墙参差交错,曲径通幽,故而有许多值得一游的景点。下面,就为大家介绍几个最值得观赏的地方吧:

◎ 拱桥

余荫山房整片园景可以分为东、西两个部分,一座廊、桥、亭三合一的拱桥便成为了东、西园的分界线。在月朗星疏的夜晚,漫步在拱桥上,让月亮、拱桥与人影在桥下的荷花池中相互映衬……画面之美令人陶醉。有人遂将这一美景称为"虹桥印月"。

◎ 石砌荷池

石砌荷池是西半部分余荫山房的中心。在荷池南边，有一座造型简洁的临池别馆。它是园林主人的书斋，环境讲究清静素雅。荷池北边，则坐落着主厅——深柳堂。深柳堂是这座园林装饰艺术与文物精华的所在，厅内侧厢中收藏着三十二幅桃木画橱，另外还有几扇名贵的紫檀屏风。深柳堂的左侧，是为宾客小憩而设置的"卧瓢庐"。每逢夏日，石砌荷池旁都飘满了荷花的芬芳，伴送着清幽晚风，让人留恋池畔，久久不愿离去……

◎ 玲珑水榭

玲珑水榭环水而立，俗称"八角亭"。它的八面均为窗户，既可通风，又可观景。在玲珑水榭里，都能看到哪些美景呢？一首诗精到地作出了概括："丹桂迎旭日，杨柳楼台青；腊梅花开盛，石林咫尺形；虹桥清辉映，卧瓢听琴声；果坛兰幽径，孔雀尽开屏"。玲珑水榭，饱含着余荫山房的诗情画意。

宝墨园的由来

宝墨园位于广州市番禺区沙湾镇，始建于清末。传说有一年西江水灾，一段黑色木头顺水漂流到村边。人们将它推回江里，没曾想这段木头再次流回村子里来。几次三番过后，村民们觉得十分奇怪。他们对木头产生了敬畏，故而把它供奉起来。

嘉庆年间，贪官和珅被嘉庆帝铲除。一时间各地群情沸腾，人们都希望能够多有一些像包拯一样清廉的官员。于是，当地村民把这段神木雕刻成包公像，并修建起包相府用以祭祀包拯。

包相府曾经几次遭遇过损毁，后来荒废了。直到1995年，在港澳同胞及社会各界的捐助下，宝墨园才得

宝墨园

以在包相府原址上重建。如今的宝墨园已经成为广州知名旅游景点，因为它风光秀丽，有多部电视剧都选择在此取景，例如TVB的《末代御医》、中央电视台的《爱人同志》等。如果你去宝墨园游玩，说不定还能与心仪的偶像来一场偶遇……

宝墨园的包拯掷砚陶雕群像讲了个什么故事？

在宝墨园的宝墨堂梁脊顶上，有一组包拯掷砚陶雕群像。相传包拯曾经在端州为官三年，因其清廉、爱民，深受爱戴。有一个制作端砚的工匠，对包拯满怀崇敬，他特别想送一方端砚给包拯以表示自己内心的敬意，但是包拯始终不肯收下。后来包拯离任，工匠便偷偷地将端砚藏在船上。结果包拯一行人行至羚羊峡时，忽遇狂风暴雨。包拯暗忖：自己在端州向来清廉，到底做错何事让天公震怒？他前思后想，最终找到了藏在黄布里的端砚。包拯说："虽然这方砚台不能物归原主，但我也要把它留在端州。"话音落毕，他就抓起端砚掷入江水。后来，在包拯扔下砚台的地方，形成了一处掷砚洲。宝墨堂梁脊上的陶雕，讲述的就是这样一个故事。

宝墨园中有哪些景点？

既然能被电视剧制作方选中，成为多部影视剧的拍摄基地，那么宝墨园的风光一定不会让你失望。在宝墨园中，最引人瞩目的就是那些亭台楼阁了。接下来，让我们共同了解一下宝墨园里都有哪些值得一看的景点吧！

◎ 龙图馆

龙图馆以馆内外的各种砖雕、木雕、泥塑、灰塑等著名。入门正中，可以看到一座巨型紫檀屏风。屏风中间是包公造像，两侧刻着包公遗诗，曰"清心为治本，直道是身谋"。

在包公像的左边，雕刻着狄青。因狄青是武曲星，与包公文曲星的身份恰巧相对应。包公像左边则雕刻着呼延家将大破五行阵的故事，画面上战旗飞扬，战马奔驰，人物传神，显示出宋朝战士们保家卫国的英武气概。整座屏风花了雕刻师与15个助手一年半的时间方告完成，是一件艺术精品。

◎ 藏品馆

赵泰来是英籍华人。他前后共计向宝墨园捐献了41幅大型西藏唐卡，以及明朝铜制观音、铜香炉等巨型重宝。在宝墨园内，有一座赵泰来藏品馆。这里存放了赵泰来向该园捐赠的几乎所有藏品，你可以在这里看到姿态各异的藏传佛教祖师、藏王松赞干布以及护法金刚的画像。藏品馆正中，摆放着巨大的玻璃柜，四件大型铜制品摆放其中，观之令人心灵震撼。

◎ 紫洞舫

紫洞舫位于宝墨园的清平湖边上。它用钢筋水泥铸成，加以名贵柚木装饰。全舫布满了雕刻艺术品，包括八仙贺寿、竹报平安、花开富贵、松鹤延年等吉祥图案，船头坐落的大型木雕"百鸟朝凤"更是让人啧啧称奇。舫中有一处听曲品茶的场所，你可以在这里听到正宗的粤曲。

◎ 宝墨堂

去宝墨园一游，自然不应错过宝墨堂。宝墨堂正中悬挂着一幅出自四川画家韩云朗之手的包拯画像，而宝墨堂的房梁上则雕刻着包拯掷砚的传说故事。值得一提的是宝墨堂前的两棵树龄近百年的老榆树。由于它们苍劲挺拔，就像捍卫包拯的卫士，所以大家亲切地称他们为"树将军"。

另外，宝墨园中还有诸如紫竹园、千象回廊、紫带桥等景点，此处就不再一一赘述了。更多的美景，就由读者去宝墨园后，再自行发掘吧。

兰圃是专门种植兰花的园林吗？

广州兰圃位于越秀公园的正对面。它总面积达5万多平方米，始建于1951年。最初的兰圃是一座植物标本园，1957年起，兰圃专门培育兰

花。如今的兰圃，已经成为了一座名园。它的兰花种植分为三栅，第一、第三栅培植以兰花为主，花色淡雅，清香扑鼻；第二栅则以寄生兰为主，花色艳丽，却少有香气。

兰圃堪称兰花王国，现有品种数百种，盆栽一万多盆。在慕尼黑国际园艺展中，曾被评为"最佳庭园"。朱德元帅到兰圃游玩后，被深深地吸引。随后几乎每年都故地重游，甚至还将自己培育的兰草赠送给兰圃，并写诗留念。

兰圃

"静境何须远地求，一九兰圃足勾留。画师技巧缩龙寸，名匠心灵布局周。酒绿灯红棉市闹，花香鸟语水亭幽。芳华九畹殊堪对，扳得同心结友俦。"这首诗，是对兰圃的精确描述。虽然它占地面积小，但具有闹市中不可多得的清雅、宁静，引人入胜，深受群众喜爱。

简园与南洋烟草公司有什么关系？

简园位于广州市恤孤院路24号，占地面积近1000平方米。它具有20世纪二三十年代欧美别墅的建筑风格，红砖楼，希腊柱阳台，庭院前后空地上均种植有花草树木。喷水鱼池、停车房应有尽有，整座园子透露出的是中西合璧加上一丝野性的美感。

简园的主人是我国著名的爱国华侨实业家简照南、简玉阶兄弟。简氏兄弟是佛山人，从小家贫。简照南14岁就开始做童工，后来又去叔父家的瓷器店学做生意。不久后，简氏兄弟被安排到日本打理账款，在叔父的支持下，兄弟俩从土产杂货开始，开商店、做批发，生意越做越大。他们的足迹遍布日本、泰国，瓷器店、轮船公司、布匹店、百货公司等均在简氏兄弟的生意范围之内。

为了打破英美烟草公司对中国卷烟市场的垄断，简氏兄弟把目光投向了卷烟制造业。他们在光绪三十二年创办了南洋烟草公司，与英美烟草商展开了激烈的竞争。南洋烟草公司的注册资本高达1500万元港币，年营业额足有3500万元之多。在赚钱之余，两兄弟还不忘投资慈善事业。他们在广州创办了花地孤儿院，又修建了简园别墅以供自己居住。简照南去世后，民国高官谭延闿曾常驻于此。他是当时陆海军大本营大元帅府内政部长，后又作为建设部长，参加了由孙中山亲自部署指挥的讨伐沈鸿英、赵恒惕之役，是国民党一位资深的元老级人物。

中共三大在广州召开期间，毛泽东同志还经常利用休会时期到简园来拜访谭延闿，以寻求国共合作。基于简园与我国近代多个重要历史人物的因缘，再加上它属于广州旧民居建筑的代表，在1993年，简园被评为了广州市文物保护单位。在这座小小的老房子里，积淀着历史的风韵。一幕幕风云变幻的场景，愈发衬出简园的弥足珍贵。

在广州东园发生过哪些大事件？

广州市沿江东路一带，有一座红楼。这座红楼的原址上，本是晚清时期由广东水师提督李准建立起来的花园别墅——东园。李准是清王朝得力的鹰犬，先后镇压过洪全福起义、潮州黄冈起义、广州新军起义和三二九起义等，革命党人对李准可说是恨之入骨。但革命党曾几次派人谋杀李准，却都被他逃脱了。武昌起义后，李准发现清王朝大势已去，于是通过兵谏迫使两广总督张明岐宣布独立，保全了一条命。二次革命失败后，李准又被袁世凯封为广东宣慰使，晚年长居天津，别墅东园则被充公。

东园充公后，曾有外国洋行商人在此设立了广州第一个游乐场所。游乐场中设置有粤剧戏台，有迷宫，还有旋转木马。东园成为了一处声色场所。然而，东园更是一处集会广场。我国近代史上众多大事均在此处发生：

东园

1912-1921年，孙中山先生多次在东园演讲，宣传三民主义；

1912年，参与过谋杀李准行动的刘师复在东园创立晦鸣学社，宣扬无政府主义；

1919年5月，广州国民外交后援会联合广州各界在东园举办10万人国民大会，痛陈亡国危机，并举行声势浩大的示威游行；

1922年，广东社会主义青年团在东园召开成立大会及马克思诞生纪念会；

1924年，中国国民党运动讲习所首期培训班在东园开学；

1925年10月，中华全国总工会进入东园办公；

1925年6月，省港大罢工爆发，指挥罢工的委员会即设置在东园；

1926年11月，反动分子为了打击省港大罢工，前往东园纵火，将其焚毁。直到1984年，广东省政府方拨款，在原地修建起红楼，作为省港罢工委员会旧址的纪念馆。广州东园现在已经不复存在，只余下重建的红楼，映衬在蓝天白云之间，隐隐地透露出一种饱经沧桑的凝重的时代感……

十香园原本是间画室吗？

在广州市海珠区海珠涌西岸，有一座十香园。这座园林的主人是清代隔山乡人居巢、居廉。居巢擅长书画，师承恽南田、宋光宝、孟觐乙。他画的花卉、草虫、山水、人物等均神形皆备。居廉是居巢的弟弟，也跟着居巢一起学画。兄弟俩被当时在广西做官的东莞人张静修慕名聘请入幕，后又追随张静修来到东莞可园切磋技艺。在可园居住的九年里，两兄弟创作了不少扇面册页精品，更形成了居派艺术。

张静修病死后，居氏兄弟回到广州，修建了十香园，作为居室与画室。居巢病逝后，就只剩下居廉在此

十香园

长期居住了。十香园与可园相比，要简陋朴实得多。院子内种植有大量的香花草木，如茉莉、紫藤等，以供居氏兄弟写生使用。居廉在十香园内亲自栽种了各种花草树木，又饲养禽鸟虫鱼。他以卖画养家，后来还开馆授徒。居廉的画风不同于传统国画的写意之风，而是偏重写生。他教学生时，时常领着学生来到园子里，对着各种花草虫鱼仔细观察后再细细描摹。当时，居廉认为无物不能入画。一般画家看不上眼的俗物如月饼、腊鸭等，居廉也愿意画。他们教育出来的学生中出了好几个杰出人才，其中的高剑父、陈树人等还成为了岭南画派的大师。十香园，几乎可称得上是岭南画派的摇篮。

居氏兄弟故去后，后人便把十香园当作居所。但抗日战争时期，日军破坏了啸月琴馆和居巢的居室，"文化大革命"中，又被红卫兵抢走了许多绘画作品。原来的门额、楹联丢失无踪，只剩下一些书柜、画箱以及庭院中央的太湖石。园里遍地断壁残垣、野草丛生，一派衰败景象。2006年，居室后人将十香园捐献给了政府，政府决定按照旧貌对十香园进行复原重建。十香园的遗风，终将重现在世人眼前。

颐养园是广东首家旅馆医院吗？

颐养园位于风景如画的二沙岛。它是广东的第一座"旅馆医院"（即现在的疗养院），也是国民党上层人士的政治避风港。

颐养园的创建者是梁培基。他原本是一名医生，但在那个特殊的年代里，梁培基"悬壶济世"的理想却并没有通过其亲自为病人看病来实现：他发明"发冷丸"，兴建颐养园，开办光华医学院，又开发了广东从化温泉……除了这些与医学有关的事迹外，梁培基还曾支持潘达微开办《时事画报》、协助收敛黄花岗起义烈士遗体、参与省港大罢工，是一个坚定的革命者。

梁培基兴建颐养园的想法最初起源于1917年。那一年，他前往日本考察治病，了解到了日本的旅馆医院。在旅馆医院里，设备齐全，有固定护士，病人可以自由选择市内的医生为其治疗。他对旅馆医院的运作模式十分感兴趣，回到广州后，便立即着手联系当时名医、名律师及警察厅厅长、南洋烟草公司大股东及画家等一派社会名流，研究兴办"留医院"的相关事宜。最后，大家通过集资，筹备了50万两白银，选址就在魏邦平的二沙岛上，颐养园得以开始兴建。

颐养园建成后，几乎能够与颐和园媲美。各种假山鱼池、亭台水榭应有尽有，在其中穿插着手术室和药房，比当时著名的香港山顶医院还要舒适华丽。由于颐养园医疗设备先进，又位于三面环水的小岛上，易于保卫，故许多国民党政要都把这里作为政治避风港。包括蒋介石、李宗仁、白崇禧等国民党上层人士，都经常在这里居住。在抗战时期，颐养园还曾经作为中共的地下秘密活动点呢。党组织在颐养园内开办培训班，吸收先进分子，培养了大批革命骨干。从旅馆医院，到政治避风港，再到革命培训班……另类的救世之道，在颐养园身上体现得淋漓尽致。

培英中学假石山上的石匾额是听松园里的旧物吗？

在如今广州建设机器厂所在地，原本有一座中式园林，叫"听松园"。听松园是诗人张维屏和他的儿子张祥泰修建起来的，它位于珠江南边大通寺旁，占地十余亩。听松园中有两片池塘，其余土地遍植松树。内里包括众多建筑物，如烟雨楼、柳浪亭、海天阁、松心草堂、东塘月桥、万绿堆等，是个读书、诗酒、游乐的绝佳去处。

听松园当年文人墨客唱酬往还的逸事甚多，在《南山先生招同温伊初听松园看月》等诗歌中均有记载。但在张维屏去世后，听松园就逐渐衰败下去。有诗曰"曾记松心旧草堂，绿芜红药水边香。而今剩有丝丝柳，和雨和烟暗断肠"，这正是作者对听松园从繁盛到衰败的咏叹缅怀。后来，听松园被教会买下，改建成培英中学。培英中学在抗战时期被日军飞机炸毁，只得迁往鹤洞山顶。

如今的鹤洞培英中学里，还有几座假石山留存。在假山上，镶嵌着一块石质匾额，上面篆刻着"听松园道光丙午初夏松心主人书"的字样，这便是听松园里的旧物了。

广州的祠堂

广州祠堂众多。每逢清明,在去墓地拜祭过祖先之后,有些广州人还要在家族的祠堂里再祭拜一次。这是传统,也是心灵驱使。祠堂除了用来供奉和祭祀祖先,还是家族重大事情商议地以及族长行使族权的地方。族人的婚丧嫁娶等家族重大事宜,有时候也会在这里进行。热热闹闹的婚礼在肃严的祠堂举办,既表明这婚事是族人共庆的事情,也让婚礼有了更多的意义。在别人眼里严肃的祠堂,在广州人眼里,却是家族血缘纽带最亲切的寄托物,也蕴藏着对祖先、对传统、对宗族的敬重。

广州的祠堂

为什么广州也有苏公祠？

"十年生死两茫茫，不思量，自难忘""明月几时有，把酒问青天。不知天上宫阙，今夕是何年"……苏东坡的诗词，可说是耳熟能详。他在四川眉山出生，曾于凤翔、杭州、密州等地就职。按理说，苏东坡无论如何也跟广州扯不上关系，但在广州车陂附近，却有一座晴川苏公祠。这座苏公祠，并非当地苏姓人士随便建立的。相传，它纪念的是苏轼的孙子——宋太尉苏绍箕。

苏绍箕年轻时精通经术，被朝廷授予"迪功郎"的官职。在宋朝宣和年间，还曾担任过宋朝太尉。后来，彭友连在粤北一带发起兵变，珠玑巷居民纷纷向南迁徙，直达珠江三角洲。苏绍箕也随着这次移民浪潮携家眷到广州定居。车陂的苏公祠建立于明宪宗成化年间，它正是为了纪念苏绍箕而建。随着岁月的流逝，苏公祠成为了车陂的文化中心，举办过私塾、学堂与学校。

再后来，学校迁出，苏公祠成了广州市的文物保护单位。直到今天，苏公祠门口还有"武功伟业参天地，眉山翰墨贯古今"的对联呢。

为什么人们把陈家祠里的石狮奉为"圣狮"？

陈家祠是清朝末年广东省陈姓族人合资建造的祠堂，在光绪二十年落成，坐落在如今广州市的中山七路。陈家祠的门口有一对石狮，当地人都称呼它们为"圣狮"。这是什么缘故呢？让我来为大家讲一段故事：

相传陈家祠门口的石狮是当年南海老石匠邹福和四个徒弟雕凿而成的。彼时，陈家祠附近一带都是低洼地，年年遭逢水灾。然而，自从这对石狮摆在陈家祠门口时，奇迹就发生了。某次广州发大水，水势凶猛，上涨速度飞快。百姓的房屋即将被大水冲垮，人们绝望地等待着流离失所的命运。就在这千钧一发的时刻，陈家祠方向突然传来了一声狮子的怒吼。这怒吼回荡在天空中，经久不息。随即，大水逐渐退去。百姓的房屋、财产俱得到了保全。

由于广州市内不可能有活狮子，所以当地人认为发出咆哮声的是陈家祠门口的石狮。从那以后，陈家祠附近再也没有发生过水灾。这一对石狮子越传越神，最终成为了当地人口中的"圣狮"。

除此之外，广州还有一句歇后语与这对石狮有关。那是在日寇侵华时期，广州经常遭遇空袭。在一次空袭中，一枚炸弹被飞机扔到了陈家祠门前。但是这枚炸弹并没有爆炸，附近有胆大的居民凑过来看稀奇，结果发现石狮眼底有一大滴水，就像是伤心的眼泪。后来，"石狮流眼泪——伤心至极"的歇后语就逐渐在广州市里传开了。

陈家祠采用了哪些传统装饰工艺呢？

陈家祠坐北朝南，属于传统"三进三路九堂两厢杪"院落式布局。它布局严谨，虚实相间，宽敞优雅，气势轩昂。

在陈家祠的修建过程中，采用了多种传统装饰工艺。这些传统装饰工艺使得整座祠堂华美无比，成为了当之无愧的广东民间建筑精华。现在让我们来看一看，陈家祠到底采用了哪些传统装饰工艺呢？

陈家祠装饰

◎ 木雕

木雕多用于门梁、厅堂、雀替及房檐板上。它一般选用质地细密柔韧、不易变形的树种雕刻，色泽清淡，格调高雅。陈家祠木雕内容非常丰富，包括王母祝寿、践土会盟等取材于历史和民间传说的故事。其中最为出名的是曹操大宴铜雀台，活灵活现地描绘出徐晃与许诸争夺锦袍的场面。

◎ 石雕

石雕多用于廊柱、月梁、墙裙和台阶等地。陈家祠中的石雕主要采用麻石石材，石匠在麻石上雕刻出各色花鸟果品以及缠枝图案。它们色调灰白淡雅，与双面铁铸通花栏板交相映衬，对比鲜明，线条简洁圆润，非常精美。

◎ 砖雕

砖雕多用于墙檐下、门楣、花窗上。雕刻前，先由艺人挑选，再根据整幅图画的层次来排列，再逐个雕刻纹样，一层层镶嵌在墙上。陈家祠东、西厅的水磨青砖檐墙上，就有6幅大型砖雕。这是现存广东地区规模最大的砖雕作品之一。

◎ 灰塑

灰塑多用于山墙上，色彩大红大绿，活泼斑斓，具有浓郁的民间特色。陈家祠的灰塑就用于它的屋脊基座上，总长高达1800余米，内容主要是人物、花鸟、亭台楼阁与山水美景，岭南风味十足。

◎ 铁铸

陈家祠的铁铸装饰集中在聚贤堂前后的石栏杆中。其中正面6幅为麒麟玉书凤凰图，台阶两边是双龙戏珠，还有三阳开泰、年年有余等。这些铁铸由佛山生铁铸造，工艺精湛，构图美观大方。

陈家祠的装饰图案中都有哪些深刻寓意？

为了解决祠堂屋顶结构简单平板的问题，陈家祠大量运用了灰塑装饰图案来丰富造型，通过这些精美的画面来传达当时陈氏家族族人对荣华富贵的追求与幸福生活的向往。许多珍禽瑞兽，成为了表达吉祥含义的图案主角。例如"九如图"，即是由九条金鱼组成。"金鱼"与"金玉"谐音，数尾金鱼构建起整幅图画，寓意"金玉满堂"。另外，在《诗经·小雅·天保》一诗中也写到了"九如"："天保定尔，以莫不兴，如山如阜，如冈如陵，如川之方至，以莫不增……如月之恒，如日之升，如南山之寿，不骞不崩。如松柏之茂，无不尔或承"。九个"如"字连用，后人遂把"九如"作为天时地利人和的象征。

再如"五伦全图"，画面中则绘有五种珍禽，如凤凰、仙鹤、鸳鸯、鹡鸰等。这里的凤凰代表君臣之道，仙鹤代表夫子之道，鸳鸯代表夫妻之道，黄莺代表朋友之道，鹡鸰则代表兄弟之道。它们蕴含着"君臣有义，父子有情，夫妇有别，长幼有序，朋友有信"的意义。

此外，陈家祠还大量运用了瓜果植物纹样作为装饰。如象征长寿的仙桃与佛手，象征多子多孙的葡萄、象征丰收富贵的藤蔓等。诸如"龙凤呈祥""鱼跃龙门""花魁独占""一品当朝"等图画，都属于借用常见之物表达人们对美好生活质朴传统的期待。

陈家祠修建至今遭受过哪些劫难？

陈家祠建成后，一直作为陈姓子弟读书办学的地方。后来先后被改为陈氏实业学堂、体育专科学校以及聚贤中学等。1988年，饱经沧桑的陈家祠终于被国务院颁布为全国重点文物保护单位，在此之前，它曾经历了多次劫难，数次险些被毁于一旦：

在抗日战争期间，陈家祠曾经进驻过一个日伪特务连。他们对陈家祠进行了毁灭性的破坏，神龛被砍，木雕故事被破坏，整座建筑门破墙危。后来，日军还对广州地区进行过一次空袭，一颗炸弹被扔在了陈家祠里。万幸这颗炸弹没有爆炸，陈家祠有幸逃出了被损毁的命运。

二十余年后，一批血气方刚的红卫兵进驻陈家祠。他们贴出大字报，要对这个封建文化藏污纳垢的地方进行清洗，把它砸得片瓦不留。书院的工作人员挺身而出，声泪俱下地向红卫兵司令诉说着它的可贵之处，最后打动了对方。不久，另一队红卫兵也赶到陈家祠来"破四旧"。经过一场剑拔弩张的交锋，两队司令达成了一致意见：神主牌是四旧，应该砸掉。其余部分不得毁坏。最终，5000多个陈氏祖宗的神主牌被付之一炬，但换来了陈家祠在十年"文革"中的平安。

如今的陈家祠，两度以"古祠流芳"之名入选新世纪羊城八景。这两次劫难没能摧毁它，它终究得以在岭南地区大放异彩，并成为广州市的一张文化名片。

陈家祠的旗杆夹有什么用途？

旗杆夹是我国科举制度的产物，又被称为夹杆石。旗杆夹一般用青白石或麻石等质地坚硬的石头制作基座，基座中间留着小孔用于固定旗杆。在旗杆夹石上，往往雕刻有中举人的姓名和年代。由于旗杆夹是家族荣誉的象征，因此它一般都树立在家族祠堂门前。在吉时吉日，拜祭大小太公，各路礼成后方可动工。

在陈家祠20年代拍摄的旧照片里，我们可以发现，祠堂前广场的东、西两边各有一个旗杆夹。据说，这个旗杆夹是清代进士兼翰林院编修陈伯陶所立，他在清朝光绪十八年中了探花。后来，旗杆夹在60年代中期遗失，不知所踪。四十余年过后，在对广州陈家祠围墙进行修缮重建的工作中，有建筑工人在半米深的地层里发现了一块造型考究的长方形麻石。敲掉这块麻石上覆盖的水泥板，人们发现了丢失多年的旗杆夹。从此，它们重见天日。

正所谓"十年寒窗无人问，一举成名天下知"，陈家祠的旗杆体现着陈氏家族的繁荣，是整个家族的荣誉象征。

为什么王圣堂乡里的宗祠不姓王？

在广州市越秀区，有一座村落名叫"王圣堂村"。王圣堂村中，坐落着300年前村内何氏族人共同出资修建的何氏大祠堂。为什么王圣堂村里的宗祠不姓王？这就要从当地人间流传的一段故事说起了：

传说多年以前"王圣堂村"原名"黄鳝塘"，因为村里的莲塘盛产黄鳝。后来，村子东面一个兵营里的将军认为"黄鳝塘"这个名字不好听，便提笔将"黄鳝塘"改成了"黄胜堂"，经过口口相传，"黄胜堂"又成了"王圣堂"。除此之外，王圣堂村的改名经历还有另一种说法。据说乾隆皇帝下江南时，曾经路过黄鳝塘这个地方。黄鳝塘的优美风景让乾隆皇帝龙心大悦，但他又觉得黄鳝塘地名着实不雅。于是，乾隆帝便赐予该塘"王圣堂"的美名。

正因为王圣堂其实是过去的黄鳝塘，所以王圣堂乡里的宗祠不姓王也就理所当然了。早在明朝时期，何氏家族就在先祖何云腾的率领下从南雄珠玑巷搬迁到此地居住。为了纪念先祖何云鹏，族人们在明末清初建成了这座祠堂。祠堂历经沧桑，从祭祀先祖之地，成为了养正学校的课堂；再从幼儿园，成为了当地生产队队部、老年活动中心……如今的何氏大宗祠，依然发挥着作用：每年正月十三、清明重阳，当地村民都会在这里开展活动；有人家里生了孩子，还会来到宗祠悬挂灯笼与龙眼叶子。在平时，何氏大宗祠也并不寂寞：孩子们奔跑打闹，老人们切磋棋艺，一派安宁祥和的景象。何氏祠堂虽然规模不大，只有两进结构，但它在当地村民心中占据着极其重要的地位。

为什么广州南村两间周氏大宗祠是连在一起的？

在广州市白云区太和镇南村蟠龙西街，有两座周氏大宗祠。它们并排在一起，规模形制基本相同。两座祠堂均建于清代，坐东北，朝西南，三路三进，由主祠、衬祠以及青云巷组成，造工精细，用料上乘，具有很高的历史文化价值。

广州地区，祠堂众多。一个村落有几间祠堂是常见的景象，各个祠堂之间大多独立分开，互不干涉。只有这两座周氏大宗祠，是紧紧相贴，共用一面墙的，故被当地人称之为"孖祠堂"。据说这里的村民们是宋代理学大家周敦颐的后人，向来以相亲相爱为家风。

这两座祠堂分别纪念的是先祖周仕龙与三世祖周遂禄，他们虽然是远房堂兄弟，血缘关系比较远，但两房族人却一直团结和睦。因此，族人们在修建两座祠堂时，将它们并排建在一起，象征着对两家人不争斗、共同进退的美好祝愿。

在民国时期，孖祠堂被村民们贡献出来用作番禺师范学校的校址；建国后，还曾作为南村小学校舍、

周氏宗祠

村政府办公场所及供销社等。如今的孖祠堂，则是村里的廉政图书馆。2002年，孖祠堂被列为广州市一级文物保护单位，周氏族人友好互助的风气将在这里代代相传。

为什么汤氏祖祠没有以宗祠命名，而叫"汤氏家庙"？

汤氏家庙位于广州市炭步镇石湖村，始建于清朝同治年间，距今已经有140余年的历史了。汤氏家庙是汤金铭主持修建的，在同治年间，汤金铭中了贡生。中贡生后，汤金铭认为要弘扬祖德，于是组建了宗祠筹建组，号召大家有钱出钱，有力出力。

汤氏家庙被设置为五间三进两青云巷的模式，主体门面宽41.5米，深度52.3米，主体占地3.5亩，另有附设偏房，合计占地面积近4亩。屋檐下、墙体上，均绘满了壁画，封檐板、虾公梁、雀替、柁墩上则雕

龙画凤，极尽精细奢华。

　　实际上，古代祖祠一般只能以"宗祠""公祠"等字眼命名；"家庙"二字只有有官爵的人家才能设立，不是人人都消受得起的。汤家的宗祠由于汤姓一世祖纲公起就担任中卫大夫一职，六世祖丹山、龙山还双双入选三品中议大夫。正因为汤氏世代均有官爵，故皇帝特别恩赐，允许汤氏建立"汤氏家庙"，以荫其后人。

　　"家庙巍峨属姓汤，规模宏伟惹人看。七十二门分大小，十八厅房九井场。垂裕年年多俊杰，石湖代代众书香。后人一展风云志，长青作史万流芳。"这是当年诗人对汤氏家庙的吟咏，它体现了汤氏家庙的宏伟壮观，也记载了汤氏一族代代人才辈出的辉煌。后来，汤氏家庙曾被用作垂裕小学校址几十年，略显残破。如今它一般只在每年元宵节游灯时方才开门拜祭，那时候香火鼎盛，万人汇聚，特别壮观。

黎村村民为何姓宋？

　　在广州市狮岭镇，有一个村庄叫黎村。这里山清水秀，风景如画。

　　顾名思义，黎村应当是黎姓人家聚居的村落。然而，广州狮岭镇的黎村村民，却全部都姓宋。在黎村的土地上，竟然还坐落着宋氏家族的代表建筑——静轩宋公祠。黎村村民为何姓宋？黎姓人都去了哪里？这是很多人心里难解的疑问。

　　其实，黎村过去确实是黎姓人居住的地方。后来，有个宋姓祖先认了一位黎姓人士当干爹。多年以后，宋氏慢慢发展壮大，人丁兴旺，枝繁叶茂。黎姓人口反而渐渐凋敝，处于下风。过去的人很讲究风水，他们认为既然住在这里不能让黎家人丁兴旺，那么这片土地一定是风水出了问题，不适合黎姓子孙居住。于是，村里的黎姓人口全都迁往他乡。因此，黎村成为了宋姓人家的聚居地，黎村村民为何姓宋的谜题也就解开了。

为什么资政大夫祠里的石鼓比石狮大？

在资政大夫祠门口，竖立着一座牌坊。这座牌坊上最具特色的是四根以狮首抱鼓石夹护的柱子。石狮和石鼓在封建社会中是地位显赫的象征，它们不是普通人家可以随随便便轻易设立的；只有宗族中有人获取高官功名，才可以安放石狮、石鼓。相传，石鼓是文官的象征，石狮则是武官的象征。资政大夫祠门口既有石狮，又有石鼓，证明徐氏一族文武双全。

那么，为什么资政大夫祠的石鼓比石狮大？

在清朝道光年间，入朝当官的不仅是武官徐方正一人。他的堂弟叫徐表正，从小就勤奋好学，天资聪颖。徐方正担任了兵部郎中后，徐表正也担任了兵部主事。徐氏兄弟为官30多年，尽力报效朝廷、造福民众，深受皇上的厚爱和百姓的拥护。两兄弟受到表彰后，随即返乡修建宗祠。但因为祖父与父亲被封为资政大夫，官衔为二品，徐方正的官衔为五品、徐表正的官衔为六品，均不如资政大夫官衔高。所以，象征着文官的石鼓就比象征着武官的石狮体积要大。

资政大夫祠

资政大夫祠是谁主持修建的？

资政大夫祠坐落在广州新华街三华村。它豪奢而不失古朴，大气而不乏细腻，浓缩着徐氏家族变迁的历史。

据史料记载，宋朝时期，金兵入侵中原。为了躲避战祸，北方人开始向南方迁徙。徐姓家族就是跟随着这次南迁的浪潮，从河南地区迁徙到江西的。其中一部分徐氏族人，继续南下，来到了广州地区。经过十几代人的努力，徐氏家族在广州站稳了脚跟。

道光十八年，徐氏家族的徐方正考中了进士，后来被分派到管理军队的武司库工作。那时候，清朝军队的战斗力非常薄弱。徐方正乔装打扮成农民的模样，以应征入伍的方式深入军队展开调查，发现了军队内部的种种弊端。调查结束后，他有的放矢，整顿军队纪律、操练士兵，让清军的战斗力上了一个台阶。在湘西平叛中，徐方正带领清军立下了汗马功劳，战绩显赫。后来，徐方正被封为五品兵部郎中。同治皇帝为了表彰徐方正，授予他祖父、父亲以"资政大夫"的封号。徐方正随后便建立了资政大夫祠，以答谢皇恩浩荡。

为什么友兰公祠门匾上要画四棵白菜？

友兰公祠位于塱头古村西边。公祠天井中，建有一座非常罕见的接旨亭。因这座亭是黄皞、黄学袭为了迎接圣旨而建的，故命名为"接旨亭"。友兰公祠经过几次重修，现依然保存较为完好。它的封檐板雕花精美，篆刻着各类松兰竹菊花样并一些诗文。然而，位于友兰公祠门匾上方的壁画却让初来乍到的游客百思不得其解：

一般情况下，公祠中的壁画内容多以经典故事、福禄寿喜纹样为主，友兰公祠门匾壁画却单单画了四棵大白菜。原来，这四棵大白菜是有象征意义的。即使每天粗茶淡饭地过生活，也一定要供家里孩童读书。旁人眼中看似普通的大白菜里，蕴含着的却是当地人勤奋、好学的风骨。

孙中山前妻对卢氏大宗祠有什么贡献？

在广州神山镇旁，坐落着一栋始建于元朝初期的汉族祠堂建筑——卢氏大宗祠。这座祠堂三路二进，总面积达1649平方米。全祠后脚青砖，雕梁画栋，壮观非凡。

卢氏大宗祠在历史上经历过多次修复，最大规模的一次重建发生在民国二十二年。由于当时正值抗日战争时期，修复的进度缓慢，直到民国三十七年方竣工落成。当时前来庆贺宗祠落成的来宾众多，接近数百

人。为了留下这一浩大的历史性场面,卢氏聘请了两家摄影店联手设置,才把所有来宾音容全部摄录进相纸。

在卢氏大宗祠光裕堂中,有一块"爱慕宁亲"的木匾。这块木匾是孙中山前妻——卢慕贞捐赠的。卢慕贞是一位传统女性,她嫁给孙中山后为孙中山生下子女,却最终不得不将国母的位置拱手让给宋庆龄。国父孙中山及其身边的亲朋好友时常被人们提起,却鲜有人知道卢慕贞的名字,这不得不说是一个遗憾。

卢氏大宗祠

卢慕贞在民国二十五年就准备在大宗祠建成后捐赠这块木匾,然而因当时战争时局的缘故,迟迟未能完工。抗战胜利后,卢慕贞委托族人卢国雄、卢家泉、卢希彬、卢举潮等前往中山县,待木匾制作完成,在卢氏大宗祠落成庆典当日送到神山镇。这块木匾在1958年遗失,现在悬挂在卢氏大宗祠里的只是一个复制品。其间发生的许多故事,随着时间的流逝已经无人知晓。现在的族人们只能根据几张旧时的照片,来缅怀整个宗族曾经的辉煌。

黄氏祖祠里的木鹅去了哪里?

黄氏宗祠位于广州市花都区炭步镇的塱头古村。这条村落聚居着黄姓家族,他们恪守着"耕读传家"的古训,一旦手头有余钱,除了修祠堂,就是盖书院,书香气息非常浓厚。正因为黄姓人氏重视教育,才使得塱头古村成为了古代闻名遐迩的"进士村":在塱头古村里,曾出过及第秀才15名、举人10名、进士15名……这正是黄姓家族贯彻了"办学风气浓,书香有传承"思想的结果。

说起塱头古村最具名气的贤人,要数有着"铁汉公"美名的黄皞了。相传他为官清廉,刚正不阿。在他担任云南左参政一职时,恰逢云南饥荒。黄皡当机立断，开仓赈粮。后来，黄皡被奸臣诬陷，放归故里。多年后黄皡得以平反，彼时明朝的正德皇帝为了表彰他为官廉洁，赐予他"铁汉公"的封号，还恩赐其一只木鹅。正德帝告诉黄皡：可将木鹅放在水中漂流三天，木鹅流经之地，两岸5里内田地均归其所有。黄皡奉旨放鹅，又不忍心侵占太多百姓土地。于是嘱咐一名孩童，潜水将木鹅引入一口池塘停下。

黄氏祖祠

这只木鹅，相传一直被黄氏族人放置在黄氏祖祠内。1951年土改时期，木鹅被上缴给了广东省土地改革委员会，之后便不知所踪。

为什么广州也有考亭书院？

在福建建阳城西25公里处的玉枕峰山麓，有一座考亭书院。这座书院是朱熹父亲——朱松被秦桧罢官后，在福建建阳办学之处。朱熹晚年，也遭遇了和父亲相似的命运。他遭到权相韩侂胄的排挤，被贬官。于是，朱熹决定继承父亲的志向，回到考亭，修建起竹林精舍教授徒弟。那时候，朱熹已经六十多岁了。但由于他名闻天下，前来求学的学子也越来越多。朱熹的理学观念，对当时的读书人起到了很大的影响。尤其是"格物致知""诚意正心"等观念，更是深入人心。朱熹去世后，被宋理宗追封信国公。1244年，宋理宗又御书"考亭书院"匾额，赐给竹林精舍。考亭书院，

考亭书院

自此得名。

　　宋朝末年，元军南下。朱熹第六代孙朱文焕随军南迁，在广东清远战死。他的两个儿子，从此在广东地区定居下来，其中一个儿子就居住在广州府下的新宁地区，渐渐地繁衍成为当地一大家族。为了弘扬祖先考亭先泽，勉励子孙读书上进，宋氏家族在离广州府学不远的流水井建造起一间书院，同样取名为"考亭"，又称"朱家祠"。这座朱家祠除了纪念祖先业绩之外，也用于朱家子弟进省或京参加科举考试，但不再是传统意义上教书授徒的书院了。

　　如今保留下来的考亭书院，占地面积约有1500平方米。考亭书院属于传统三进结构，前座仪门，中座大堂，大堂中间是大厅，两侧悬挂着楹联。大堂两侧则是精美的书房，供族中子弟读书之用。后座则是供奉祖先牌位的地方，也设有书房。这间书院，坐北朝南，冬暖夏凉，确实是个读书的好地方。民国时期，考亭书院成为了学生宿舍。因当时大学、中学并未设置学生宿舍，故省内族人子弟只要在省城读书的，都可以在这里居住。从清朝到民国，这里出了不少举人和学者。直到如今，居住在国内或香港地区、美国、加拿大的一些朱氏后人，都还对书院抱有浓厚的怀念之情。

广州的寺庙陵墓

南越王赵佗墓、白云山上将军坟、广州公社烈士墓、沙基惨案纪念碑……广州有无数的陵墓,在墓里埋葬着无数历史名人与革命烈士。除陵墓外,在广州名山深处、街头巷尾,还坐落着许多寺庙。这些寺庙与帝王将相、佛教宗师有着千丝万缕的联系,比如六祖慧能"心动幡动"的故事便发生在广州光孝寺;六榕寺曾获得苏东坡当年亲笔题写寺名的殊荣;海幢寺是藩王尚可喜出资扩建的;而大佛寺与武林宗师洪熙官则颇有渊源……这些陵墓与寺庙,遍布广州的各个角落。它们静默地伫立在广州土地上,向来往的游客述说着广州城千年来的风雨沧桑。

广州的寺庙

为什么海幢寺只有十六罗汉？

海幢寺位于广州市海珠区同福中路和南华中路之间，占地面积达1.97万平方米。它的规模宏大，占据着广州"四大丛林"之冠的位置。后来，还被定为广州市重点文物保护单位。

海幢寺内，环境清幽，园林优美。但海幢寺有一个特点，让初到此地的人们百思不得其解：大多数寺庙中的罗汉塑像都有十八尊，为什么海幢寺只有十六罗汉呢？其实，这个秘密与传说中的济公和尚有关。

海幢寺

相传，济公和尚云游四方，某一天恰巧路过海幢寺。但海幢寺里的住持以高僧自居，一副谁也看不起的模样。济公见状，决心捉弄住持一番。于是，他化身成为一个衣衫褴褛的疯和尚，提着两个破破烂烂的布袋子来到海幢寺，向住持提出借宿的要求。住持非常讨厌这个疯僧，想把他打发走。于是，济公便把自己破旧的行李放到了海幢寺的大雄宝殿上，告诉住持："既然你不肯留我，那么我就去韶关南华寺吧，还请你帮我挑一下行李。"

住持大为光火，他叱骂济公："你这个不识抬举的疯子！你要是有本事，你叫这大殿上的罗汉帮你挑破烂吧！"济公听言，立刻应诺。他走到大雄宝殿前，高声呼叫："两位罗汉，请奉本寺住持之命，替我挑行李去南华寺吧！"话音刚落，只见两个罗汉果真现出形来，从宝座上跳将下来，依照济公和尚的嘱咐，拿起布袋便腾云驾雾远去了。住持和一帮和尚被吓得心惊胆战，只好俯身在地，不停磕头。济公和尚在云头立定，不忘回身点拨住持："你要好好修行。放下架子，方成正果。"

据说，那两个罗汉跟随济公飞走后，再也没有回到海幢寺。从那以后，广州海幢寺便只有十六个罗汉了。

"未有海幢寺，先有鹰爪兰"的说法是怎么来的？

广州海幢寺坐落在海幢公园的旁边，园内遍植百年古树，超过300年的菩提树就有3棵，均为明崇祯年间，天然禅师从光孝寺分植出来的。然而，海幢寺中最古老的树却不是这些菩提树，而是一棵树龄高达400余年的鹰爪兰。

正因为这株鹰爪兰的年代比海幢寺本身还要久远，故而广州流传着"未有海幢寺，先有鹰爪兰"的说法。据传海幢寺的鹰爪兰原本是明朝末年郭家花园所种植，它的来历与一段悲惨的往事有关。

那时候有个富人名叫郭龙岳，就居住在海幢寺一带。此人生性粗暴，戾气十足。郭龙岳有一名叫兰香的婢女。某日，他丢了一枚玉扣，便疑心是兰香偷走的。郭龙岳对兰香进行了残酷的拷问，使兰香身心俱损。为了维护自己的清誉，兰香跳井自尽了。这件事发生后，郭龙岳命令全家人封锁信息，将井填埋，不得在家里谈起。然而郭家上下，却每天晚上都会梦到兰香。有人梦到她在花园里浇灌花草，有人梦到她化作蛟龙……过了不久，被填埋的井里还长出了一棵鹰爪兰！大家都说，这棵鹰爪兰是兰香变的。郭龙岳一见到鹰爪兰，想起自己对兰香做过的恶毒事情，立刻心惊胆战。随着鹰爪兰越来越茂盛，郭龙岳的家境却一天天地败落了。最后，郭龙岳暴病而亡，没能善终。

再后来，有个和尚云游到此。他在郭家花园后面搭起一间小屋，并

借用佛经上"海幢比丘潜心修习《般若波罗蜜多心经》成佛"的典故，将它命名为"海幢寺"。这就是"未有海幢寺，先有鹰爪兰"说法的由来。

南沙天后宫祭祀的天后是谁？

南沙天后宫位于广州市南沙区大角山东麓，它的前身是明代南沙鹿颈村天妃庙，经过重修定名为"元君古庙"，后来在日军侵华战争中被日夷炸毁。现在的天后宫，是霍英东先生捐资在1994年重建的。整座天后宫气势恢宏，规模居于现今世界同类建筑之最，还获得了"天下第一宫"的荣誉。它祭祀的天后，实际上是传说中海上的女神——林默。

林默，就是东南沿海地区人民普遍信奉的"妈祖"。妈祖出生在福建莆田湄洲岛附近，是晋代晋安郡王林禄的二十二代孙女。她出生前，母亲王氏曾梦见观音。在王氏的梦中，观音大士慈祥地告诉她："因为你家常年积善行德，如今便赐给你一枚丸药。服下丸药后，便可得到慈济之赐。"

南沙天后宫

王氏从那以后便怀孕了。相传林默降生那天，有一道红光从西北方向射入产房，四周光彩夺目，异香扑鼻，有像春雷般的声音在耳畔轰鸣，就连土地都变成了紫色。这孩子降生后，从出生到满月都没有哭过，故而父亲给她取名为"默"。

林默生长在大海的旁边，从小就与海亲近。她熟悉水性，通晓天文气象。海边的居民们经常接受林默的帮助，加之她能够预知天气，大家都称呼她为"神女""龙女"。只要有人在海上遇难，林默都挺身而出不顾性命地去拯救别人。有一次，天黑过后，海上狂风大起，巨浪滔天。那些船只都找不到进港的方向，林默在情急之下毅然决然地点燃了自己家的房屋，让火焰照亮黑暗，给船只引路。

然而，在一次海上救援行动中，向来勤劳勇敢、乐于助人的林默姑娘不幸被大海吞噬。这个消息传来后，大家悲痛欲绝。她才刚刚满28岁啊！谁也不愿意相信林默离开了这个世界，人们执拗地认为，林默姑娘是羽化成仙了。她化作这片海域的海神，永远地给予沿海居民以庇佑。

随着福建人民对外迁徙，膜拜妈祖的习俗逐渐地在广州地区流传开来。广州人民修建起天妃庙、天后宫，以纪念妈祖。南沙天后宫中供奉的天后，就是这位传说中的海神。

怀圣寺是我国最早的清真寺吗？

怀圣寺位于广州市越秀区光塔路，总面积达1553平方米，是我国现存最早的清真寺。

唐高祖武德年间，伊斯兰教创始人穆罕默德派遣4名门徒来到中国传教。其中的阿布·宛葛素于贞观初年经海上丝绸之路在广州登陆，之后开始了传教活动。他与侨居广州的阿拉伯人共同筹资修建了一座清真寺，为纪念穆罕默德，寺庙被取名为"怀圣"。

怀圣寺在整体上采用了中国传统的对称布局，主轴线上依次建有三道门，分别是看月楼、礼拜殿和藏经阁。礼拜殿要数寺庙内最恢宏的建筑了，它位于院庭正面，是三座带斗拱、围廊的古典式建筑。在礼拜殿的围栏上，雕刻着各式各样活泼生动的图案，如葫芦、扇子、伞盖、花卉、游鱼、狮子等花纹。而大殿内部则装饰简单大方，力求洁白明亮。这三座建筑巍然耸立在一座大平台上，坐西朝东，礼拜时面向圣地麦加。不论是建筑的比例、色彩还是纹饰，都非常具有西亚风格。

1996年，怀圣寺被国务院公布为第四批全国重点文物保护单位之一。现在的怀圣寺是广州伊斯兰教协会所在地，仅针对中外穆

怀圣寺

斯林开放。寺内有教民约 2000 户，共计 6000 余人。因其历史的悠久、建筑的美观大气，国内外前来怀圣寺礼拜参观的人络绎不绝。目前，怀圣寺已经成为了伊斯兰国家高级别访问团的常驻接待处。

怀圣寺里的怀圣塔为什么又叫"邦卡楼""光塔"？

在怀圣寺内西南角，坐落着回廊、碑亭以及怀圣塔。怀圣塔又被称为"邦卡楼""光塔"。由于当时的教徒时常在塔顶用阿拉伯语呼喊"邦卡"（阿拉伯语中的"呼唤"之意），故怀圣塔得到了"邦卡楼"的别名。又因为粤语当中"邦"与"光"的发音特别相似，再加上这座塔位于珠江江边，入夜后，塔顶会悬挂灯笼为来往的船只导航，故它除"邦卡楼"外，还获得了个"光塔"的别名。

怀圣塔始建于唐代，高 36 米左右，用青砖筑成。塔身是圆筒形状，有长方形的采光小孔。在塔内还设置有螺旋形楼梯，楼梯围绕着塔心盘旋而上，直通塔顶。据说，怀圣塔顶原先设置有金鸡装饰，一旦起风，这只金鸡就随风转动，为人们指示风向。但由于广州位于海边，时常遭遇台风天气，在明朝时期，塔顶的金鸡就曾几次三番被风吹落。经过反复修复，康熙时期，金鸡再次被飓风刮落。于是，人们把塔顶的金鸡改成了葫芦宝顶，再后来又改成了橄榄形状。怀圣塔是我国伊斯兰教建筑最早且最具有特色的文化古迹之一，但因年代太久，怀圣塔饱受风吹雨打的摧残，现在已经日益倾斜。

"心动幡动"的故事发生在光孝寺吗？

光孝寺坐落在广州市越秀区光孝路北段，据说它过去是公元前二世纪南越王赵建德的故宅。三国时代，吴国虞翻曾在此谪居，世称"虞苑"。虞翻去世后，家里人把宅院改成了寺院，这就是光孝寺的前身。

相传，禅宗六祖慧能就是在光孝寺的菩提树下剃度出家的。慧能出生在岭南地区，他的父亲是唐高祖武德年间被削职流放到新州的一名官吏——卢行瑶先生。卢先生的夫人李氏曾梦见过庭前百花盛放，白鹤双飞，异香满室。后来她怀孕六年，在唐太宗贞观年间生下慧能。慧能出生后不久，父亲去世，母子俩只好搬到广东南海居住。慧能长大后，就上山打柴、去集市卖柴，用换来的钱维持母子两人的生活。后来，慧能在城里偶然听到一位客人在店里大声诵读《金刚经》，他感到有所启悟，前去向客人请教。客人告诉慧能："我从禅宗五祖弘忍大师那里来，听他讲过这部经典。如果能够坚持颂持《金刚经》，便能破除执念，就地成佛。"

于是，慧能决心拜别母亲，前往黄梅东禅寺皈依五祖出家。母亲知道自己儿子并非常人，很痛快地应允了慧能的请求。慧能来到黄梅，找到东禅寺，拜谒弘忍大师。弘忍大师听说他从岭南地区来，故意试探他："那边的人都是蛮子，他们也能成佛吗？"慧能说，佛性没有南北之分。有佛性，皆可成佛。五祖发现他确实是个好苗子，便留下了他。慧能跟在五祖身边，以行者的身份奋发苦学，终得五祖衣钵。他听从五祖的劝告，南下回到广州地区。

光孝寺

当时，恰逢有位印宗法师在光孝寺讲《涅槃经》。慧能听说后，也前往观摩。有风吹过，经幡随之飘摇。一个僧人认为是风在动，另一个僧人认为是经幡在动。于是，他们争执了起来。慧能笑着说道："不是风动，也不是幡动，是仁者心动。"

此话一出，满座皆惊。印宗法师明白慧能不是普通人，便将他请到自禅房内，向他询问关于"心动"理论的见解。慧能侃侃而谈，使得印宗法师大为佩服。印宗法师在得知慧能前往黄梅求法的经历后，连忙向慧能行弟子礼，希望能够拜慧能为师，慧能婉转地拒绝了他。第二天，印宗法师再次开坛讲法时，对座下众人说："我虽受了具足戒，都还是位凡夫，今天我遇到了一位肉身菩萨。"他指向慧能，后来又择日正月十五，召集当地名僧大德，为慧能剃度。慧能剃度的地方，正在光孝寺的菩提树下。他受戒以后，就在光孝寺中驻扎下来，弘扬东山法门。

如今，光孝寺内依然有风幡阁。这座楼阁，正是为了纪念"风动幡动"的故事而修建的。

你知道石室大教堂的前世今生吗？

在广州市区中心一德路上，坐落着一座宏伟壮丽的大教堂。这座教堂就是著名的石室圣心大教堂，它总面积为2754平方米，东西宽35米，南北长78.69米，高58.5米。在它长达25年的修建过程中，耗资高达近40万法郎。

石室大教堂始建于1861年。第二次鸦片战争爆发后，英国传教士明稽章看中了在战争中被夷为平地的两广总督地基。他请法军司令出面，对当时的两广总督劳崇光进行了各种威逼利诱。后来，中法不平等条约签订，法国人得以租地自行建设教堂、学房等建筑。于是，明稽章觐见拿破仑三世，并拿到了50万法郎专款用于修建教堂。

1863年12月，圣心大教堂举行了盛大的奠基仪式。明稽章专门从

石室大教堂

罗马和耶路撒冷运来泥土，表示天主教创立于耶路撒冷，兴起于罗马。1864年，法国教会还专门请来两位建筑师，要求他们仿照巴黎的圣克洛蒂尔德设计教堂。

二十余年过去，圣心大教堂终于落成，但它并没有在随后的抗日战争中逃过被损毁的厄运。在抗日战争期间，有一架日本飞机与教堂顶端的避雷针相撞，并导致了爆炸，拿破仑时代的彩色玻璃被悉数震碎。而

在"文化大革命"期间,圣心大教堂更是遭到了颠覆性的破坏。所有的宗教油画被撕得粉碎,花窗、玻璃被砸得一塌糊涂。更有激进分子将教堂内部的木椅和传教经书集中焚烧,导致教堂内部部分石柱被烧到爆裂……这里,一度成为了一片垃圾处理厂。

"文革"结束后,政府重新落实了宗教信仰自由的政策。石室大教堂经过数次返修,终于再度与信徒们见面。特别是在2004年的那次大修中,政府耗巨资从菲律宾定制特殊玻璃,玻璃上刻画了包括耶稣诞生、受洗以及最后的晚餐等约60个《圣经》故事。此外,还安装了机械大钟,又对楼梯、梁架、石柱、祭台等悉数进行修复。1996年,石室圣心大教堂成为了全国重点文物保护单位,位列全球四座全石结构哥特式教堂建筑之一的石室大教堂,至此终于焕发出了新生的光彩。

广州黄大仙祠供奉的黄大仙与北方流传的黄大仙是一样的吗?

在北方农村地区,流传着"黄大仙"的故事。他们认为,黄鼠狼是一种妖兽。除了有偷袭家禽的毛病外,它还能够俯身操纵人的身体,使人精神错乱,满口胡言。据说,被黄大仙附身的人发病时不认识家人亲朋,说话语调与平时也不同。还有人说发病者的皮肤下面会出现滚动的小球,如果能够精确地用银针扎住小球,俯身的黄大仙就会死去。随着岁月的流逝,黄大仙最终成为了百姓们供奉的一种神灵。它位列五大仙之

黄大仙祠

二,其余四仙则分别为狐狸、刺猬、蛇以及老鼠。旧年间,在天后宫中还有人供奉黄大仙的塑像呢。

广州的黄大仙祠,坐落在芳村的花地村。然而,这里供奉的黄大仙可不是北方地区成仙的黄鼠狼。黄大仙祠里的黄大仙,实际上就是道士黄初平。因为黄初平是在赤松山修炼成仙的,故后世称他为"黄大仙"。

黄初平生于公元328年，在他15岁那年，独自一人赶着羊群到南山放牧。后来，这个人就消失了。家里人与亲戚朋友四处寻找打听，却没有打听到半点消息。一年年过去，黄家父母都离世了，黄初平的哥哥——黄初起也已满头白发。他依然非常记挂自己的弟弟，每次去集市上都会四处打听。

某日，黄初起听人说兰溪集市上来了个道人，算卦很灵。于是他求算卦道人帮自己算一算弟弟的踪迹。道人表示，自己曾经在赤松山的金华古洞中见到过黄初平。黄初起跟着算卦道人，一同来到了金华古洞，黄初起终于与失散多年的弟弟重逢。虽然四十年时光已经过去，但黄初平依然黑发贝齿，一点也不见衰老。原来，他已经炼成了法术，修道成仙。

黄初起问弟弟："当初放牧的那群羊去了哪儿？"黄初平指着山洞里的石头告诉哥哥："它们就是羊。"哥哥面露不可置信的神色，于是黄初平用拂尘一挥，乱石立刻化为羊群。哥哥黄初起从中感悟到了道教的神奇之处，提出与弟弟一起修炼。多年后，黄初起也成了仙。

得道成仙之后的黄初平兄弟俩，在民间各地施医赠药，警恶除奸，普善行善，深得民心，广大民众称他为黄大仙或赤松仙子。在广州、香港，都有许多信徒为他建庙立祠，香火旺盛。广州的黄大仙祠中，供奉的就是这位赤松仙子，而不是北方地区"五大仙"之一的黄鼠狼哦！

六榕寺中的铁禅和尚是怎么变成汉奸的？

在广州市六榕路上，有一座历史悠久、闻名海内外的古刹——六榕寺。六榕寺，系因苏东坡当年为寺庙题字而得名。广东近代名僧——铁禅和尚就是在这里出家修行的。

铁禅和尚生于清代同治四年，俗名刘梅秀，法号心镜。在其年少之时，就沉迷于书法绘画当中。19岁那年，铁禅和尚加入了刘永福的黑旗军。他与黑旗军战友们一起，在中法战争中参加谅山之役，英勇抗击法国侵略者。然而战争结束、解甲归田后，铁禅和尚因生计艰难，在广州六榕寺落发为僧。

　　凭借自己工于心计的特点，铁禅和尚进入六榕寺后，通过数年悉心钻营，不久便成为了六榕寺的住持。彼时，铁禅和尚可谓八面玲珑：

　　光绪年间，捐赠寺产给学堂毕业生赴日留学用，获得清廷嘉奖。光绪帝还特地赐予他一块写有"清修忠悃"四字的匾额；

六榕寺

　　辛亥革命前夕，又与孙中山先生相识。他对革命党人表示同情，于是孙中山赠予其手书"平等、自由、博爱"和"阐扬佛教"两块牌匾；

　　再后来，铁禅和尚更是结识了林森、胡汉民、汪精卫等人。仰仗着这些权门富户的势力，他大肆收敛钱财……

　　铁禅和尚的所作所为越来越与佛门教义背道而驰。到日军进驻广州之时，他竟然欣然出任日寇炮制的日华佛教协会会长，还两度前往日本访问，拜谒了日本天皇裕仁。至此，铁禅和尚正式从古刹住持沦落为一名彻底的汉奸。

　　抗日战争胜利以后，铁禅和尚以汉奸罪罪名被逮捕，1946年在监狱中去世。其实，倘若抛开此人为人不谈，铁禅的书画俱佳。他的大字行书与楷书深受当时的广州人追捧，许多人前往六榕寺，只求铁禅和尚赐字。铁禅的画，则清淡简洁，而又意境深远。就连有名的学者胡适，也曾对他表示过欣赏，称其为"儒僧"。铁禅和尚，是一个非常复杂的人物；而他身上的这种复杂，与其当时所处的政治环境脱不了干系。也许，在从儒僧到汉奸的演变过程中，也有着许多无可奈何吧。

太虚和尚来广州后，是在哪个寺庙讲经的？

　　太虚和尚是我国近代著名的佛教学者，曾多次来到广州宣讲佛法。他协助组织过广州僧伽教育会，在白云山双溪寺、华林寺讲过经，还与叶竟生、潘达微、林君复等革命党人来往甚密。针对当时佛教界僧人队

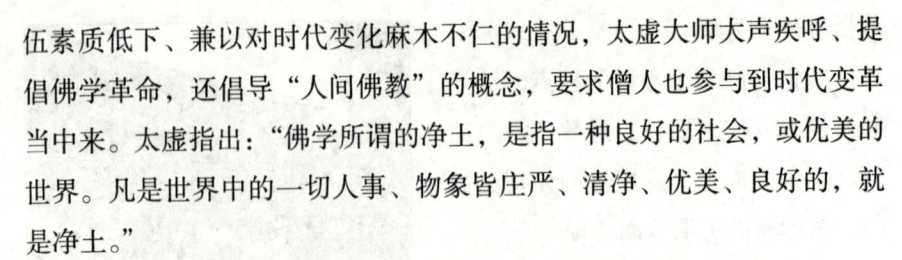

伍素质低下、兼以对时代变化麻木不仁的情况，太虚大师大声疾呼、提倡佛学革命，还倡导"人间佛教"的概念，要求僧人也参与到时代变革当中来。太虚指出："佛学所谓的净土，是指一种良好的社会，或优美的世界。凡是世界中的一切人事、物象皆庄严、清净、优美、良好的，就是净土。"

1936年，太虚大师第三次来到广州。他在中山大学、岭南大学、学海书院及六榕寺开展佛学演讲，并承诺出任泰国留学团导师，与肖佛成会晤，商谈中泰两国佛教现状及改进之道。1947年3月，太虚大师圆寂。广州佛教界，在六榕寺为他举行了盛大的追悼会。太虚大师的一生，与广州多个寺庙产生了密切的联系。他的"人间佛教"说，也在中国佛教界留下了深远的影响。

你听说过任威庙的故事吗？

在广州城西龙津路附近，有一座年代久远的道教建筑——任威庙。它始建于北宋皇祐四年，供奉的是真武帝君。

真武帝，又称"北帝""黑帝""玄武帝"。传说中，真武帝是司水之神。任威庙最初建成时，被人们称作"北帝庙"。后来，为什么要更名呢？这就要从当地流传的一个故事说起了：

据说过去有仁、威兄弟二人，在广州泮塘地区贩卖荸荠。有一天，他们在去集市的路上发现了一块石头，这块石头的形状跟菩萨一模一样。两兄弟俯身就拜，拜完后继续上路。谁知，那一天他俩的生意特别火爆。从那以后，这两兄弟每次经过这块奇石，都会去拜祭一下。随着生意的兴隆，石头被别人抢走的担忧也越来越浓。于是两兄弟试图将奇石搬回自家留存，结果石头像脚底生根一般，任凭他们使尽了吃奶的力气，也未能移

任威庙

动一分一毫。关于奇石的故事，也在当地流传开来。大家纷纷来到石头前拜祭、烧香，后来干脆就地建庙，寺庙就以兄弟俩的名字——任威来命名了。

这处由乡民们集资修建的寺庙，成为了村子里一个重要的公共场所。农历三月三是北帝生日，每到这一天，任威庙中都会举办热闹非凡的庙会。人们参拜神灵、上香、舞狮子、玩杂耍、贩卖各种土特产，气氛热烈，活动丰富多彩。在第二次鸦片战争时期，这座寺庙还成为了村民们自发聚集抗击洋人的一个重要据点。后来，任威庙一度被政府征用，曾办成学校、派出所、生产车间等，直到1999年，占据庙中的企业才陆陆续续撤完。四年后，经过漫长的整修过程，任威庙正式开放。如今的任威庙，依然沿袭着每年三月三举办庙会的传统。"旭日珠江，源接香浦石门，四海同沾帝力；龙津连泮，水通虹桥荔岸，千秋共沐仁威"的任威庙，终于觅回了自己的光芒。

大佛寺与洪熙官有什么关系

广州大佛寺始建于南汉，是南汉王刘龑上应天上二十八宿而建。当时，刘龑在广州市东、南、西、北四个方位各建了七间佛寺，合称"南汉二十八寺"。随着岁月流逝，朝代交替，二十八寺中绝大部分已经消弭。惟有位于广州市中心的大佛寺，至今依然晨钟暮鼓。

鲜为人知的是，大佛寺除了是千百年来的禅宗香火之地外，还与广州武术界有着一段极深厚的历史渊源。相传康熙年间，著名的"少林十虎"之首——洪熙官遭遇清兵追杀。他背负着匡扶明朝、逐出清廷的使命，一路从泉州南少林寺逃到了广州，与方世玉等一众武林高手藏身于大佛寺中。从那时起，洪熙官就与大佛寺结下了缘。他借助大佛寺的掩

大佛寺

护，广收门徒，招兵买马，为实现自己的宏图大业不遗余力。然而，由于习武之人经常打斗，各个武馆之间时常发生冲突，洪熙官的行迹最终被暴露，特务机构觉察后，一路追杀过来。方世玉逃回了肇庆，洪熙官却不知所终。

洪熙官是个地地道道的武学大师。除了洪拳之外，他还创立过虎鹤双形拳。这些精湛的拳法随着"少林十虎"南下被带到了广州，并在广州得以发扬光大。洪熙官与方世玉等武学宗师为广州民间武术的兴盛不衰起到了至关重要的作用，这些故事我们在电影《一代宗师》里都能够看到。

1928年，黄啸霞在大佛寺里创办了国民体育会，这座千年古庙成为了当年广州体育运动的宝地。新中国成立后，广州市体委也选择了大佛寺作为办公地点。正因为大佛寺与洪熙官等人的武学渊源，使得它获得了广州"少林寺"的美誉。

大佛寺因何得名？

大佛寺的前身是刘䶮于南汉时期修建的新藏寺，到宋朝时几近荒废。元代时，人们在新藏寺旧址上修建起"福田庵"，明代后扩建成为龙藏寺。那时候，龙藏寺的规模非常宏伟：南控南城脚，北枕拱北楼，山门朝西直通龙藏街。明朝末年，佛教逐渐式微，当时的政府遂将龙藏寺改造成为巡按御史公署。在清朝顺治六年，平南王尚可喜、靖南王耿继茂受命南征，史称两王入粤。巡按御史公署在战争中被焚毁，成为了一片废墟。

后来，尚可喜因为屠城过程过于惨烈，决定营造庙堂，以此来"放下屠刀，立地成佛"。他召集了大帮僧侣，商议修建寺庙；又从安南王处募集到大批优质楠木，运送到广州。楠木到广后，尚可喜捐献出自己的俸禄，并亲自监理建造庙宇。庙宇竣工后，于大雄宝殿供奉上用黄铜精铸的3尊三世佛像，各高六米，重10吨，居岭南之冠，因此，这座寺庙被取名为"大佛寺"。

传说尚可喜晚年时，经常预感有不详之事。他的谋士金澄，劝说其

"逃禅避祸"。于是，尚可喜决定在大佛寺皈依。他广招沙弥，大开法会，大佛寺一派欣欣向荣的景象。当时大佛寺门口挂着幅"大道有岸；佛法无边"的山门联，就是出自金澄之笔。然而，尽管尚可喜放下了屠刀，依然难以求得心灵平静。康熙十二年，他双眼失明后离开大佛寺，回到辽东地区准备安度晚年。大佛寺的兴旺景象，也随着尚可喜的离开而逐渐地衰落下去。

光孝寺的诃子是什么？

在文人雅士留下的许多关于光孝寺的作品中，我们都能看到"诃子"的身影。例如《岭南异物志》中，孟琯就写道："广州法性寺（即光孝寺）佛殿前有四五十株，子极小而味不涩，皆是六路，每岁州贡只此寺者"；"每子熟时，有佳客至，则（光孝寺）院僧煎汤以延之。其法用新摘诃子五枚，甘草一寸，破之，汲井水同煎，色若新茶"。而屈大均也曾在《广东新语》中写道："宋武帝永初元年（420年），梵僧求那跋陀三藏至此（光孝寺），指诃子树谓众曰：此西方诃梨勒果之林也"。

光孝寺的"诃子"究竟是什么呢？原来，它是桃金娘目诃子树的果实，是一种重要的中药材。在秋、冬二季，诃子果实成熟。人们将它采下，晒干后去核打碎。诃子的味道酸苦兼涩，难以下咽。但它有许多功效，包括治疗腹泻、便血、咳嗽、咽喉肿痛等。相传，光孝寺的诃子是三国时期吴国名士虞翻手植，到明朝时期，光孝寺内还有诃子树五六十株。然而明末清初，原先种植的诃子树却几近绝迹。如今，只有大殿后余留一株诃子树。这棵仅存的诃子，据记载也是清代中叶后期才补种的。

广州城隍庙供奉着谁？

城隍庙的产生，与一个地方城市的发展有着密不可分的联系。没有城市，也就没有城隍。"城"与"隍"实际上分别指的是土筑的城墙与城墙外无水的壕沟，它们是冷兵器时代一座城池的安全保护屏障。后来，人们逐渐地开始供奉城隍，以祈求一方平安。

城隍成为了道教理论中城市的守护神。他们的职权相当于阳界的市长，是冥界的地方官。明朝洪武二年，朱元璋为了把"护国安民、惩恶扬善"的思想贯穿到全国各地，下诏加封天下城隍，从高到低分为都、府、州、县四级。正因为此，各地城隍神都以当地仁人志士、狷介君子充任。广州城隍庙的老爷们，现在就有三位。他们分别是刘䶮、海瑞和杨继盛。

城隍庙

◎ 刘䶮

刘䶮是曾在广州地区称帝的一个君主。历史上的刘䶮，性格比较暴戾。为什么广州人民会供奉一位暴戾的皇帝做城隍呢？这就要说到刘䶮灭国的历史了。当时南汉国灭，刘䶮没有下令火烧都城。这对当时的广州居民来说是一个天大的恩德，人们认为刘䶮保护了广州城。因此，他成为了广州城隍庙老爷之一。

◎ 海瑞

海瑞则是明朝时期著名的清官。他一生刚直不阿，反对贪污奢侈；挫抑豪强，清丈土地，退田予民，改革佃仆、佃户的地位；禁止向城市居民滥派供应；清理驿传，禁馈赠，惩贪官；秉公执法，审理积抑，昭雪许多冤狱。虽然海瑞只在广州上学、读书，但他在海南待了很长一段时间。那时候的海南属于广东，而广州城隍庙又是省属的级别。所以，海瑞自然而然地也成为了城隍庙老爷之一。

◎ 杨继盛

最后一位广州城隍老爷——杨继盛，也是明朝的名臣。他生性耿直，刚正不阿，以直谏气节著名，因弹劾权臣严嵩而死。人们为了纪念杨继盛，把他的古宅改成了庙宇，将其尊为城隍。杨继盛死后十二年，穆宗才给他追认了个"忠愍"的谥号。

广州有哪些著名的文昌塔？

文昌塔，又称为文笔塔、文峰塔。它们一般位居水口，对于保护一方文人学士出入平安、大魁天下有着重要的作用。据说，文昌塔不是随便可以修建的。要想兴建文昌塔，必须得到皇帝的批准。广州地区就有很多这样的文昌塔，每逢"魁星诞"时，许多学子纷纷赶往文昌塔参拜魁星，以求取功名⋯⋯

◎ 泮塘文昌塔

泮塘文昌塔位于旧西关上支涌畔。它坐南朝北，六角两层，宝顶上是一枚高达二米的陶塑葫芦。远远望去，就像一支文笔直插入云。据说，这座文昌塔是与仁威庙同期建设的，属于典型明清建筑风格。它采用青砖石脚，窗花朴实中含着精巧。看起来古意盎然，灵气四溢。

◎ 从化水口塔

从化水口塔修建于明朝万历四十七年，曾在抗日战争期间被日军飞机炸毁。1993年，在政府投资下重建。现该水口塔塔高九层，伫立在青山绿水间，气势雄伟壮观。

◎ 深井文昌塔

深井文昌塔位于广州黄埔区深井社区金洲大道旁。它始建于清光绪年间，是一座三层式建筑。第一层供奉土地，第二层供奉文昌和关公，第三层方供奉魁星。

许多人不知道的是，在广州人魁星崇拜的传统中，与北方相比，多出了一个上级——文昌帝君。相传文昌帝君就是蜀人张育，他在东晋年间起义反抗前秦苻坚统治，后战死。人们在梓潼郡建立起祠堂，供奉他为雷泽龙神。后来，又被元仁宗钦定为文昌帝君。广州人崇拜的魁星和金童就是文昌帝君的两个下属，一个负责点斗，一个负责公布金榜。

广州南海神庙供奉的是哪个神灵？

在我国传说中，一共有四大海神。他们分别是南海神"祝融"，东海神"勾芒"，北海神"玄冥"，西海神"蓐收"。广州南海神庙供奉的，就是南海神祝融。

据说上古帝喾在位时，有个叫重黎的人。重黎是颛顼的子孙，官职为火官，主要负责教导百姓用火，并且诛杀四处造孽的火龙。由于重黎做火官有功，故而帝喾在位时，赐予他"祝融"的封号。"祝"意味着永远，"融"意味着光明。"祝融"这个封号就象征着用火照耀大地，给人们带来永恒光明。

尧帝时期，人世间洪水泛滥，人们生活在水深火热之中。尧帝命令鲧去治理洪水，然而近十年过去，依然看不到任何成效。鲧经过多方打听，知道了息壤的存在。它能够自己生长，永不耗减。只要用一点投向大地，马上就可以堆积成山。鲧设法上天偷窃息壤，结果被天帝发现了。天帝命令祝融下凡，杀死了鲧并夺回息壤。后来，天帝又下令要祝融监视人间治水，让他掌管一方水土。又因为祝融属于南方之神，在五行中属火。最后合水火为一体，祝融兼任了南海神。

南海神庙

除南海神外，南海神庙中的昭灵宫内还供奉着南海神夫人。相传南海神夫人原本是顺德地区一个养蚕的姑娘，某年该地遭逢大旱，眼看庄稼即将颗粒无收。姑娘非常焦急，她跪在南海神前祷告，许愿如南海神肯降下大雨，则愿为南海神侍妾。姑娘的诚心感动了南海神，南海神果然施法降雨，并娶姑娘为妻。后来，姑娘也成为了南海神庙中供奉的神灵。除保佑一方水土风调雨顺外，还兼了"送嗣"的职能，被人们称为妇女和儿童的保护神。

南海神庙里的两个铜鼓是怎么来的？

广州南海神庙坐落在广州市黄埔区庙头村。它始建于隋朝开皇十四年，距今已有 1400 余年的历史了。在南海神庙里，摆放着一大一小两面铜鼓。大铜鼓，与广州岭南东道节度使郑续有关。相传唐朝僖宗年间，高州府有个放牛郎。他在村外放牛时，发现了几只金黄色的青蛙在眼前互相追逐。于是，放牛郎放下牛犊，前去追赶青蛙，结果一不小心掉进一个深洞里。放牛郎大声呼救，被附近的村民救起。人们把放牛郎拉出洞穴后，还发现了一面巨大的铜鼓，铜鼓内壁上雕刻着"汉伏波将军铸"的字样。当时的高州太守林霭听说这件事情后，以免收三年税赋为诱饵从村民手中得到了这只铜鼓。但郑续也对铜鼓非常感兴趣，他用官位来压制林霭，通过各种旁敲侧击，迫使林霭将铜鼓献给了自己。

郑续得到铜鼓后，将它安放在衙门里。某日，郑续做梦，梦到自己与一个身着黄袍的人一同观赏铜鼓。他鼓足勇气问黄袍人："你是何人？为何到此？"黄袍人笑着告诉郑续，自己是管辖水中众神的南海神广利王。郑续醒来后，心有不安。他知道人不能与神斗，既然广利王也看中了这面鼓，就把鼓送给广利王吧。于是，这面大铜鼓最终来到了南海神庙中。

小铜鼓，则与明朝时期的浔州太守有关。据说明万历年间，有人在浔州铜鼓滩发现了两个小铜鼓。当铜鼓滩河水消退之时，水流撞击小铜鼓的声音可以传到几里之外。浔州太守闻讯赶来，亲自带人将铜鼓挖出，并抬到衙门，悬挂在四穿楼以供自己欣赏。结果，也惊动了南海神。

有一天，浔州太守在午休时忽闻天空有闷雷响起。他起身探查究竟，发现一位白发仙人踏云而来，称自己是南海神。南海神告诉浔州太守，这两面小铜鼓来自宋朝一个地方部落。部落的首领曾经用它们号令族人与蒙古兵作战，最后在河边战死。铜鼓在战役中也落到了水中，因此，当地人称呼这片水域为铜鼓湾。首领死后，成为了铜鼓滩的河神。但现在太守拿走了战鼓，河神不愿意再护佑当地人民了。所以，南海神准备问问太守想怎么处理这件事。

太守从梦中惊醒后，决定听从南海神劝告。他也命人将铜鼓送到了南海神庙。这，便是南海神庙里大小铜鼓的来历。两桩人神较量的传说，体现出的是古代社会神权与皇权相互交织的统治形态。如今，摆放在南海神庙中的铜鼓均为仿制品。

广州哪吒宫曾经是抗日根据地吗?

在广州市东平马市岭村,有一座300多年历史的哪吒宫。哪吒宫青砖黛瓦,雕梁画壁,占地面积约为200平方米。现存的主体建筑均为1947年被炸毁后重新修建的。它以中央庙宇为轴心,向外扩展,正中隔为庙堂,两侧则各有一间厢房。抗日战争时期,抗日游击队来到马市岭村宣传,但没有地方落脚,于是他们选择哪吒宫作为寄居之所。抗日战争时期,附近的南村机场被日本人占领了,用于停放战机。这一带时常受到轰炸,哪吒宫也曾一度被误炸。

解放战争时期,马市岭村成为了广州北郊革命根据地。民主党派的领导人梅日新正是依靠哪吒宫,以教师身份作为掩护,领导起义。梅日新白天在村中祠堂上课,晚上就到哪吒宫中向村民进行宣讲。它是名副其实的敌后根据地,承担着掩护革命力量、宣传革命思想的责任。

如今的哪吒宫,两边的厢房已经被分给乡民居住,主体庙宇则成为了村民们乘凉睡觉的地方。在哪吒宫中曾经发生过的英雄历史,也将在这儿一代代地传承下去。

广州的陵墓

白云山上将军坟内埋葬着哪位将军？

从白云山景区正门进入，沿着行人登山道路一直往上爬，在千尺嶝附近，你可以看到一座将军坟。将军坟三墓相连，旁边有石鼓作伴，坟后竖立着天诰命碑，前面还有几根拴马柱，柱体刻着"将军地"，非常有气派。

这座坟里埋葬的是刘绍基将军和他的儿子刘世安。刘绍基先祖系清代驻防广州的汉军，祖父刘朝辅是驻广将军的印务外郎，父亲刘瑞是驻广将军的侍从武弁，后因道光年间鸦片战争中诸事奋勇当先，被提拔为骁骑校。刘瑞十分注重后代教育，对刘绍基悉心栽培。刘绍基随后担任了统领步军营的协领，他秉承了其父重视教育的思想，劝导儿子刘世安发奋学习。刘世安果然不负所望，在光绪年间陆续考中举人、探花，出任广州同文馆，从事教育工作。虽然刘绍基父子并没有真的担任将军一职，但由于清王朝习惯将有地位的官员统称为"将军"，故而刘绍基父子的墓地也就被人们称作"将军坟"了。

广州烈士陵园纪念的是哪些烈士？

广州烈士陵园位于广州市中山路92号，面积达18万平方米。它是解放后修建的，用于纪念在中国共产党领导下广州起义中牺牲的烈士。

广州烈士陵园

1927年12月11日，中共广东省委书记张太雷及叶挺、叶剑英、苏兆征、徐向前等人共同领导了广州起义。经过长达3天的奋战，广州起义因遭到血腥镇压而失败。在这次起义中，被屠杀的军民多达5700余人。这次起义与南昌起义、秋收起义具有同等重大的意义，它们成为了中共独立领导革命、创建人民军队的伟大开端。

1956年，广州市政府在当年烈士们牺牲的红花岗上兴建了广州烈士陵园，一年后陵园建成，正式对外开放。陵园的正门用白花岗石作为基底，以汉白玉配上橙红的琉璃瓦顶，正面石壁上则镌刻着周恩来总理手书的"广州起义烈士陵园"八个大字。陵园内部包括广州起义纪念碑、广场、红花岗四烈士墓以及叶剑英墓等建筑，在陵园东部则坐落着中朝人民血谊亭、中苏人民血谊亭以及血祭轩辕亭等。整座陵园的纪念性建筑与自然风光浑然一体，每当清晨时分，太阳升上高空，朝霞的光芒在陵园中流淌，将所有的建筑、植物都镀上了一层金色。后来，广州烈士陵园的"红陵旭日"还成为了新羊城八景之一。

南越王墓中出土了哪些有名的文物？

南越王墓位于广州市解放北路象岗山上，是西汉初年南越王赵眜的坟墓。赵眜是赵佗的孙子，号称文帝，在位时间为公元前137年至公元前122年。这座墓地凿山为藏，采用竖八凿洞的方法构筑而成，墓室共有7间。前面的三间是前室及东西耳室，后面四间则分别为主棺室、东西侧室

南越王墓

和后藏室。

在南越王墓中，考古人员出土了大量的随葬品，包括金银器、铜器、铁器、陶器、玉器、琉璃器等，数量高达1000余件。东耳室摆放的器具大多数是宴饮用具，如酒器、棋盘及石编钟等；西耳室则主要摆放兵器、甲胄及生活用品与贵重珍宝。其中的波斯银盒、非洲象牙、深蓝玻璃片等物品，足以证明南越国早期，广州就已经与波斯国及非洲东岸地区产生了海上贸易往来。

南越王墓最为珍贵的文物，还要数丝缕玉衣与"文帝行玺"金印了。丝缕玉衣是汉朝特有殓服，具有其自身的等级规定。诸侯王用金缕，也有些采用银缕。再下等的爵位，则只能选用铜缕了。南越王墓里出土的这件丝缕玉衣，比河北中山靖王墓中刘胜所穿的金缕玉衣年代还要早，采用近2300块玉片制成。匠人们在玉片四角钻出小孔，再用朱红色的丝带串联起来，整件丝缕玉衣十分精致。而"文帝行玺"的金印，则是我国考古发掘出土的第一枚帝印。这枚印章长宽均为3厘米左右，高1.8厘米，重148克，属于赵眜私人用印，不得往下传，因此被带入了陵墓深处。

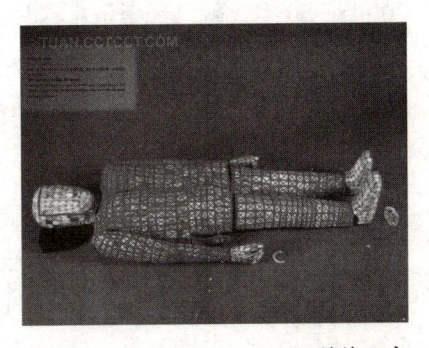

丝缕玉衣

除丝缕玉衣与金印外，另外尚有一部分珍贵文物。例如角形玉杯以及铜屏风构件等，它们已经成为了首批禁止出国展览的文物。

南越国开国国君赵佗埋葬在何处？

南越国在我国历史上仅存留了短短93年。在这93年中，开国国君赵佗在位时间为67年。然而，赵佗的墓葬到底位于何处，却一直是个谜团。

从《水经注》里所引用的文献记载我们可以看到，赵佗的墓穴依山而建，非常隐秘，地宫十分庞大，各种奇珍异宝堆积如山。赵佗生前极尽奢侈，死后却十分慎重，根本无人知晓墓穴所在的具体位置。从这段话中，虽然无法推断出赵佗墓确切位于何处，但我们能够得到一个重要的消息：他的墓穴是以山为陵修建而成的。唐代的李吉甫写过《元和郡县图志》，图志中的记载与《水经注》有相似之处：在元和郡县西南方向，伫立着一座禺山，而禺山就是赵佗埋葬的地方。因此，许多学者认为赵佗墓就在禺山。但这座禺山如今位于广州的哪个方位，却没有人可以确定。

有人认为，禺山就在广州市高坡附近。因为古诗中有"欲问禺山何处是，路旁童子说高坡"的记载。再加上清朝时期，高坡附近还曾建立起一座"禺山书院"，因此禺山一定是在高坡一带了。然而，考古人员在20世纪50年代就已经考证：这片地区并非先天形成的山脉，而是历朝历代杂物堆积形成的一片高地。另外，别的史料也曾经记载过，南汉国君曾于五代时期凿平了番禺两座山用于建造宫殿。因此，传说中的禺山并不可靠。

在番禺县志中，我们可以读到：赵佗去世前建造了许多处墓地。出殡之时，车辆从番禺城四个门中同时出发以掩人耳目。究竟赵佗埋葬在何处？根本没人能够说清。又有人认为，赵佗墓位于葛蒲涧南侧。可这里仅发现了一些明清时期的墓葬，赵佗墓依然不知所终。赵佗墓真的在广州吗？它具体选址在广州的哪个地方？这些问题至今是考古人员心目中一个巨大的谜团。

为什么说思复亭不是个普通亭子？

思复亭，位于广州隔山乡息园附近。它不是一座普通的亭子，因为革命烈士陈复就埋葬在这里。陈复祖籍广东番禺，出生在一个具有民主革命思想的艺术家庭里。他的父亲是有名的岭南派画家陈树人，曾师从"岭南画派启蒙祖师"居廉学画。居廉很喜欢这个聪慧善良的徒弟，于是替陈树人做媒，把哥哥居巢的孙女居若文嫁给了他。婚后，陈氏夫妻的生活十分幸福美满。1907年4月，陈复出生。他的名字意义深远，有着其父"以复兴中华为己任"的抱负。

20世纪初，陈树人夫妇一方面继续着画坛革新，一方面投身于如火如荼的革命运动。少年陈复受到父母影响，内心里时时刻刻燃烧着为革命献身的火焰。

思复亭

他先是前往上海复旦中学读书，再是投身上海工人运动。后又被广东革命政府选中，前往莫斯科中山大学深造，并加入了中国共产党。陈复毕业回国后，来到《工人日报》担任副社长。在他的领导下，《工人日报》成为了一块宣传革命思想的圣地。然而，陈复母亲居若文却对儿子满怀担忧。但陈复却向父母表明自己的态度：只要能解放劳苦中挣扎的工农，哪怕丢脑袋也心甘情愿！

1930年，在白色恐怖的笼罩下，陈复因传递进步书籍、宣扬革命思想而被捕入狱。在狱中，陈复受尽酷刑，但他始终咬紧牙关，不肯对敌人透露出关于共产党的半点秘密消息。陈树人心疼儿子，想方设法委托故友将其救出。可陈复终究没有逃过悲惨的命运——

陈复在广州开展地下党宣传活动期间，再度被反动当局察觉。这一次，反动当局趁着陈树人北上的机会，抓捕陈复，并将其押送到南石头"惩戒场"，把陈复秘密杀害。这一年，陈复年仅25岁。陈复牺牲后，陈树人久久不能释怀。他将陈复在樗园居住之地，命名为思复楼。后来，又在隔山乡息园选址，为爱子修建坟墓。在坟墓附近，陈树人修建起一座六角墓亭，给它起名为"思复亭"。这座思复亭并非普通的亭台，而是陈复烈士浩气长存之地。

你知道"沙基惨案"烈士纪念碑吗？

沙基惨案纪念碑位于广州市荔湾区沙面东桥东侧。1925年6月23日，广州各界群众联合起来，举行了一次支援上海五卅反帝爱国运动的示威游行，抗议帝国主义侵略暴行。参与到这次行动中的群众，多达10万余人。当时，共产党广东区委的主要负责人周恩来与陈延年也在游行的队伍中。然而，这支浩浩荡荡的队伍途经沙面租界对面的沙基附近时，英国、法国军队向游行队伍开枪射击。这次疯狂的射击导致52人死亡，170多人重伤，轻伤者更是不计其数，历史上称之为"沙基惨案"。一年后，广州市政府决定将沙基修筑成公路，并以"六二三"为这条路命名。而沙基惨案烈士纪念碑也是在这一时期树立起来的，最初选址就在沙面东桥头六二三路上。后来，因广州拟建人民桥，又把纪念碑迁移到了现在所在的地方。这座纪念碑上刻"毋忘此日"四个大字，时刻提醒着人们：不要忘记，许多年前为了革命而抗争过的那群既平凡又伟大的英雄……

沙基惨案纪念碑

为什么说东征阵亡烈士墓是国共两党烈士唯一共葬的地方？

东征阵亡烈士墓位于广州市黄埔区黄埔军校旧址西面的万松岭上，墓里埋葬着在1925年黄埔军校两次东征战役中牺牲的烈士遗骸。

1925年2月1日，为了讨伐盘踞在东江的军阀——陈炯明，广东革命政府与中国共产党共同举行了第一次东征。这次斗争以黄埔学生军为主力，周恩来也参与了指挥。依靠东江农民的支持，这支东征军迅速地打败了陈炯明，获取胜利。国民革命军乘胜追击，于同年10月5日发动了第

东征阵亡烈士墓

二次东征。在第二次东征的进程中，省港罢工委员会也起到了重要的作用。他们组织了数千人的运输队伍，为东征出力。该年11月，东征军队进驻汕头，陈炯明被彻底击垮，东征行动宣告胜利。

在这次胜利的背后，黄埔军校付出了很大的代价：国共两党官兵牺牲人数多达516人。为了纪念这些在东征中牺牲的官兵，1926年6月16日，政府主持建立起东征阵亡烈士墓。它占地面积约5万平方米，坐南向北，面临珠江，后枕万松岭，气势雄伟，素有"小黄花岗"之称。1988年，东征阵亡烈士墓与黄埔军校一起被列为全国重点文物保护单位。

在植地庄抗日烈士纪念碑后，埋藏着怎样的故事？

如果你来到广州番禺南村里仁洞挞沙岗，可以看到一个被松柏簇拥在中间的陵园。陵园里矗立着一座气势宏伟的纪念碑——植地庄抗日烈士纪念碑，碑后，则长眠着多年以前在植地庄之战中牺牲的48位烈士。

植地庄战役是抗战时期珠三角伤亡较大的战事之一，也是最机智勇敢的战事之一。当时是1944年，即便日军已经侵占广州长达六年，但抗战的烽火却颠扑不灭。广游二支队新编第二大队，就是最活跃的抗战队伍之一。这支队伍人数共250余人，原本准备在番禺市桥北集中，之后向市桥进攻。但由于遭逢暴雨天气，洪水冲垮了道路，战士们只好在植地庄暗地驻扎，准备条件恢复后再行袭击。

然而，有汉奸向日军告了密。7月26日凌晨，日军带领500余人连夜突袭植地庄，如铁桶一般将村庄重重包围。支队只好组织战士分几路进行突围，以求撤退。担负起保卫村庄、牵制敌军主力的，是中队长何达生带领的小分队。这支小分队一共只有8名战士，却打退了好几次敌人的进攻。彼时何达生让战士们分成两个小组，利用茂密的竹林、村庄里的窄巷以及闸门作为掩体，出其不意地对敌人进行狙击。在何达生的带领下，日军头目被击毙，只好暂时撤离。后日军又利用庄外一段倒塌的围墙，分成两路夹攻植地庄。这场战斗从清晨一直持续到下午4时左右，日军一共发动了五次进攻，却始终不能占领植地庄，只好夹着尾巴无可奈何地撤退。在植地庄抗日战斗中，广游二支队共击毙日军数十个，但主攻小队却无一人伤亡，不可不说是一个奇迹。即便如此，广游二支队也损失惨重。牺牲的烈士达 48 名，大队长卫国尧也是其中之一。后来，人们在最惨烈的战场所在地筑起了纪念碑，寄托群众对烈士的追思与缅怀。

广州的民俗特色

民俗，可谓人类传承过程中最"接地气"的一种文化。它无所不包，种类繁多，千差万别；它根植于本土，随着时过境迁不断地发生改变，却又有着其泾渭分明相对固定的模式性规范，这种模式通常可以跨越时空。

拿广州举例——结婚时，有独特的结婚典礼；过年时，有各种讲究；搬迁时，有好玩的固定程式要一项一项完成；开工时，也有着一套传统做法需要遵循。通过对广州市的民俗文化进行探讨研究，我们可以更加深刻地领略其特有的韵味和文化内涵。

广州人的节日习俗

"太公分猪肉"是什么风俗?

在广州,流行着一句俗语:"太公分猪肉——人人有份"。这句俗语的大意,是指一团和气的平均主义。俗语里的"太公分猪肉"是什么样的习俗呢?让我来为大家介绍一下吧。

广州地区重男轻女的观念比较严重。每年清明、冬至和除夕,很多宗族都会前往祠堂举行隆重的祭祖仪式。在过去一年里,添了男丁的家庭都必须送一块一二十斤的猪肉到宗祠,同时在宗祠内点一盏油灯,寓意"添丁"。祭祖仪式结束后,家族中德高望重的老人就负责把这些猪肉平分给每家每户。这些辈分较高的老人,被孩子们称为"太公"。

然而,古时候的太公分猪肉并非"人人有份"。分猪肉仪式所需的费用都从宗族的公共财产中支出,家族里会派人做好人口摸查工作,对每家每户的男孩数量进行统计,再派发一张记载着应得猪肉分量的纸质凭证。分肉时,只分男不分女。另外,年纪越大的,分得的份数越多。以家族男丁平均1人1份的额度来计算,60岁以上的老人就应得2份,70岁以上则应得4份,以此类推。有的地方90岁以上的老人甚至可以随意取

太公分猪肉

肉，数量不限。

新中国成立后，"太公分猪肉"的仪式就发生了潜移默化的变化。分肉的费用不再是公共产业承担，而是由同姓族人自愿捐助；仪式不分男女均可参加。猪肉经过加工后，直接摆在酒桌上由男女老少共同享用。"太公分猪肉——人人有份"的俗语终于做到了名副其实。分猪肉仪式的变化，从侧面反映出广州地区男女平等的理念已经深入人心。

广州人过中秋有哪些传统习俗？

每年八月十五，中秋佳节。天清如水，月明如镜。自古以来，中秋节就有赏月、拜月、吃月饼等传统习俗。人们合家团聚，享受天伦之乐。在广州地区，"中秋节"俗称为"月光诞"。除了全国各地通行的习俗外，广州人还准备了不少独特的节目呢：

◎ **树中秋**

"树中秋"又称为"竖中秋"，意指将彩灯高竖。每逢八月十五，家家户户都用竹条扎出形态各异的灯笼，包括鱼龙灯、鸟兽灯、花果灯等，还有人将灯笼做出"贺中秋"的字样。夜幕降临后，人们在灯笼里点燃蜡烛，把它们挂在竹竿上或露台上。彼时满城灯火，与天空皎洁月光交相辉映，以此来庆贺中秋。

◎ **耍禄仔**

耍禄仔是在广州儿童之间流行的一种游戏。孩子们在柚子壳上雕刻出图案，中间放上小蜡烛，然后提着柚子灯沿街穿行，一边奔跑一边唱歌："耍禄仔，耍禄儿，点明灯。识斯文者重斯文，天下读书为第一，莫谓文章无用处，古云一字值千金，自有书中出贵人……"这首歌，就叫做"耍禄歌"。

◎ **拜月光**

广州人吃完中秋团圆饭后，会在家里摆上各式果品举行"拜月光"仪式。贡品除了月饼外，还有芋头、石榴、莲藕、柚子、田螺等。芋头象征阖家团圆，石榴象征长寿吉祥，柚子则象征着希望月亮给予家庭护佑的美好愿望。拜月光的地点，一般是在天台或者家门口。焚香礼拜完毕后，大家就围坐在一起，分吃贡品，畅叙天伦之乐。

◎ 追月

"追月"是指八月十五过去后，人们兴犹未尽，于是在次日夜晚，再次邀约亲朋好友继续聚餐、赏月。在清人陈子厚所著的《岭南杂事钞》序中，就曾写到过这种风俗："粤中好事者，于八月十六夜，集亲朋治酒肴赏月，谓之追月"。

广州人怎么过七夕？

在广州地区，七夕节又称为"七姐诞"。"七姐"指的就是天上的织女，传说她是天帝的女儿，排行第七，编织云彩是她的工作。广州人对"七姐诞"的热爱堪称全国之最，宋朝诗人刘克庄就曾作诗吟咏道："瓜果跽拳祝，喉罗朴卖声。粤人重巧夕，灯光到天明"。

在每年七月初七到来之前，广州姑娘就会预先准备好各种精巧的玩意：她们用通草、芝麻等物品制作成花果、器物模型；又提前把谷种、绿豆放进盒子里用水浸，等到它发芽长到两寸多长的时候，拿来拜神。

七夕当天晚上，姑娘们纷纷穿上新衣，涂好指甲，把预先准备好的东西放到厅堂中央的八仙台上，再点燃一盏油灯。一切安排妥当后，她们焚香燃烛，虔诚地对着星空跪拜"迎仙"。

除亲戚朋友外，大家还会互相邀请邻里姐妹一起拜神、观赏彼此制作的巧夺天工的玩具，这些玩具获得越多赞赏，主人家姑娘就越是高兴。拜仙活动结束后，姑娘们用手拈着彩线在灯影下穿过针孔。如果有人可以一口气穿过七枚针孔，就可以获得"巧手"的称号。

除此之外，广州旧俗七夕那天还有女子泛舟游玩的活动。她们相信，七月初七是仙女淋浴日。去水

广州七夕文化节

上泛舟，也是过七夕的一项重要活动。所用游艇都用各色鲜花装点而成，香气扑鼻，被广州人称为"花艇"。

"向月穿针易，临风整线难。不知谁得巧，明旦试看寻"。如今的七夕节，被人们当作中国的情人节，乞巧的风俗已经越来越少了。但如果你想体验一下广州古代人是如何过七夕的，可以选择去乞巧文化节看看。在文化节上，可以见到各种传统的七夕活动，例如摆巧、乞巧、吃七娘饭、看七娘戏等，让你感受到浓郁的岭南风土人情。

为什么广州人不过腊八节？

农历十二月初八，俗称"腊八节"。从先秦时起，腊八节就是用来祭祀祖先和神灵的节日。自腊八节始，年味逐渐地浓郁起来。因此，有"过了腊八就是年"的说法。

在北方地区，腊八节有吃腊八粥的习俗。人们用八种粮食和果品制作腊八粥，寓意着连年五谷丰收。还有一部分北方人在腊八这一天用米醋炮制腊八蒜，据说这些腊八蒜将被送到债务人手上。债务人一收到腊八蒜，就心知肚明：年关到了，要清算债务了。

然而，广州却似乎明显缺乏过腊八节的气氛。有很多广州人甚至不知道什么是"腊八节"。其实，这是因为广州人过的"小年"是农历腊月二十三。在腊月二十三这一天，大家一起吃"腊八粥"、举办祭灶仪式，祈求来年风调雨顺。

北方腊八粥多用小米红枣熬制。广州人的"腊八粥"，主料较北方更为丰富多彩：莲子、银耳、百合、山药、红豆、绿豆、米仁、木耳……除了喝"腊八粥"以外，广州人还会举行谢灶活动。传说中，家家户户的灶君老爷都会在腊月二十三这一天上天向玉帝述职，告诉玉帝各家的善恶。玉帝就根据灶君老爷的汇报，判断是否要在来年给予这户人家更多福祉。于是人们便清洗灶君神位，又用鸡肉、猪肉、美酒、蔗糖等拜祭灶君，以蔗糖将灶君嘴巴黏住，让他不能多讲家里的坏话。

由此看来，广州人的腊月二十三其实与北方腊八节的寓意是极其相似的。广州人不是不过"腊八节",只是过"腊八节"的日子与其他地区不同而已。

你知道广州人怎么过清明节吗？

"清明时节雨纷纷,路上行人欲断魂。借问酒家何处有？牧童遥指杏花村。"清明节,向来是一个细雨纷纷、慎终追远的日子。在这一天,广州人与全国大部分地区的人民一样,会选择祭祖、扫墓。大家携带着酒食果品与纸钱来到墓地,向去世的亲人献上贡品,再将纸钱焚化,并为坟墓培上新土。叩头祭拜后,方踏上归家之路。除此以外,广州人还有一些独特的风俗。让我们一起来看看吧：

◎ 插柳

在广州,清明节这天,人们会在家门口前插上杨柳枝。据说插柳的风俗,是为了纪念教民稼穑的神农氏。也有人认为,插柳是预报天气的一种做法。古书里,有着"柳条青,雨蒙蒙；柳条干,晴了天"的记载。还有人说,插柳是因为可以辟邪。只要在门口插上柳枝,邪魔鬼怪就不敢来侵。广州地区的插柳活动,已经无法探究究竟是什么原因流传下来的了。无论代表的是哪一种寓意,它都成为了老广们雷打不动的清明习俗。

◎ 挖笋

"清明笋现样,谷雨人恁长"。在广州乡下长大的孩子们,大概都听说过这样一句俗语吧！清明节到来后,人们回乡祭祖。山间田边,遍布着生长茂盛的春笋。这个时期的笋味道特别鲜美,挖笋也就随之成为广州人过清明的一项独特活动。

◎ 清明祭品

广州人清明节的祭品大多采用包子、甘蔗、发糕、烤乳猪等物。其中,发糕和包子是因其在蒸制过程中,会从小面团"发大",寓意着家族壮大。而甘蔗一般是有头有尾的,意味着家庭一直繁荣。甘蔗的滋味,则象征生活欢欢喜喜甜甜蜜蜜。清明节吃烤乳猪的习俗,在广州也算是历史悠久了。在每年清明祭祀完成后,大家都会把焦黄酥脆的烤乳猪带回,一起大吃一顿。

广州丧葬习俗是怎么样的?

旧时广州民间盛行土葬。老人年迈,家里人会早早地为其预备好棺木、墓地和寿袍。待其去世后,亲人会将遗体"调头"(头朝屋内,脚朝屋门),然后盖上红白被绸。子女们则一方面向亲属报丧,一方面在家中设置灵堂并通宵戴孝守灵。治丧期间,哀者会在自家门口点上蜡烛,并悬挂一个写着死者寿数的灯笼。灯笼的字体也是有讲究的:死者寿数70以下的,用蓝色;70岁以上的,用红色,除此之外还要另行加上个"福"字。亲朋好友前来吊唁,家属用酒菜招待,谓之"吃寿饭"。到了出殡当天,孝子贤孙们则赤着双脚"担幡买水",沿途散发纸钱。其余亲朋则排成一列长长的队伍,随在子孙后为其送葬。送葬归来,家门口要设置一个火盆。进门时,必须要从火盆上方跨过,以祛除邪气。接下来,便从死者去世之日起算,每过七天做一次拜祭,直到"七七"四十九天。在"头七""三七",会请尼姑、和尚前来打斋念经、超度亡灵;"三七"过后,孝子才脱去孝服,并用柚子叶烧水洗头,又烧掉戴孝用的黑色纱巾,以示驱邪。

什么是广州从化的"掷彩门"?

从化的掷彩门活动,一般选择春节期间大年初七后举行。这是一种喜庆习俗,人们将大花篮中装满烟花炮竹,并且糊上红纸,形状就像一扇小门,此即为"彩门"。彩门做好后,要高高地挂在杆子上方。而"掷彩门",则是指大家把

掷彩门

小包的鞭炮点燃，并且向杆子顶端的彩门中投掷，谁先把彩门引燃，谁就能够在接下来的一年里获得好运气。这项活动由来已久，目前正在进行非物质文化遗产的申报。

为什么广州人端午节要吃龙船饭？

广州许多地区都有这样一个风俗：在每年端午节的龙舟比赛结束后，乡亲们一起来到祠堂，大家共同开台设席，宴请四方。这种习俗被称为"龙船饭"，它与做龙船、赛龙舟等相似，都寓意着人们对神的敬仰。这餐龙船饭，不仅涵盖了人们对生活的美好祝愿，还象征着家族的团结。据说，吃过龙船饭后，接下来的一年家族便会风调雨顺。

吃龙船饭，有几个讲究。第一是人人平等，无论身份高低贵贱，都可以前来享用。第二是免费共享。只要你来到了龙船饭设宴的地方，热情的村民们根本不会仔细询问你的身份。就算你是个偶然间路过此地的陌生人，也能享受嘉宾待遇，得到殷勤款待。第三是菜色多样，烧猪肉、栗子焖鸡、油豆腐煮鱼等应有尽有。有的地方还会把菜做好后，直接拌到饭里。肉丁、虾仁、瑶柱、冬菇等食材与米饭的香气融合得无比熨帖。这样扎实的一碗菜饭，能够快速地为龙舟赛上的运动健儿们填饱肚子，提供能量。

龙船饭

通常，在江水上龙船比赛正酣之时，龙船饭桌上对于宴席功夫的比较也已经进行得如火如荼。身处龙船宴上，各种猜拳声、行令声伴随着鞭炮声此起彼落，人人喜笑颜开、推杯换盏……现场成了一片欢乐的海洋。

广州人怎么造龙舟？

众所周知，广州地区的人们自古就尊龙崇龙，就连端午节的赛龙舟活动，也有非常多的讲究。在广州人做龙舟的过程中，崇拜龙的风俗贯穿始终：

首先，造船开工后，船工每天上下班都必须要供神。在第一根龙骨架用墨斗拉线之前，就要举行祭拜仪式。通过烧香、祭酒来供奉鲁班；船工们每日开工前、收工时，一定要在龙舟上烧香祭拜，祈求神灵保佑各项工作能顺利开展。

其次，造船工厂选址必须封闭。一般情况下，人们会选择大门紧闭的祠堂内部；实在没有办法，就选择河滩。造船时，再用各种竹帘将龙船团团围住。一旦开始造船，工人们就不能停工，大家通宵达旦地干下去，直到龙船落成。在旧时，做龙舟的过程，女性是不能围观的。龙头的雕刻更是颇为小心：不能被女性触摸、不能在工场内晾晒衣物、抚摸前必须洗手。龙头的咽部，设计有一个小洞。洞中放着大米、木炭、碎银与茶叶，龙舟打造日期及宗祠族长的姓名生辰也要写在红纸

扒龙舟

上一并塞入。除此之外，塞进洞里的还有三种中药：象征龙舟轻巧的蝉蜕、象征龙舟头与船体紧密相连的勾屯以及象征在比赛中连连获胜的连翘。龙头没有点睛之前，是不能让外人看到的。相传，只有画上眼睛后，龙舟才会有灵性。

最后，龙舟下水时工场与买方都要祭拜龙神。工场会举行一个简单的竣工仪式，在买家接船当天准备好烧肉、苹果与香烛，进行拜祭，以求鸿运当头。而买方接船则要准备烧酒、生鸡、龙眼叶、爆竹等物助阵。随行接船的，一般是龙舟队成员。他们先把标示了村名的龙牌插在龙头上，再摆放祭品，说上一些吉利话。再将生鸡鸡冠割开，把鸡血滴在龙

眼上，为龙船开光。龙眼叶，则用于辟邪。龙船试水后，人们将龙舟迎回村里。然后，前往神庙拜祭。仪式结束后，龙舟划手们会划着龙船在江面上来回两圈，寓意着龙因水而生，水有龙则灵。

除了赛龙舟，广州人还有哪些端午节民俗？

一提到端午节，大家的第一反应就是吃粽子与赛龙舟。其实，除了赛龙舟外，广州人还有一些其他的端午民俗。

广州人对端午节非常重视。在农历五月初二至五月初四，便有送节之举。例如"新抱手艺"，便是广州独有的端午节民俗之一。"新抱"即是新媳妇，在端午节时，年轻的新媳妇们要用六个或四个全盒盛上粽子、猪肉、生鸡、鸡蛋、水果等回娘家向长辈贺节。孩子们均佩戴上以五色丝线编制而成的香包，香包里放着檀香、八角、花椒及硫磺。这些香包基本上都是新媳妇手作，既体现了她们精湛的技艺，又体现了新媳妇们的贤良品质。这种风俗，就是传说中的"新抱手艺"。

在广州部分郊县地区，有人组织孩童放风筝。另有部分广州人会使用烧符水洗手洗脸，清洁完毕后将符水泼洒在街道上，意为送走灾难。带小孩洗龙舟水（即在赛龙舟的江边洗澡），也是广州人过端午的民俗特色之一。

另外，许多广州人还会举办贴"午时符"的活动。制作午时符，需要准备一些宽一寸、长一尺的黄色纸条，用朱砂写上"五月五日午时书，官非口舌疾病蛇虫鼠蚁皆消除"等字样。午时符将与菖蒲、凤尾、艾叶等物一起被悬挂或张贴在家门口，用以辟邪。还有的人家会用雄黄酒调制朱砂，在孩子的额头与胸口点上红点。如此一来，孩子就不会轻易被邪魔侵犯了。

端午香包

广州人为什么要供奉土地神？

据《礼记·祭法》载，在炎黄时代，天神共工的儿子句龙开疆拓土，在神州大地上遍植五谷，死后被奉为土地神。汉唐之际，土地神的性质发生了变化，由自然之神逐渐演化为人鬼之神。再后来，民间又开始以名人作为各方土地。例如，清代翰林院及吏部祭祀的土地神，就是唐朝的大文豪——韩愈。

由于土地神是民间俗神，地位比较低微，故而历朝历代的统治者都不是很看重。土地神的庙宇一般都很小，但由于农耕时代的人对土地心存敬畏，土地神又肩负着保佑一方水土安宁的职责，故人们依然为土地神建立起庙宇，用于供奉。

广州的土地庙一般采用石材制作，往往立于城角村头。庙高仅有两三尺，庙里安放着慈眉善目的土地公、土地婆。传说中，土地公比较宽容耿直，而土地婆则有点爱贪小便宜，处事圆滑。

广州大部分城镇、村庄的主要路口都设置有土地庙，即使不专门建庙，也会搭设一个简易的神位。村子里有人家新生儿女，就要将儿女的姓名和生辰八字写在红纸上，再贴到土地庙内，表示认土地爷作为干爹，为儿女求得神灵庇佑。如果有人去世，家里人也会把棺材停放到土地庙跟前，并围着棺木转圈。因为只有这样，才能够保证亲人在阴曹地府得以准确地认领属于自己的衣物。

在广州，人们祭拜土地神的时间并无一定。初一、十五、年关、节日俱可。拜祭时，也不需要向土地神提供丰厚的祭品。拿一些家中的糖果、水果、鱼肉，甚至是白米或冥币都行。再者，几杯清茶、三炷香，也足够了。土地神虽然法力不大，却是广州人身边最为亲密的神灵。人们相信，土地爷可以保护自己生存的土地风调雨顺、六畜兴旺、五谷丰登、事事如意。

为什么华光帝被封为粤剧戏神？

华光帝是传说中的一位火神。据说他有三只眼睛，玩火上瘾。有一

天，华光帝独自闯入玉帝宫殿，还烧坏了九龙墩。玉帝得知此事后，并没有过分苛责华光帝，只是要求他每年初秋的八月初一下凡，看看火灾给人们带来的深重灾难。华光帝看到这些灾难后，自觉有愧。于是，他再也不随便玩火了，还决定尽自己的力量帮助人间减少火灾。

如此看来，华光帝似乎与粤剧并无关系。然而，他最终却成为了粤剧戏神。这样的角色转变是怎么发生的？原来，华光帝得道转世后，曾被封为南帝。南帝掌管着岭南地区，而粤剧作为广东地区一大地方剧种，理所当然也在南帝的管辖范围之内。古时候，戏台用竹木搭成，非常容易起火。因此，粤剧伶人们便时时供奉华光帝，以祈福消灾。

在粤剧演员工作前，都会先向华光帝上香祷告。而粤剧童子班"开身"（即正式加入戏班），也必须先在华光帝面前表演一出《八仙贺寿》。有时候，犯错误的演员还会被带到华光帝面前受罚……至此，华光帝从单纯的保护神，演变成了粤剧戏神，地位就如同粤剧祖师爷一般。

每年农历九月廿八是华光神诞，粤剧戏班均举行隆重的祭祖师活动。有的地区，演戏酬神的时间可达三天三夜呢！

广州人的谷神节是怎么来的？

每年的六月初六，广州人都要过谷神节。谷神节是怎么来的？其中有一段广为流传的故事：

相传，五谷是五谷神赐予的。一开始，人们的粮食多得根本吃不完。结果某年六月初六，五谷神临时起意决定下凡视察。他装扮成一名普通老人，连续拜访了好几家农户，发现每家农户都有严重的浪费粮食的现象。五谷神非常气愤，便来到田间。他伸手拈起一棵谷子，并从根部捋到尖部，谷子就只剩下了一个穗儿。从那以后，人间稻谷产量剧减。人们担心五谷神把最后的谷穗一并收走，因此就在每年六月初六烧香上供、祈求丰收。敬谷神的习俗，就是这样来的。

谷神节这一天，广州人纷纷杀鸡杀鸭，来到土庙祭祖拜神。大家手持香烛，在五谷神像前顶礼膜拜，感谢五谷养育之恩。有的村民还会迎着太阳在田间地头扬洒谷物，寓意五谷丰登。除此之外，人们还会观谷、食谷、养谷。大人带着孩子前往田野，观赏作物的生长、感受自然的力量；观谷归来，则全家共同淘米蒸饭、煮粥，一起享用晚餐。最后的养谷，实际上是逛花市的活动。一家老少前往花卉市场选购鲜花在家栽培，意味着对土地的亲近。五谷神的崇拜，在佛山、肇庆和云浮等地也颇为流行。而河北的邯郸武安一带，同样流传着祭祀五谷神的习俗。谷神节，承载着的是人们对丰收的急切渴望。

广州人怎么过三元节？

在道教初创时，人们信奉着天、地、水三官。三官诞辰就是三元节，其中正月十五为上元节，七月十五为中元节，十月十五为下元节。

上元节这天，除了吃元宵、放爆竹等传统外，广州大部分地区还存在着挂灯的习俗。因为传说中的天官喜欢热闹、光明，再加上灯火还具有驱邪降福、祈求光明的象征意义，故而人们在上元节要点灯。下元节，是水官诞辰。道教认为，这一天是水官解难救厄的日子。广州人在下元节会聚集到三元宫朝拜三元大帝，祈求福禄。

而中元节，则是地官的诞辰。据说阎王爷在中元夜会把恶鬼放回人间，让他们享用供品。因此，广州人中元节绝不嫁娶。在中元节这天，大家回到故乡，祭祀祖先。入夜后，带上鞭炮、纸钱、香烛等，找一块僻静之地，用石灰围成一个圆圈。再在圆圈内部泼洒水饭、焚烧纸钱及衣物，并鸣放鞭炮，示意送祖先返回阴曹地府。除此之外，广州人还会用纸扎成各式河灯，如荷花、金鱼、元宝等，将河灯放在水上顺水漂流。以星星点点的灯火，寄托对死去亲人的思念。

广州人为何要过龙母诞？

在广州地区，流传着"正月生菜会，五月龙母诞"的习俗。龙母诞里的"龙母"是谁？为什么广府人要为她设置一个节日？这其中，流传着一段故事。

相传广西滕县居住着一户人家，户主名叫温天瑞。温天瑞的妻子梁氏怀孕即将临盆，忽见屋顶灵光闪耀。梁氏随即生下一个女婴，头发长达一尺有余。接生婆十分惊讶，她认为这是不祥之兆，劝说温天瑞夫妇放弃这个孩子。然而，温天瑞夫妇并没有听从接生婆的劝告溺死女婴。他们把女婴放到了木盆里，脖子上系好写有女婴名字与生日的红纸，随后任木盆顺水流去。

龙母诞

这个女婴就是温天媪。她顺水漂流到广东，被一个渔夫收养。在渔夫的照料下，温天媪一天天地长大。她帮养父操持家务，十分勤劳。某日，温天媪来到西江边上洗衣，在水中发现了一颗斗大的发光的巨蛋。她将巨蛋带回家里，从蛋中孵化出了五条小龙。从那以后，温天媪就成了"龙母"。她养育五条小龙长大，并鼓励它们为百姓造福。正因为这五条小龙的庇佑，那片地域才常年风调雨顺，收成颇丰。龙母则一心钻研治病防疫，开荒种粮，为着当地百姓的幸福生活而鞠躬尽瘁。后来，龙母去世。五条小龙化为五个秀才，将龙母埋葬。

由于传说中的龙母是一个为民造福、广施恩泽的形象，因而广州地区的居民们自古便有祭祀龙母的风俗。每年农历五月初八都是龙母生辰，这一天各地的善男信女都会前往龙母庙参拜。人们在龙母庙中恭洒圣水、虔诚进香，再向龙母献上茶果以及福禄寿桃。三鞠躬礼成后，还会燃放礼炮……目前，西江流域的龙母庙多达300余座，除广州外，梧州、肇庆等地也均有供奉龙母的风俗。

老广州有哪些婚嫁习俗？

广州地区的婚嫁习俗，在全国范围内来说都可称得上隆重。老广州的婚嫁事宜，基本都按照三书六礼——办理。具体分为哪些步骤，就让我为你一一道来吧：

◎ 纳采

纳采是婚礼的第一步。此时，男方会委托媒人向女方提亲。

◎ 问名

如果女方家长接受男方提亲，则会把女孩的生辰八字及姓名籍贯等写在红纸上交给媒人，媒人转交男方用以占卜吉凶，看双方是否适合缔结婚姻。

◎ 纳吉

纳吉又名"过文定"。男方经占卜后，如双方八字不存在相克的情况，便可带上薄礼来到女方家里，奉上确定婚约的聘书，双方开始商量定亲的条件。

◎ 纳征

纳征又称为过大礼。过大礼一般在婚前一个月左右进行，双方商妥了举办婚事的条件后，男方将准备聘礼到女方家里。送礼当日，男方会请四位全福的女性亲戚（全福指丈夫、儿女、公婆、父母皆在），会同媒人带着各类聘礼来到女方家中，聘礼的数量必须是偶数，取其"成双成对"之意。男方聘礼送到后，会打开礼盒选取金饰为准新娘戴上，并说几句吉祥话。过大礼的仪式，便算完成。

◎ 请期

请期是男方请先生择定婚期的仪式。良辰吉日选定之后，男方就通知女方，以便于女方为女儿出嫁做好准备。

◎ 安床

在婚期前几日，女方指定好命婆把新床安放在有利于新人的吉位上，并铺好龙凤被，撒上红豆、莲子、桂圆、花生等喜果。安床后，还要请小孩跳床并分吃喜果，意为"开枝散叶"。

◎ 上头

在结婚前一晚，男女双方均要完成上头仪式。男方上头仪式比女方早半个小时，上头前要用柚子叶煮水沐浴，后更换全新衣裤，靠在一扇可以看到月亮的窗口坐下，由全福之人为其梳头。而新娘则会把头发梳成发髻，一边梳，一边吟诵吉祥话，如"一梳梳到尾，二梳白发齐眉，三梳儿孙满地，四梳梳到四条银笋尽标齐"等。最后，新娘头上会系上一根红色头绳，象征着父母对儿女婚事的祝福。

◎ 入门

男方出门迎亲，抵达女方家后的第一桩考验是入门。经过女方众姐妹的考验，并派发开门利是后，男方才能顺利入门。入门后，新娘由伴娘带出，交给父亲。父亲亲手把新娘交给新郎，并举行夫妻见面礼，向双亲奉茶跪拜。在此期间，伴娘要为新娘打红伞，其余姐妹则边走边撒红绿豆及金银纸碎，寓意开枝散叶。

◎ 进门

男方接到新娘后，新娘将踏入男方家门。家门槛外会设置一个燃放木炭的火盆，新娘要从火盆上方跨过去。这一举动意味着旺财、驱邪。接下来，便展开拜堂仪式。新娘向公婆奉上香茶，一方面是答谢父母养育之恩，另一方面也是表示双方家长接受新娘成为家族中的新成员。公婆喝完香茶，会送新娘一些手镯、玉器作为见面礼。至此，婚嫁仪式告一段落。

◎ 三朝回门

虽然古代的"三书六礼"中并没有列回门，但回门却是老广州人一项非常重要的嫁娶礼仪。新娘出嫁后第三天，会在丈夫的陪同下回娘家探望父母。回门时，新娘要穿上象征冰清玉洁的裙褂，男方还要回送一只金猪。丈人与丈母娘要留新人在家吃饭，并把金猪分给亲戚朋友享用，表示女儿不辱门楣。现在的回门仪式为图简便，在结婚当天即可进行，但绝对不能超过第三天。

广州裙褂

广州人举办婚礼有哪些禁忌？

老广州人按照传统婚俗举办婚礼时，还有一些禁忌需要注意。例如，新娘出门时嫂子不能相送，因为"嫂"与"扫"同音，不太吉利。新娘的出门服不能设置口袋，如果有口袋的话，意味着会带走娘家的财运。除此之外，新娘还必须佩戴耳环。人们认为耳环示意"听话"，即使新娘没有打耳洞，也得佩戴夹耳耳环。另外，婚礼当天，新娘必须穿新鞋子，寓意将旧物扔掉。婚礼未举办完毕，任何人都不可以在新床上坐下。新娘更是不能躺下，因为一旦新娘躺下，就可能一年到头都病倒在床上。最后，新人如有已经去世的长辈，在敬茶时要在已故长辈应当落座的地方，放上新人敬献的香茶。敬茶后，顺便移动一下凳子，再请下一位就座。

为什么广州客家人嫁女要送伞？

在我国的很多地区，结婚这种喜事一般不送伞，因"伞""散"同音，略显晦气。然而，广州客家人嫁女却有着送伞做嫁妆的习俗，这是怎么一回事呢？

原来，"伞"的繁体字写作"傘"。在繁体"傘"中，我们可以看到"傘"字中部是由许多个"人"字构成的。送"伞"给女儿出嫁，系取其"多子多孙"的寓意，以求吉祥。

实际上，客家男孩16岁成年礼时，父母也会给他送上一对纸伞。因为"纸"和"子"是同音的，预示着孩子已经成年，要开始自己的人生。纸伞撑开后，呈一个完满的原型，这象征着孩子今后事事都能如意圆满。

广州人一般去哪儿拜太岁？

太岁是我国民间古老的信仰，源自天体崇拜。人们认为太岁是木星的神格，传说太岁运行到哪儿，相应的方位下就会出现太岁星的化身。太岁星，是道教的神灵之一，一年一换。当年轮值的太岁叫值年太岁。

太岁神素来有"年中天子"之称，据说太岁神掌管着人世间的吉凶福祸。每个人都有"本命太岁"主管一生，每一年又有一位"值年太岁"

主管当年的健康、工作、事业、婚姻等。由于有的人命格与值年太岁相冲，会导致不幸。故而，拜太岁的习俗渐渐地流传开来。

广州人拜太岁一般在正月初八，这一天"犯太岁"的要去化煞解厄，没有犯太岁的，也要祈求太岁保佑自己身体健康、大吉大利。拜太岁的地点，则一般选择在仁威古庙。虽然三元宫、黄大仙祠、纯阳观等地都可以拜太岁，但仁威庙里的太岁神最全，共有六十位，与传说中的六十甲子一一对应。

拜太岁

参拜太岁时，首先要填写太岁符。把自己的出生年月日及名字、年龄写在上面，再向太岁统领上香。接着参拜自己生肖年份的值年太岁，参拜完毕后把太岁宝拿到庙外的化宝塔化掉并点燃香烛，最后再次拜请太岁星君庇佑。每年冬至前，人们还会准备好生果、香烛，进行"还太岁"活动，以酬谢神明一年来的保佑。

广州人过年从初一到十五分别都有哪些讲究？

在广州人传统的年俗里，春节要持续到正月十五才算结束。从初一到十五，老广州人各有各的讲究：

◎ 年初一

大年初一是新年的开始。广州人大年初一起床后会祭祖拜神、杀鸡、燃放炮仗，意为"抢春"。诸事妥当后，人们互相拜访，恭贺新岁。长辈会给晚辈分发"利是"（压岁钱），表示给晚辈以新年的美好祝愿。在大年初一这天，广州人有不动扫帚的忌讳。他们认为动了扫帚会把家里的好运福气给扫走。另外，大年初一还不能往外泼水或者倒垃圾，否则新的一年里就会破财。

◎ 年初二

大年初二在广州又有"姑爷节"的俗称，因为这一天女性会携家带口回娘家。回娘家时，要携带水果、年糕、冬菇等年货，而大年初二吃的开年饭也颇多讲究：鸡、生菜、鲤鱼等是必备菜肴，预示着"生财好市"。广州部分郊区农村，还保留着大年初二买红鲤鱼放生的习俗。但现在已经不多见了。

◎ 年初三

传说中年初三是穷鬼日。在年初三，人们起床后会打扫垃圾，寓意着"扫走污秽和穷根"。除此之外，大家几乎足不出户，如果出门的话，多半会遇到凶煞。年初三的这个传统，老一辈人比较在意。但现在的年轻人已经越来越不在乎"穷鬼日"了，大年初三依旧出门游玩。

◎ 年初四

由于年初五是财神的生日，故年初四这天家家户户都会置办酒席，迎接财神，为其恭贺诞辰。接神仪式一般在下午四点到晚上进行，祭品要有鸡鸭鱼肉，水果糖茶。

◎ 年初五、初六

年初五初六，必须进行的种种传统仪式基本已经完成。在这天，广州人尽可以尽情娱乐，开开心心地享受过年的乐趣。

◎ 年初七

年初七是广州人俗称的"众人生日"。在这一天，广州人要吃"七宝羹"。七宝羹包括七种蔬菜，有芹菜、荠菜、菠菜、青葱、大蒜等。民国时期，广州人过年初七还会结伴去花地游玩，选出最美的姑娘作为"人日皇后"呢！

◎ 年初八

"初七七不去，初八八不归。"年初八这天，广州人多留在亲戚家。

◎ 年初九

大年初九是传说中玉皇大帝的生日，老广州人会准备各色祭品用以祭拜玉皇大帝。

◎ 年初十

年初十，广州人有打春的风俗。两村小孩子会拿着石头互相开战。哪个村子赢了，就代表这个村子明年会过得更好。

◎ 初十一

初十一,是初十打春的延续。如果打春的游戏还没有结束,家长要把这些对打的孩子们赶回家。

◎ 初十二

初十二这天,广州人家家户户、大街小巷都会点满新灯。

◎ 正月十五

正月十五是元宵节,广州人涌上街头,观赏花灯。在广州农村,上一年家里生了男孩的,要在祖祠里挂上一盏灯笼,表示新生的孩童向祖宗报到。

广州人怎么过冬至?

自古以来,人们都非常重视冬至节,因为"冬至阳生",这一天是阴、阳二气的自然转化。由于冬至是北半球一年中白昼最短的,故冬至节旧时又称"日短"或"日短至"。

尽管广州气候温暖,冬天温度比较高,几乎从来没有下过雪,但广州人对冬天的热爱却丝毫不减。"肥冬瘦年""冬至大过年"甚至是所有的广州人从小就知道的两句谚语。

"冬节夜最长,难得到天光""冬至天气晴,来年百果生""冬在头,卖被去买牛,冬在尾,卖牛去买被"……这些民谚中,饱含着人们对冬至节的重视。每逢冬至节,广州人都会准备好酒肉、果品,前往祠堂祭祖。祭祖时,要举行一些杀猪宰牛、演戏酬神的仪式,大家聚集在一起,宣读族谱、讲述家史。祭拜完祖先,还有一个分柑的活动。"柑"在广州话里,与"金"是同音的。分柑,也就意味着分金。故而广州人有冬至分柑的传统。

分柑活动结束后,人们会围坐在一起吃饭,称为"团冬"。饭桌上,堆放着蒸糕、糍粑、糯米饭、鱼生等食物。除此之外,汤圆更是团冬宴席上不可或缺的美食。与我国大部分地区的甜汤圆不同,广州冬至节吃的汤圆是咸的,糯米粉内里包裹着沙葛、猪肉、虾米等物,吃时以鸡汤搭配，鲜美无比。吃汤圆，寓意着一家人随后的一年团团圆圆。

"雪花从水洒仙城，冬至阳回日日晴。萝卜正佳篱菊放，晶盘五色进鱼生"就是清朝诗人倪云癯对团冬场面的描述，老广州人过冬至节的热闹情景仿佛就在眼前。

龙抬头这天，除了理发外还要做什么？

农历二月初二，又被称为"龙抬头"。相传这与唐朝女皇武则天有关。武则天当皇帝后，玉帝震怒，下令三年间人间不许有雨。天河玉龙心有不忍，偷降大雨。玉帝得知后，把玉龙打下天宫，压在用太白金星的拂尘变成的山下，说是玉龙想要重返天庭，除非金豆开花之时。

人们为了拯救龙王，四处寻找开花金豆。次年二月初二，大家在翻晒玉米粒时，想到了对策：玉米的形状跟金豆一样，把玉米炒开花，不就是金豆开花吗？于是家家户户纷纷开始爆玉米花，并作为贡品敬奉给玉帝。玉帝只好让太白金星收回拂尘，玉龙终于腾空而起，回到天庭。从那以后，民间就把农历二月初二称为"龙抬头"了。在这一天，大家都要前往理发店理发。据说理发过后，会使人鸿运当头，福星高照。正因为此，民间流传着"二月二剃龙头，一年都有精神头"的说法。

除了理发之外，龙抬头还是广州人最爱的"美食节"呢。每逢农历二月初二，广州人都会把常见美食以"龙"命名，一图吉利，二来也可人快朵颐。吃猪头肉，成了"挑龙头"；吃面条，成了"扶龙须"；吃水饺，成了"吃龙耳"；吃米饭，成了"吃龙子"。就连春饼，都有了个"龙鳞饼"的新名字。你看，春饼圆圆的，薄薄的，形状不就是一片片龙鳞吗！

近年来，广州市还会在龙抬头这天举行起龙船、开笔礼的活动。孩子们在文塔前站成矩阵，通过"正衣冠""朱砂启智""击鼓明志""书写人字""文塔祈愿""答谢师恩"等程序，完成人生的开笔礼。龙抬头，渐渐地多了一种与教育相关的全新风俗。

如今的广州人都是怎么过重阳节的?

古人认为,重阳节是大吉大利之日。重阳节这一天登高,可以图个吉利。在广州,重阳节是一年中的一个大节。往年广州人过重阳节主要是登高、扫墓、放风筝等,如今却以登山游乐为主。

重阳节为什么要登高呢?有一个传说。相传古时候,汝南县有个叫桓景的人,跟随费长房游学多年。有一天,费长房告诉他:"你家在九月九日有大灾难。只要你回家让家人们做好绛色袋子,在袋子里装上茱萸,带着袋子去爬山登高喝菊花酒,就可以逢凶化吉了。"桓景听从了费长房的劝说,带领全家人上山游玩。晚上归家后,发现家里的牲畜全部暴毙。这个故事流传开来后,人们为了躲避灾难、求取吉利,渐渐地养成了重阳节登高的习俗,并流传至今。

广州人有很多重阳节登高的好去处:白云山、天堂顶、越秀山、帽峰山……有的地方,还会举办盛大的菊花展览。除登高以外,广州人还会做重阳糕吃。重阳糕又称花糕、菊糕、五色糕,它并无一定的制作方法。只要是重阳节吃的松软糕点,都可以称之为"重阳糕"。每逢农历九月九日这天,长辈们会用片糕搭在子女头顶,口中念念有词,祝福子女百事俱高。讲究的重阳糕,必须要做成九层,看起来就如同一座宝塔。"宝塔"顶端,还要做两只可爱的小羊,以符合重阳(羊)之意。

重阳糕

广州人的"入伙"是合伙做生意吗?

广州人说"入伙"是指合伙做生意吗?并非如此。实际上,广州人口中的"入伙"大多数情况下都是指搬入新居。在广州人入伙前,一定要先把新房打扫干净,并将门窗打开搁置两三天,使空气流通:这叫"引入吉气"。吉气入屋后,还要举行"拜四角"仪式,与屋里的土地神明打个招呼，祈求神明在今后的日子里多多关照。再买来一把新扫帚，从大厅每个角落开始，清扫到大厅中央，最后扫出大门口。打扫完毕后，象征屋内的污秽已经被统统扫除干净了。除此之外，入伙前还需装一桶水放在门厅中央。打开风扇，对着水桶吹，预示着新屋主人风生水起。旧屋的泥土也要在这时预先送到新屋，预防搬家后水土不服。

入伙当天，一定是事先算好的良辰吉日。这天广州人除了燃放鞭炮驱邪外，还要准备一些稀奇古怪的物品：用米桶装八分满的米，还要拿一个红包放在米桶上方。此举代表入住后，全家人丰衣足食；旧屋用过的碗筷，每人一套。碗筷上覆盖红纸，代表家人饮食健康，没有病痛；火炉一个，代表家庭兴旺；柚子两枚，从门口一直滚进房门，寓意财源滚滚；用柚子叶煮水，再撒到地上，代表驱赶邪气……最后，便是新房入伙仪式的重头戏了：吃汤圆。由于"伙"字是"人""火"二字组成，故而新房入伙一定离不开煮食。一家人连带上亲朋好友，在新居欢聚一堂，一起吃甜汤圆，象征团团圆圆、甜甜蜜蜜、生活幸福美满。另外，吃完汤圆后家人一定要在新居居住一晚。相传只有这样，才能使新居人气旺。这就是广州人关于"入伙"事宜的讲究，现在你该清楚了吧。

广州人经商有哪些习俗？

广州向来是我国南方经济贸易繁盛的商业中心。在浩荡的历史长河中，广州人在经商方面养成了许多独特的习俗，不信你看：

◎ 开市

广州商家一般在每年初四或初五正式开业。在开业当天，店主要早起准备三牲祭拜财神，再焚烧纸钱宝烛，最后燃放鞭炮。当第一个顾客步入店门，就会被店主视为财神，热情接待。一般而言，广州商人无论如何都要与第一个顾客达成一项买卖，否则就意味着开年不利，今年做生意可能会亏本。

◎ 吃无情鸡

在新年开市前一两天，店主照例要慰劳店员，给他们设宴打牙祭。

当然，打牙祭时也是老板解雇雇员的时候。开席后，桌上会摆一盘白斩鸡。店主与店员围绕桌子坐下，先说一通过年好之类的祝福的话，话毕，则开始感慨生意越来越难做之类的话语，接着用筷子夹一块鸡肉放到店员碗里，谁第一个被老板赠予这块鸡，就说明谁下一年度会被炒鱿鱼了。所以，宴席虽好，雇员们吃鸡时却愁眉苦脸，因为它的的确确是一块名副其实的"无情鸡"呀！

◎ 吃意头

除了白斩鸡外，经商人家过年时还会准备一些蕴含着美好祝福的菜，这些菜被称为"吃意头"。吃意头的菜式，包括烧猪肉（红皮赤肚）、鱼（年年有余）、发菜蚝豉（发财好市）、粉丝（连绵不断）、腐竹（富足）、炒螺（多子）、炒蚬（发市）等。

◎ 敲打算盘

广州商人开店之际，会有一个敲打算盘的仪式。由老板或者账房先生端坐在收银台后面，用自己的拇指、食指和中指噼噼啪啪上下打算盘珠子，表示开门兴隆、生意旺盛。

◎ 拜关帝

广州商家多数信奉关帝，把关帝作为财神。几乎每家广州店铺的正堂上都会供奉关圣帝像，店家认为这样可以借来正气、正义，童叟无欺。尤其是茶楼、饮食行业，除了供关帝外，还要在门楣上安一面镜子或一块画有八卦图样的牌子，以求祈福消灾。

广州人的娱乐活动

你知道沙湾飘色吗？

沙湾飘色兴起于广州市番禺区沙湾镇一带。它结合材料、力学、音乐、造型、装饰等工艺于一体，在结构上，则由三个部分组成：一是色柜，色柜是活动的小舞台；二是色梗，色梗是支持用的钢枝；三是扮演"色"的演员，分为两种角色。坐在色柜上方的叫"飘"，由3岁左右的小孩子扮演；坐在色柜下方的叫"屏"，一般由10～12岁的小孩扮演。通过色柜与演员之间的连接，沙湾飘色形成了一个有机的整体，以此来表现某个民间传说或者戏曲故事的片段。

沙湾飘色

沙湾飘色的起源存在着几种不同的说法。有人认为，明代时期沙湾人李路远在云南做大将，当时云南有两族人因争夺朱元璋始造的北帝塑像几乎要发生械斗，多亏了李路远从中斡旋，双方重修旧好。两族族人为了感激李路远的帮助，就把北帝塑像送给了他，他带着塑像回到沙湾后，每逢北帝诞辰，都会抬着它出游。再加上舞龙、书会等传统节目助兴，久而久之就产生了沙湾飘色。

也有一部分人认为，沙湾飘色是清代粤剧艺人李文茂初创的。相传

李文茂曾经参与太平天国起义,起义失败后使得清廷大为震怒,下达了不得观看粤剧的禁令。当地的群众想看戏而不得,于是李文茂想出了一个规避的法子:他让小孩子扮演成戏曲中的人物,抬着他们在各个村落游行。这种类似演戏又不是演戏的表演方式,发展到后来就是现在广州人熟悉的飘色了。

沙湾飘色共有 100 多板,每板造型都有对应的故事情节,例如六国大封相、刘邦斩蛇、精忠报国等。它色彩艳丽、造型大方、装置奇妙。飘色巡游时,伴着八音锣鼓的鼓点音节,大家以统一的步伐行进,整版飘色起伏悠扬。色梗上可爱的孩子做出各种逗人喜爱的动作,令观众赏心悦目。

如今,沙湾飘色已经成为了广东省非物质文化遗产之一。广州人通过创新,又改编出不少内容贴合现实生活的故事,例如为国争光、锦上添花、青云直上、赛龙夺锦等。每当逢年过节、招商联谊等,沙湾飘色便会上街出游。目前,这种独特的艺术形式先后到过香港、佛山、中山等地,被人们誉为"南国奇葩"。

你了解广州的醒狮吗?

醒狮属于中国狮舞中的南狮,它融武术、舞蹈、音乐等表演形式于一体,是广东地区地道的传统民间舞蹈。醒狮自唐朝宫廷的狮子舞脱胎而来,在五代十国时期随着中原居民南迁来到了岭南。广州是醒狮重地之一,人们认为醒狮可以驱邪避害。每逢节庆或重大活动,广州人一定会叫上醒狮队伍前来助兴。

醒狮的造型多种多样,大致分为金狮、黑狮、红狮和彩狮。金狮又被称为太狮,往往用于隆重的社交礼仪,一般不会轻易出动。一旦出动金狮,别的狮子就要向其三跪九叩。如果金狮相遇,

醒狮

就要互相点睛、跪拜并交换请帖。黑、红、彩狮则分别代表着张飞、关羽和刘备。黑狮凶猛，红狮凝重，彩狮温和。表演醒狮节目时，以锣鼓作为主要的背景音乐。鼓声会根据醒狮的不同动作进行不同设置，分出强弱、快慢、急速与柔和。

　　醒狮舞的步伐，完全采用了南拳武功：四平马、子午马、麒麟步、老树盘根……这些动作刚劲有力，落地生根。在表演时，舞狮人会做出各种动作，如出洞、下山、过桥、饮水、采青、醉睡、醉醒等。采青，又是舞狮表演的高潮。它是指狮子通过一系列套路表演，猎取悬挂于高处的利是。因为利是往往与青菜相伴，故而该环节被称为"采青"。采青一般包括操青、惊青、食青、吐青等环节。当彩礼用竹竿挑起高悬时，舞狮人会搭人梯（九人配合）登高采摘。人梯搭得越高，则技艺越高，挂"青"者多会图得吉利。

　　醒狮活动在广州人当中有着广泛的群众基础。广州醒狮队遍及城乡，几乎每个乡镇都有醒狮队伍。有的以家庭为单位组成醒狮队，三代同堂齐齐上阵舞狮；有的小学建立起自己的少年醒狮队，此外，还有成员全部是女性的女子醒狮队呢！

你听说过粤语讲古吗？

　　"讲古"，是"说书"的意思。顾名思义，"粤语讲古"就是表演艺人采用广州方言对各种小说或民间故事进行再创作，讲给听众的一种语言艺术形式。艺人们大量地将广州本地的民间谚语、俗语融合进讲古过程中，再加上对戏曲表演技巧的借鉴，仅仅凭着一个人、一把折扇及一块惊堂木，就可以在方桌前把故事还原得栩栩如生。

　　粤语讲古最初来源于北方的评书。在明末清初时期，广州地区有一批失意文人，他们联络上一些口齿伶俐的破落门户子弟，以向听众讲述历史演义及民

粤语讲古

间传闻为生。这批文人后来成为了讲古艺人，他们讲的故事也获得了"粤语讲古"的称谓。

据说，广州最早的讲古表演者其实是江苏泰州的说书大师柳静亭。他抱着一颗反清复明的心，跟随左良玉一同抗清起义。在柳静亭随军向南征伐时，将这种表演形式带到了广州。直到现在，广州的讲古艺人们都尊柳静亭为此行业的祖师爷。

在过去，表演粤语讲古的地点一般位于庙宇，内容则多与二十四孝等劝人做善事的故事相关。到民国初年时，讲古艺人开始自己搭设房屋，每天夜晚点燃一炷香，开始为大家讲故事。香燃烧到尽头之后，听众如想继续听下去，就要自觉付费了。民国后，广播事业逐渐兴起。水平较高的讲古艺人会接受电台方的聘请，去主持相关节目。粤语讲古，也算是到达了自身发展的巅峰。

20世纪90年代以来，粤语讲古这一民间艺术逐渐开始衰落。直到它加入广东省非物质文化遗产名录后，才再度受到人们重视。如今，越秀古坛与文化公园古坛重新开放讲古活动，粤语讲古中承载着的广州历史与文化得以继续保持下去。新的讲古传人与新的听众正在成长，相信它在未来一定能够恢复生机与活力。

粤语讲古有哪些有趣的行话？

◎ 摘花面

又叫"揭花面"，指艺人专门挑选故事中最热闹、最容易吸引人的部分来表演。

◎ 生古胀

从字面上来看，意思是说讲古艺人肚子里有许多民间传说，它们多到胀肚子，必须要全部讲出来。这是听众对艺人的一句戏言，用于形容讲古艺人故事多。

◎ 吞生蛇

如果有艺人被评为"吞生蛇"，那么他就应该好好反省一下自己的职业素养了。这个词一般是用来批评讲古艺人对故事情节不熟悉，勉强上场糊弄观众的。

◎ 吞拆

"吞拆"一词，是用于比喻讲古艺人一定要好好消化书中故事情节的。在讲古时，不仅要完整复述出每个故事的情节，最好还要加入讲古艺人自己的思考。

◎ 花枝

"花枝"是指艺人在讲古时穿插到主要内容中的一些富有知识性、趣味性的内容，例如笑话、典故或者奇闻趣谈等。

◎ 花路

在讲古业，吸引听众的手段被称为"开花"，开了花才能够向观众收钱。开花的路子，就是花路了。它与花枝指代内容相似，但更多地偏重于指一些轻松幽默的段子。

◎ 追古

由于粤语讲古讲的大部分都是长篇故事，听众只听一场是没法了解整个故事的前因后果的。他们必须每场必到，追着听完。这种行为被称为"追古"。

◎ 发口

指表演艺人讲古时采用的语调与节奏。

◎ 乱军

指艺人不按照套路，乱七八糟胡讲一通。

◎ 盟军

指艺人在台上因为怯场或者遗忘等原因导致说不下去。

你听过广州咸水歌吗？

咸水歌，是渔民们用广州方言演唱的一种传统渔歌，又称"咸水叹""白话渔歌"等。除广州地区外，咸水歌在中山、珠海、顺德、新会等地也颇为流行。正因为生活在上述地区的渔民们常年与腥咸的海水打

交道，故渔民在劳作时自娱自乐演唱的民歌就被人们称为"咸水歌"了。

咸水歌的歌词多为即兴创作，你能在其中找到很多口语化色彩浓厚的俗语。它一般由上、下两句组成单乐段，或由四个乐句组成复乐段。演唱时，则包括独唱、对唱等形式，以后者为主。对唱采用男女互答形式，问答双方的曲式结构是一样的。男唱前两句，女唱后两句。男的结束句多有"姑妹嘿"一语，女的结束句则多有"兄哥"一词。水上的爱情生活，是咸水歌的主要内容。

咸水歌这种艺术形式有600多年的历史，最为兴盛的时期要数明、清两代，在大量的古籍、诗句中均能找

咸水歌

到与其有关的记载。"碧树藏蛮逻，清歌发蜑舟"便是明代文人汪广洋在《斗南楼诗二首》中对渔民演唱咸水歌的情景描绘。然而，随着时代变迁，渔民生活方式的改变，咸水歌逐渐式微。近年来，咸水歌重新得到当地人的重视。为了不让其失传，广州市政府在一些辖区内的大中小学设立起咸水歌演唱队伍，广州滨江街道更是修建了水上居民博物馆。在博物馆中，不仅能够看到当年疍家人生活的物件和照片，还能听到曲调悠扬的咸水歌呢！

粤曲与粤剧有什么区别？

粤曲是在广东、广西等粤语地区流行的最大地方戏曲剧种，它脱胎于粤剧，并与粤剧在唱腔、音乐等方面长期互相吸收、互相促进、共同发展，关系十分密切。

粤曲起源于清朝道光年间，那时候广州地区出现了以清唱粤剧为业的八音班，这便是粤曲的雏形。到同治年间，粤曲在失明女艺人"师娘"处得到进一步的继承与发展，并逐渐趋于成熟，它从自弹自唱，发展到要用乐队伴奏。

民国以后，明目女伶也步入了演唱粤曲的队伍中来。这些女伶改"戏棚官话"为广州方言，改假嗓为真唱，将唱功分为大喉、平喉、子喉三类，又吸收了地方歌谣、小曲、小调作为辅助。粤曲的伴奏乐器最初较为传统，主奏乐器是高胡与扬琴。后来，随着音乐形式的丰富，萨克管、小提琴等西洋乐器也纷纷加入其中。

粤曲传统曲目有八大名曲，包括《百里奚会妻》《辨才释妖》《黛玉葬花》《六郎罪子》《弃楚归汉》《鲁智深出家》《附荐何文秀》《雪中贤》。另外，《柳毅传书》《凤阁恩仇未了情》等也深受观众喜爱。

粤曲界的"四大天王"都是谁？

在20世纪20年代，省港粤曲界有"四大天王"。他们分别是尹自重、吕文成、何大傻与李佳。

粤曲领域，有一个俗称叫"牛奶嘴"，专用于比喻那些初学者。一般情况下，粤曲师傅都不太愿意与这些"牛奶嘴"做搭档，因为会拖累整场演出的效果。但尹自重则完全相反，即使与初学者一块儿出场，他也能帮"牛奶嘴"兜住。故而，尹自重成为了粤曲界四大天王之首。

尹自重是东莞人，擅长拉小提琴。他是将小提琴引入粤曲演奏的第一人，后来更改进了小提琴的定弦方法，并加入小提琴、萨克斯等西洋乐器作为伴奏，使得粤曲的表现力更为丰富。而另一位天王，则是擅长二胡的吕义成。吕文成曾与尹自重一起组建乐队，除精湛的乐器演奏技术外，更引人瞩目的是他的才华。吕文成是粤曲界著名的高产作家，代表作包括《平湖秋月》《步步高》《银河会》等。

何大傻是三水人。虽然他名叫大傻，人却不傻。他有精湛的琵琶、吉他与爵士鼓演奏技术，还曾经把夏威夷吉他改造成粤曲乐器。只是因为他经常在粤曲里出演一些傻里傻气的角色，才被观众称为"何大傻"的。如果真是傻的话，何大傻也写不出如《孔雀开屏》《花间蝶》等一系列精彩作品了。

最后一位天王是玩萨克斯管的李佳，他去世得比较早。李佳故去后，四大天王中补充了一位爵士鼓手——程跃威。但程跃威有吸毒的恶习，他在20世纪50年代因为沉迷于毒瘾导致欠下一屁股债，没有办法偿还，最后选择在香港湾仔的一座木屋天台上跳楼自杀。四大天王从此各奔东西，只留下一张张旧照片、一段段江湖传说，供热爱粤曲的人们怀念凭吊。

粤剧真的曾经遭遇过镇压吗？

粤剧一直以来深受广大人民喜爱，但鲜为人知的是，这种艺术表演形式曾经一度遭到清政府镇压，几近灭绝。那时候的粤剧名人李文茂率领红船弟子与天地会共同参与了太平天国的反清斗争，起义失败后，粤剧受到牵连。清政府严禁当地人组织粤剧表演、观看粤剧，粤剧戏班被称为"红头贼"，粤剧行会会馆也先后被清兵查封、夷为平地。粤剧，处于灭亡的边缘。

在这种残酷的局势下力挽狂澜，保存下粤剧火种的那个人，名叫徐癸酉。他也曾经参与过李文茂组织的反清斗争，后来改名为兰桂。为了使粤剧留存下来，兰桂决定偷偷开设戏班并收徒。他在广州十三行富商之一——伍紫垣的伍家花园内，以家庭娱乐活动的名义开办庆上元童子班。童子班招收了一大批十来岁的孩童学习粤剧基本功，并时常排练剧目。

粤剧

天地会造反活动被清兵肃清后，清廷对粤剧的禁令有所放松。这时候，庆上元童子班立即开始组织登台演出。在这个班底里，出了不少粤剧界的知名人物。著名的小生杨伦、武生新华等人都是庆上元班出身。

除此之外，兰桂晚年时还提出再次建立粤剧行会组织。他留下遗言，要求徒弟们在广州城内西关地区重建会馆。邝新华、独脚英、林之等遵从师命，捐资建馆。八和会馆最终落成，票友们点戏听戏、粤剧红伶们竞相登场，正可谓"火树银花不夜天"的娱乐之地。另外，八和会馆还设立了方便所、养老院等机构，为没有子女供养的老艺人提供医疗与食宿。今天的八和会馆，是在抗战胜利后重建的。当你来到这里，千万不要忘了：曾经有一位叫兰桂的伶人，为了保全粤剧而做出的努力与牺牲……

八和会馆

粤剧演员的胡须装扮都有哪些讲究？

粤剧演员的胡须，对于表现其所扮演角色的特定情绪有很大的关系。传统粤剧中，胡须的颜色一般包括黑、白、苍、红、五色等，其中五色胡须是粤剧里特有的品种。胡须的形状也分为很多种类，例如满胡、五绺、三牙、扎、吊口、牙擦须、一字龙等。

在通过胡须进行表演时，要配合角色不同的身份、不同的境遇来作出不同的动作，这些动作多种多样：捋、挑、抖、揽、拨、扬、吹、摊、撕、咬、弹、推、捻……武生一般采用的表现技巧是捋、挑、扬、吹、抛、弹等，而花面则多用撕、揽、推、拨、咬等。丑生最为简便，只需要捻须即可。

通常情况下，挂黑须的演员多表示角色正处于中年、壮年，全身心都扑在了生计与功名之上；挂白须的则表示已步入老年，成就累累，踌躇满志，时常惜须燃须。以胡须来表现人物情绪最具有代表性的粤剧剧目，就要数《打宫门》了。在表演《打宫门》时，演员要跪着上殿劝诫君王。每膝行一步，就要抛一次胡须。直到抵达宫门口，皇帝却大门紧闭，不愿见他。于是他揽起胡须，自右向左拍打宫门，又用头撞将上去，完成死谏的使命。这出戏的精彩，可以说与胡须的功夫密不可分！

你知道粤剧戏服的发展历程吗?

早期的粤剧戏服,并不是舞台专用。与其他戏种多以明代服饰作为戏装不同,粤剧戏服别具一格:男女角色戏服样式都采用广绣长袍,阔口中袖,看起来与生活中的装扮差不了太多,这种设计,是基于表演时对宽松自由、不受拘束的追求而确定的。后来,粤剧戏班为了使戏服更好地与表演技艺相互衬托,又引进了水袖、板带等京剧中特有的服饰与装扮。到20世纪30年代,为了吸引观众,部分粤剧戏班引入了珠筒、胶片戏服,更有甚者,还在戏服上挂满了小灯泡,钉上了金属板……这些对华丽的追求并没有长久地保存下来,因为它让表演者更加束手束脚,违背了粤剧的艺术规律,最终被淘汰。

粤剧戏服

传统的粤剧戏服,是非常类型化的。在粤剧行业,有句话叫做"宁穿破莫穿错",它说的是即使一套戏服再破旧,也不能无视它特定的角色种类,选用其他角色的专用戏服来替换。各种"木兰扣""宝玉装"等极具角色个性色彩的粤剧戏服的出现,就是这句话的最佳诠释。

除粤剧服装外,还有各种道具用于表演搭配,例如福儒巾、水火棍、广东跷、雷公翼、日月牌等。它们构图饱满,图案生动,色彩浓烈,具有热烈明快的岭南文化特征。

南派粤剧与少林武技有什么关系?

与一般粤剧相比,南派粤剧有粗犷豪放、火爆热烈的特点。台上的演员功底扎实,以做功见长。一招一式,都讲究神形皆备,各种大幅度表演动作使得表演现场气氛激昂非常。

南派粤剧的此种特点是怎么来的呢?据史料记载与老一辈艺人回忆,

这与少林武技脱不了关系。清乾隆年间，福建武术行会组织少林派反清，被清兵残酷镇压。寺中武僧至善禅师以及武师方世玉、洪熙官等人从兵乱中逃出生天，来到广州。

因世传粤剧伶人均系爱国志士，至善禅师、洪熙官遂选择粤剧红船作为藏身之地。在长时间的共同生活中，至善与洪熙官的真实身份被粤剧伶人所知晓。于是，他俩开始教导粤剧戏班练习少林武技，刀枪棍棒无不一一教习。当时接受少林武技真传的第一批伶人，最后成为了名噪一时的武打名角，比较有名的有梁二娣、公爷福等。经过数十年的相互传授，少林武技的种子渐渐地与粤剧表演密不可分。南派粤剧中著名的"六点半棍法"与"十八手罗汉伏虎拳"都是从那时候传来的。

在过去，粤剧舞台上用的兵器都是真刀真枪。这些兵器，轻则十余斤，重则有三十多斤，在台上厮杀起来虎虎生风。正因为有了少林武技的加持，南派粤剧中的《武松杀嫂》《鲁智深出家》《林冲夜奔》等剧目才深入人心。如今南派粤剧虽然不再使用真刀真枪，但其威武凌厉、气势宏大的特色却没有丝毫消减。喜爱热闹的观众，不妨前去一探究竟，在戏曲形体表演中，感受多年前少林武学的辉煌。

粤剧有哪些经典剧目？

粤剧剧目数量众多，题材广泛。传统剧目讲述的大多是帝王将相、才子佳人以及草莽豪杰的故事，其主要来源有四个方面：一是宋元明清的南戏、杂剧以及传奇故事，例如《西厢记》《搜孤救孤》等；二是外地戏班进入广州后带来的剧目，如《江湖十八本》；三是本地粤剧艺人吸取外地戏班的提纲戏，再加入自己本地特色经过加工及重新编排后形成的剧目，如《新江湖十八本》。最后就是根据本地民间的传说及稗

《紫钗记》

官野史自行改编的剧目,例如《王大儒供状》《山东响马》等。

在粤剧体系中,有部分内容成为了传统的例戏,《六国大封相》《天姬送子》《祭白虎》《玉皇登殿》等都是有名的例戏。另外,还有的剧目由于深受观众喜爱,除在戏剧舞台上活跃之外,还被人们拍摄成了电影、电视剧甚至话剧、音乐剧。例如《帝女花》《紫钗记》《窦娥冤》《花田八喜》等。当然,粤剧界最为经典的作品绝对是粤剧《梁祝》,它可是被列入第一批国家级非物质文化遗产名录的经典剧目呢!

哪些歇后语是从粤剧中诞生出的?

在粤剧的发展历程中,诞生出无数有趣又好记的歇后语。现在就和作者一起,来领略一下粤剧中歇后语的趣味吧:

◎ 二花面颈——当堂火爆

二花面一般饰演张飞、李逵等脾气暴烈的人,而"颈"在广州话里则是脾气的指代。这句歇后语,一般用来形容性格急躁的人。

◎ 七姐翻宫装——花样诸多

粤剧有一出名戏叫《仙姬送子》。在这出戏里,各位仙女穿在身上的戏服能够当场翻转,变成另外一种颜色。人们用它来形容某人花招迭出,正如"七姐翻宫装"一般。

◎ 八仙贺寿——老排场

《八仙贺寿》是粤剧例戏之一,往日戏班日场经常表演这出戏。后来,"八仙贺寿"就用于比喻表演简单、重复,没有新意。

◎ 六国大封相——尽地出齐

《六国大封相》是展示全班组阵容及行当艺术的一出例戏。"六国大封相——尽地出齐"常用以形容应有尽有、和盘托出。

《六国大封相》

◎ 包天光——挨时候

过去乡下表演粤剧，一天分三场。白天的叫"正本"，上半夜的戏叫"出头"，从半夜两点到清晨的戏叫"天光戏"。这种表演体系主要是考虑到远道而来的客人，他们看完"出头"后不用再赶夜路回家，可以留在戏棚里。既能看戏，也能睡觉。正因为天光戏没有多少认真看的观众，故而戏班子对天光戏都比较敷衍。挨到天亮，大家散场了事。这句歇后语也应运而生了。

◎ 戏棚官话——唔咸唔淡

早年间，粤剧演唱时都要使用一种奇特的方言，既不像普通话，又不是广州话。这种话被称为"戏棚官话"，后来戏棚官话就被人们用来形容在生活中遇到的不伦不类的事物。

通过脸谱猜角色，你能做到吗？

与其他兄弟剧种相似，粤剧表演里，脸谱也是用于凸显人物性格十分重要的一部分。粤剧脸谱分红面、白面、金面、五色面等多种画法，不同的画法，有着不同的象征意义：

◎ 白面

白面是用白色作为主色调勾画的脸谱，在粤剧表演中一般象征多疑、狡诈的角色，例如《凤仪亭》里的董卓以及《华容道》里的曹操。

◎ 红面

红面则以象征正直、忠诚的红色作为主色调，粤剧中用红色脸谱的角色几乎都是戏里的正面角色，如关羽、孟良等。

粤剧脸谱

◎ 金面

金面象征着角色的威严与勇猛。一般而言，番邦大王、将军、神怪、

妖魔等异于常人的角色就会画上金面，比较出名的金面包括白蛇传里的塔神一级双枪陆文龙里的金兀术。

◎ 黑面

黑面是粗猛、豪放的代名词。张飞、包公等人物都会用黑面来表示其性格中刚烈、忠勇的特点。

◎ 五色面

五色面是用五种及以上颜色画出的脸谱。粤剧中的五色面多采用金色、蓝色、红色、黑色以及白色勾画，偶尔也会选择性地使用黄色、紫色等作为点缀。五色面的角色多为妖魔鬼怪或下凡神仙，通过驳杂的色彩，展示角色的神秘。

◎ 象形面

象形面一般用来表现剧里的动物或动物幻化成的人型。它会把每个动物的面部形象图案化，力求观众能一眼看穿这个角色是哪种动物的原型。例如《孙悟空大战铁扇公主》里的牛魔王，就要采用象形面来勾画。

◎ 阴阳面

在画阴阳面的时候，要将演员的眉心、鼻梁作为一条面部的中轴线。在中轴线两侧，分别画出截然不同的图案和色彩。这种色彩用于表现角色独特的生理特征，例如《钟无艳三气齐宣王》中的知名丑女钟无艳，她的角色就需要顶着一张"阴阳面"完成整场表演。

◎ 豆腐润

豆腐润是指在演员脸上鼻眼之间画上一小块白色方形，用于表示丑角。由于这块油彩看起来跟豆腐差不多，故而得了个"豆腐润"的诨名。贪官、花花公子这种角色，一般就要用到豆腐润来刻画。

为什么说岭南画派融汇中西？岭南画派代表作是什么？

岭南画派与粤剧、广东音乐一起，被人们称为"岭南三秀"，它是我国绘画史上一个重要的民族流派，创始人为"二高一陈"（即高剑父、高奇峰、陈树人）。

实际上，我国岭南地区的绘画艺术发源相当早。在新石器时代的彩陶当中，已经能够发现一些构图比较简单的图画了。但如果从传统的中国画意义上来说，岭南画派只能追溯到明清时期。那时候，岭南画坛名家辈出，初步有了自己的特点。到近代，西洋画法从国外传入中国，岭南地区的画家们就开始了中西结合的尝试。例如19世纪的居廉、居巢，就将工笔画和没骨画法融为一体，还创造性地采用"撞水""撞粉"的手段，描绘岭南各色风物，确立了自己的风格。而"二高一陈"则在20世纪20年代开始从事中西绘画融合的试验，画出了不少新国画。抗日战争爆发后，岭南画家黄少强更是一连创造了多幅以抗战为主题的绘画，并举办了一系列画展，例如"国难展览""战地归来展"等，通过岭南画派的绘画来达到"艺术救国"的目的。

岭南画派最为著名的作品应该要数关山月与南京国画大师傅抱石联合创作的巨幅山水画了。这幅山水画要挂在北京人民大会堂当中，受到了毛主席、周总理的格外重视。周总理曾经对两位画家表示：要把这次任务作为一项政治任务来完成，还主张将绘画地点选在故宫当中。

两位画家研究后，呕心沥血创作出《江山如此多娇》这幅山水大画。从远处看，有白雪皑皑；从近处看，有江南山川；黄河长江贯穿全画，一轮红日正从东方冉冉升起……这幅画自创作完毕后就一直被悬挂在人民大会堂正厅内，后来还成了老百姓家家户户的年画。

江山如此多娇

岭南古琴知多少

古琴，是中华民族最古老的弹拨器乐之一。在漫长的时间河流中，古琴艺术发展出了许多流派，各个流派都有其特有的风味。在广州及其周边地区，诞生了岭南派古琴艺术。让我们一起来看看岭南派古琴艺术的前世今生吧！

广州的民俗特色

岭南的古琴早在秦代时期就已经传入了，汉代时期，这种乐器逐渐在广州流行开来。一大批有名的古琴演奏家如雨后春笋般涌现，例如南北朝的侯安都、五代十国的陈用拙、明代的陈子升、陈子壮等。清朝道光年间，岭南流派正式形成。它以黄景星为代表，诸如何洛书、郑健候等名家也前赴后继，活跃在岭南古琴的舞台上。现当代，岭南古琴艺术则要推杨新伦、谢导秀等人为代表了。

岭南琴派收藏了不少著名古琴，其中"绿绮台""春雷""秋波""天蠁"被誉为岭南四大名琴，它们都是从唐代流传下来的。另外，还有"水仙""松雪"等名琴，光是看这些古琴的名字，都让人觉得心旷神怡。

岭南古琴

在岭南，古琴名家们保存下一大批珍贵的曲谱，包括《怀古》《双鹤听泉》《平沙落雁》等。这些曲目不论是标题还是音乐节奏，都体现出了清、微、远、淡的意境。而岭南古琴的演奏手法，则具有古朴、刚健的特点。它与曲目风格一并构成了岭南流派的基本艺术特征。

2008年，岭南派古琴艺术被选入了第二批国家非物质文化遗产名录，它是岭南地区历史及文化的宝贵见证。

广州人为什么要舞貔貅？

舞貔貅，又被称为舞客家猫，在广州增城等地民间广为流传。这种活动起源于明末清初，彼时大量的客家人迁徙来到了增城，也将貔貅舞一并带来。到现在，已经有300多年的历史了。

貔貅舞的道具主要采用泥巴和纸张做成，身子长，脑袋圆。貔貅长着一张猴子的脸，但远远看去，又像猫头多一些。此外，貔貅还能分出长幼男女。如果舞会上是一大一小两只"猫"一起跳的话，就表示其中一只是猫妈妈，另一只是小猫；如果只有一只"猫"，则说明这是只公猫。

表演貔貅舞，实际上讲的是西游记中唐僧师徒在取经路上降服妖狮，为客家人驱逐瘟疫的故事。在整个表演过程中，一共会出现三个角色：带上娃娃头造型的沙僧、装扮成猴子的孙悟空以及三个演员共同扮演的貔貅。跳貔貅舞之前，表演者要先行朝拜四方的土地神。参拜完毕后，沙和尚一手拿着蒲扇，一手拿着树叶，逗弄貔貅入场。孙悟空，也随之进入表演场地。貔貅在锣鼓的伴奏之下，与沙僧、悟空一起完成跳跃、拜山、出山、逗猴、采青等动作，气氛分外热闹、诙谐。

舞貔貅

广州人舞貔貅一般在家有喜事、逢年过节以及开店铺、建新房的时候进行。它蕴含着喜庆吉祥的意义，表达了广州人祈求好运、驱邪避祟的美好心愿。

鳌鱼舞背后的传说

在广州市番禺区的沙湾、渡头、龙岐、西村等地，流传着一种独特的舞蹈艺术——鳌鱼舞。相传古时有一个书生，遭逢海难，掉进了水中。水里的鳌鱼，奋力将书生救了起来。这名书生得救后，高中状元，独占鳌头。再后来，书生羽化成仙。为了报答鳌鱼的救命之恩，书生来到自己蒙难的大海边，指点鳌鱼，使得鳌鱼也位列仙班。从那以后，鳌鱼被当地人奉为了保护神，人们坚信鳌鱼可以获取功名。每隔九年，当地人便会组织一次历时三天的鳌鱼会。在鳌鱼会上，演员们将通过跳鳌鱼舞把关于鳌鱼的传说表演出来。

鳌鱼舞的主要道具是用竹篾编织成的，约有五尺长，讲究一雌一雄。

鳌鱼舞

两只鳌鱼的造型均头角高耸、虾眼高鼻,仅在部分细节中有所区别:雌性鳌鱼的尾巴像茨菇叶子,全身鳞片是银色的,身下系着一条绿色绸裙;而雄性鳌鱼的尾巴则像茨菇花一样,全身金鳞,绸裙采用了与绿相对的红色。跳鳌鱼舞时,舞者要将自己的身体套进竹篾道具中间,肩膀托举起整条鱼的身体,双手则紧握把手,通过身体各个部分的动作来操纵鳌鱼的姿态及鱼口的开合。伴随着热烈明快的锣鼓声,书生在鳌鱼中间不断穿插。整个表演可说极尽生动,既活泼又意趣盎然。

为什么广州双岗不舞狮?

双岗村位于广州市黄埔区大沙镇,村民多姓区。据说区氏远祖属狮形,村落又背靠着狮山,故而双岗村自古以来就不准舞狮,以求避讳。那么,双岗村村民要如何表达自己的喜悦之情呢?以凤代狮的舞凤习俗,就这样诞生了。

每逢秋收冬藏的农闲时节,双岗村就会开展舞凤活动。凤是用硬纸板加以绸缎、碎布、羽毛,再涂上颜料和油漆做成的,形状跟一只大公鸡十分相像。体积则非常巨大,可与一头新生牛犊媲美。这只彩凤要让两名年轻人操纵表演,另外需一伙管弦演奏技巧娴熟的青年人边奏乐、边唱曲,作为舞凤的背景音乐。舞凤队伍后面,则跟着一拨八音锣鼓和唱曲艺的表演者,他们化上装、穿上戏服,轮流演唱。

除双岗村之外,舞凤队伍还会沿途到各个有亲缘关系的其他村落演出,同时也算作探亲。用舞凤这一艺术形式来访问亲朋,一同欢聚。每当舞凤队伍来到一个村庄,村里的人都会热情款待。大家争相观看舞凤表演,欢乐得如同庆祝盛大节日一般。通常情况下,双岗村的表演路线从双岗到庙头、南湾,再经过沙涌、萝岗、龙眼洞、石牌等地,最后返回双岗村。这样一来,舞凤队伍在外表演的时间长达十来天,沿途简直比舞狮还要热闹呢。

广州的美食特产

"生在苏州，住在杭州，食在广州"，这是清末民初在民间流传的一段概括理想人生的幽默民谚。这段民谚中，将广州放在了"烹饪王国"的位置上。广州美食的精细程度可见一斑。在漫长的岁月里，广州人民凭借着食材的繁多新鲜、技巧的传承吸纳，创造出无数道闻名中外的菜式，使粤菜成为广州一大招牌。

当你来到广州，漫步在它那繁荣的街头，你可以深切地感受到它那兴旺非凡的饮食业：茶楼酒肆林立，各类传统糖水铺、小吃摊琳琅满目，无论是干炒牛河、糖不甩这种街头小食，还是烤乳猪、白云猪手这类上得厅堂的硬菜，都能让你吃得停不下来。

除美食以外，广州彩瓷、广绣、岭南绘画、广式宫灯等造型精美、做工细致的特产，也是广州驰名中外的一大名片。广州的美食和特产，吸引着海内外游客络绎不绝地来到这里，让它的旅游业发展得愈发昌盛。

广州的美食

广州菜有什么样的特色?

广州菜是粤菜的代表,又称为广府菜。它聚集了南海、番禺、东莞、顺德、中山等地风味特色,注重质与味,品种繁多,在广东、香港、澳门、广西东部等地区颇为流行。

广州菜的发展,有两个高峰时期。第一个高峰期是明清时期,彼时广州菜吸取了中外菜肴的精华,使自身得到了迅速的发展与提高,又随着华侨足迹,走向欧美国家;另一个高峰期,则在近代。近代的广州,受到了西餐影响,吸收了许多西方的烹调方式。一大批中菜西做、中西合璧的菜品如雨后春笋般涌现出来,令广州菜更具特色:

◎ 选料

广州菜选料非常驳杂,不论是天上飞的、地下跑的,还是洞里钻的、水里游的,都可以作为菜肴。例如高档的鱼翅、燕窝等可以上餐桌,而令人生出畏惧之心的蛇、猫、虫等物一样可以上餐桌。在北方人眼里,那些不屑一顾的鱼头、鸡脚,来到广州后竟然就成为了锅里进补的汤料。除了选料范围广之外,广州人还讲究用料鲜活、"生猛"。他们笃信,只有用最新鲜的食材,才能做出最美味的菜肴。

◎ 烹调

广州人的烹调手法多种多样,煎、炒、炸、蒸、炖、焗、烩一个也不落下。在烹调过程中,广州人最为看重的要数火候了。根据食材性质与口味的不同，要作出猛火、中火、慢火和微火的区分。例如炒青菜时，需要猛火；炖汤时，就要用微火。对火势的细分，使得广州人做菜口感层次更加丰富。

◎ 味道

不同于北方菜的重油重盐，广州菜追求的味道是清淡、鲜美、爽滑。广州名菜中的白切鸡、白灼虾等，均采用最简单的制作手法——把食材蒸熟，在蒸的过程中，一点佐料都不加。吃的时候，再配上用酱油、葱姜等调制成的蘸料，最大限度地保留食材的原汁原味是广州人做菜的目标。

◎ 菜品

广州人对广州菜中的汤水十分重视。他们认为，"宁可食无菜，不可食无汤"。先汤后菜，更是广州人举办宴席的既定格局。有许多靓汤，是只有在广州地区才能喝到的：三蛇羹、西洋菜猪骨汤、冬虫草竹丝鸡汤……这些靓汤根据时令而改变，每个季节都有适宜饮用的独特的汤水。各种汤品，均口味鲜美，营养丰富；它们已经成为了广州菜的一张名片。

◎ 造型

除了口味之外，广州菜还追求造型。许多广州大厨都有一手好刀工，能够将食材雕刻成各种千姿百态、栩栩如生的花朵或者山水风景。在吃饭时，一边品尝美味佳肴，一边观赏盘内风光，味觉与视觉都得到了美的享受，堪称一种艺术。

广式早茶的"四大天王"有哪些？

众所周知，广州人非常热衷于喝早茶。在喝早茶时，有四大件是一定要点的。这四大件被广州人称为"四大天王"，它们代表着广式早茶美食的精髓：

排名第一的，当然是虾饺。虾饺是广州人饮茶必备之物，它起源于20世纪20年代后期的海珠区五凤村。五凤村与河涌毗邻，人们经常在

岸边捕捉鲜虾。鲜虾出网后，剥出鲜肉，与猪肉、竹笋等一起剁成馅料，用淀粉裹一裹，上屉蒸。蒸出来的虾饺，味道鲜美，汁液饱满，很快就在广州地区流行起来。一份上乘的虾饺，皮像纸一样薄，像冰一样白，透过饺皮，还能隐隐约约地看到里面包裹的肉馅——这样的虾饺咬一口爽滑鲜甜，非常诱人。

屈居榜眼之位的，则是干蒸烧卖。广州的烧卖与北方的烧卖同源，但经过多年来的精细化改造后，有了自己的本土特色。一般说来，干蒸烧卖分为猪肉和牛肉两种。制作时，将肉类去掉筋，剁碎后配上姜汁、马蹄、笋粒等，滋味肥美动人。

另一位早茶天王，要数叉烧包了。叉烧包主要讲究馅料，一定要用半肥瘦的叉烧粒和叉烧酱互相混合。它的直径大小约为五公分左右，蒸熟后顶端稍微裂开，露出中间的叉烧馅。趁热吃下，美味可口。叉烧包在广州不仅仅是一种小吃，还象征着家庭的团结与和谐。但近年来，年轻的广州人还赋予了"叉烧包"另一个定义——他们用叉烧包来形容思想不敏捷、行动迟钝的人。

最后一位天王，是蛋挞。蛋挞的来历有争议，有人说蛋挞最初起源于中世纪的英国，那时候的英国人，早就开始利用奶品、糖、蛋以及香料来制作类似蛋挞的食品了；也有的人认为蛋挞是我国17世纪满汉全席中的一道菜品。按照皮来分类，蛋挞一般分为牛油蛋挞和酥皮蛋挞两种。前者的皮比较光滑，有曲奇味；后者口感比较粗糙，皮较厚。现在，有很多茶楼推出了各种新型蛋挞。他们在蛋挞里加入了水果、牛奶，还有的茶楼甚至将雪蛤、燕窝等名贵材料也放置在蛋挞内，口感比过去更为丰富多彩。

如意果是什么小吃？

如意果的学名叫糖不甩，是广州传统名小吃之一。它乍看起来跟汤圆差不了多少，但与汤圆又有不同之处：汤圆是以糯米粉包裹馅料后放入滚水中煮熟吃的食物，而糖不甩则直接把糯米粉搓成圆球在铁锅中用滚热的糖浆煮熟，再撒上花生碎、椰丝、白芝麻或煎蛋丝即可食用。

最早的糖不甩出现在清朝。有人认为，它的由来跟吕洞宾有关。相传清道光年间，鸦片在广东一带泛滥成灾。吕洞宾听说后立志普度众生，他设法将治疗毒瘾的仙丹放入蒸熟的糯米粉丸里，配上糖浆，煮成一碗又一碗的糖不甩，拿到街头贩卖。人们吃了糖不甩后，果然戒掉了鸦片流毒。这款小吃，从此就在广东流传开来。

如意果

糖不甩在广州与男婚女嫁一事有着千丝万缕的联系：旧时广州地区嫁娶比较保守，一般都是媒人介绍互相撮合，少有自由恋爱。当媒人带着男方上女方家拜访之时，如果女方家长看中了男方，就会给男方煮上一碗"糖不甩"，寓意着好事"甩不掉"。但如果女方用加了打散的鸡蛋花的腐竹糖水的话，则意味着这门亲事就此散掉了。

你知道干炒牛河的由来吗？

河粉又叫沙河粉，源于广州沙河镇。在炒制河粉时，如果加了芡汁，就是"湿炒"做法；如果不加芡汁，则是"干炒"。"干炒牛河"即是用豆芽、河粉和牛肉干炒而成的，属于广州特色传统小吃之一。

据说抗日战争时期，广州沦陷之前，只有湿炒河粉。广州沦陷之后，干炒牛河才出现在人们的餐桌上。那时汪伪政权在广州招募了大批流氓地痞，将他们组成"侦缉大队"，负责对普通市民进行监管。某天晚上，一个侦缉大队的队长带着手下来到许姓人家经营的大排档吃夜宵。队长和手

干炒牛河

广州的美食特产

179

下点了炒牛河，但是那晚大排档的生粉刚刚用完，没有办法勾芡汁，做不成这道菜。于是，仗势凌人的大队队长开始对着许氏母子发难找茬，许母在队长的刁难之下灵机一动，让儿子先炒牛肉，再加入酱油炒河粉，最后撒上豆芽和韭黄，试图将队长应付过去。没曾想，侦缉大队队长吃完后，对许氏母子的手艺赞不绝口。后来，许氏母子发现这种做法非常受人喜欢，便在自家店内进行推广。一时间，许氏大排档门庭若市，挤满了要来一尝干炒牛河美妙滋味的市民们。从此，干炒牛河就在广州发扬光大了。

艇仔粥是如何得名的？

艇仔粥是一种由多种食材精心熬制而成的粥品。它的原料包括鱼片、炸花生、小虾、蛋丝等，有的艇仔粥中还会加入海蜇。吃的时候，配以葱花、麸皮、油条屑等辅料，味道鲜甜香美。最早的艇仔粥发源于广州荔枝湾。由于荔枝湾有着著名的羊城八景之一——荔湾晚唱，故而吸引了大量游客来此游玩。在荔枝湾河水上，无数小艇穿梭往来。有一种小艇，专门供应粥品。别船游客或岸上顾客下单后，小船便一碗接一碗地把粥品递送过去。渐渐地，这款粥品就获得了"艇仔粥"的美名。

艇仔粥

艇仔粥滋味鲜香，营养丰富，受到了广大广州人民的欢迎。基于对艇仔粥的热爱，有人为它的诞生编织出一段动人的故事：相传古时候有个叫金水的女孩儿，生于船上人家。他的父亲曾经捕捉到一条鲤鱼，但金水不忍心杀它，将其放回了水中。几年后，金水父亲重病缠身。伤心欲绝的金水姑娘来到江边，祈求有神灵庇佑。此时，从水中升起了一位仙女。仙女告诉金水，自己就是多年前她放生的那条鲤鱼，如今前来报恩。

只要金水用鱼虾熬成粥，再加些脆香的小菜拿去贩卖，一定能够大受欢迎。卖粥得来的钱，就可以给父亲请大夫了。金水听从了鱼仙的话，她做的粥果真风靡一时。父亲的病，在大夫的治疗下，也渐渐地痊愈了。金水姑娘做的这种粥，就是今天的"艇仔粥"。

艇仔粥在广东各地的粥品店都是菜单上必备的菜品。无论是街头小店，还是五星级大酒店，你都可以看到艇仔粥的身影。艇仔粥的美味程度，由此可见一斑。

白云猪手是如何名扬天下的？

白云猪手是广州特色名菜之一，在任何一家广州酒楼的菜单上，你都可以看到白云猪手的身影。白云猪手要先将猪脚毛甲去尽，再用沸水反复蒸煮，直到猪脚软烂之后，再浸入用白醋、白糖、精盐制成的酱料里，泡制6小时以上。要吃的时候，直接去碗里夹取即可，美味与方便并重。如果配上瓜英、锦菜、红姜、酸藠头等制成的五柳料，则更有一番风味。

白云猪手的美味，有一段传说可作为旁证。相传古时候，白云山上有座庙。庙里有个小和尚，他从小爱吃猪肉，有嘴馋的毛病。出家以后，他在寺庙里从事为师

白云猪手

傅们煮饭的工作。某日，小和尚馋虫上涌，没法控制自己。他背着外出的师傅，偷偷地在集市上买回许多最便宜的猪手。当小和尚正准备放猪手下锅时，师傅却突然回来了。他没有办法，只好把猪手扔到了寺庙背后的清泉中藏起来。几天过去，师傅终于再度外出。小和尚赶忙来到清泉边上打捞猪手。原本，他以为经过这些日子，猪手会腐烂，然而泉水中的猪手却并无任何怪味，反而显得更加白净了。小和尚捞起猪手，放到锅里，加入糖与白醋一起煮。煮熟后，发现它们在肥美之余，不显油

腻。小和尚从此一发不可收拾地开了荤，还引得庙里的其他和尚跟着他一块儿破了斋戒。这段故事传到民间后，人们也如法炮制，学得了白云猪手的制作方式。就这样，白云猪手扬名天下了。

你知道鸡仔饼的由来吗？

鸡仔饼，原名"小凤饼"，是广东四大名饼之一。鸡仔饼在清朝咸丰年间的广州，诞生于一名叫小凤的婢女手里。那时候小凤是伍紫垣的婢女，某天主人预备接待外地来客，却碰巧遇上点心师傅休假。于是，主人要求小凤做一款广东点心来招待客人。由于家里没有准备食材，小凤便前往成珠楼，把成珠楼常年储存的梅菜加上五仁月饼馅搓烂，再混入糖制肥猪肉等物，拌好后用饼皮包裹，放入炉中烘烤。客人吃了小凤做的点心，觉得那咸中带甜的滋味十分独特，大加赞赏。因为这款点心出自小凤之手，故而当客人问起点心名称时，主人随口说道："它是小凤饼"。小凤饼，就这么诞生了。后来，因为小凤饼形状很像雏鸡，遂又得了个"鸡仔饼"的美名。

鸡仔饼

广州的鸡仔饼外脆内软，特别有嚼头。不论是皮薄的、皮厚的，馅少的、馅多的，都各有各的风味。拈起一枚鸡仔饼送到嘴边，再一口咬下去，那种美妙的感觉就像在香料库中点燃了一枚炸弹，所有的味蕾都燃烧了起来：芝麻香、蒜蓉香、肥肉香等味道劈头盖脸地袭来，咀嚼时间越长，越能够体会到它那种多层次、多滋味的好处。

市桥白卖不花钱就能吃到吗？

白卖白卖，顾名思义，就是不花钱的买卖。然而市桥白卖却并非如此，它是广州市番禺地区的一款著名小吃。

市桥白卖，乍看之下跟大家平时吃的烧卖差不多。但咬上一口，就知道它与普通烧卖的区别了：平日里的寻常烧卖，一般是黄色烧卖皮，用虾仁做馅；而市桥白卖，则选用的是白皮，内里包着鲮鱼肉作为馅料，口感滑而不腻。你能吃到鱼肉的香味，却尝不出半点腥味，吃完后，可谓齿颊留香。

由于广州番禺地区水网交错，河鲜丰富。白卖，故而成为了番禺家家茶楼必卖的小吃之一。后来随着时代的发展，番禺人民生活方式的变化，打捞河鲜的人越来越少，白卖也一度销声匿迹。后来，市桥白卖被评为百种广东传统特色小吃之一，广州饮食界也在尽力恢复市桥白卖的地位，相信它不久之后就能再现广州人的餐桌上啦！

诞生在湖南的云吞面是怎么传入广州的？

一说到云吞面，大部分人都会自动把它归为广州名小吃的范畴之内。然而，鲜为人知的是，云吞面并非起源于广州。

广州人说的云吞，其实就是北方人口中的馄饨。在唐宋时期，馄饨从湖南传到广州。云吞面来到广州的时间则更晚，要追溯到清朝的同治年间。那时候，有个湖南人来到广州，在双门底开了一家"三楚面馆"。这家面馆专卖面食，其中就有云吞面的踪影。不过彼时的云吞面做得极为粗糙，用面皮加肉馅配上白水汤即成。后来，经过店主的几次改良，云吞面的做法得到了长足发展：用鸡蛋液和面做成云吞皮，再包上用肉末、虾仁和韭黄做成的馅料。煮上竹升打的银丝面，就成为今天我们饭桌上的云吞面了。

云吞面

虽然云吞面不是广州本土诞生的小吃，但广州人对它十分热爱。云吞面逐渐成为了广州饮食文化中的一个符号，吃面时，也多出来许多讲究。

云吞面中的面，一定要用面粉加鸡蛋做成，一点水都不用。这样做出来的面才能饱含韧劲。云吞，则一定要选用整个新鲜虾球，吃起来才爽滑有弹性。云吞面的汤，也丝毫不能马虎。必须要用柴鱼虾壳熬制，绝对不能加味精。另外，韭黄是绝对少不了的配菜。这样一碗云吞面，口感鲜香清脆，非常诱人。

为什么萝卜牛杂要站着吃？

在广州民间，有这样一种说法：认识广州，就得从萝卜牛杂开始。萝卜牛杂已经有二百多年的历史了，它最初诞生在广州西关地区。制作时，先将牛心、牛肝、牛肚、百叶等切成条或块状，再将它们与沙姜、肉桂、草果、陈皮等香料一同放入开水中炖煮。牛杂煲好后，即可放入萝卜，用小火慢炖半个小时。萝卜炖软后，即可出锅了。

在广州街头漫步，可以看到很多贩卖萝卜牛杂的小店。不论是繁华的北京路，还是破旧的小巷子，都能找到那些站在店前捧着小碗、捏着竹签吃得油光满面的食客。萝卜牛杂，简直能称得上是广州人的挚爱了。

萝卜牛杂

萝卜牛杂是从哪儿来的？为什么人们都爱站着吃呢？原来，这与清末民初，生活在广州的回民有关。那时候回民想要吃肉，是非常不容易的。有地方宰杀水牛，回民们往往奔走相告。回民厨师阿德，发现人们宰牛后将心、肝、肺、肚全部丢弃，觉得特别可惜。于是他将别人不要的内脏带回了家，又买来廉价易入味的萝卜，配上五香调料用小火慢慢煨，最终创造出萝卜牛杂这道名菜。吃萝卜牛杂时，将其剪碎蘸上辣椒酱，任何一个回民都难以抵挡其滋味的诱惑。萝卜牛杂渐渐地从回民圈传到了广州本地居民生活中，一时之间，广东各地都开起了大大小小的店面，个个门庭若市，生意火爆，许多客人只好站着吃。后来，站着吃萝卜牛杂，就成了一项传统的固定模式。

嫁女饼与刘备娶妻有什么联系？

嫁女饼是广州地区常见的一款小吃。相传，嫁女饼与三国时期刘备娶妻有联系。当年，孙权为了收回刘备手中长借不还的荆州，在谋士中间广纳计谋。最终，孙权接受了周瑜想出的"美人计"，他谎称要把自己的妹妹嫁给刚刚没了老婆的刘备，以此为由要接刘备到东吴去成亲。刘备将计就计，一踏上东吴的土地，就命令自己手下的兵士四处派送礼饼，宣称即将与孙权妹妹结婚。这桩喜事，通过广泛派发的礼饼弄假成真。嫁女饼的习俗，就这样逐渐流传开来，直到今天。

嫁女饼有黄色、白色、红色、橙色四种颜色。不同的色彩，寄托着不同的寓意。黄色嫁女饼，是用豆蓉做馅料的，比喻皇族、贵气；白色嫁女饼，用爽糖做馅料，象征女方的贞洁；红色嫁女饼，用莲蓉做馅料，渲染出喜悦的气氛；而橙色嫁女饼，则选择豆沙或者椰丝做馅料，寓意小两口婚后生活幸福美满。四色嫁女饼，代表着亲朋好友对新人的祝福。直到现在，老广州人为儿女操办喜事时，都会准备许多嫁女饼，以图个吉利。

嫁女饼

正宗广州烤乳猪有哪些讲究？

"色同琥珀，又类真金，入口则消，壮若凌雪，含浆膏润，特异凡常也"——一千四百多年前，贾思勰在《齐民要术》一书中，郑重其事地记载下了当时中国人民精湛的烤乳猪技术。其实，烤乳猪在西周时期就被列入了"八珍"之一，以"炮豚"的名称记录在典籍当中。发展到今天，这道菜已经成为了"满汉全席"中的主打菜肴，也是广州人生活中必不可少的特色菜。

烤乳猪的来历，要追溯到上古时期。那时候中国生活着一个打猎能手，以猎取野猪为生。他与妻子育有一子，起名火帝。火帝是个勤劳的孩子，他经常主动给父母帮手。在父母进山打猎之时，火帝就在家饲养猪仔。一日，火帝捡到了几块火石。他玩心大起，带着火石来到猪圈附近敲打，结果火星引燃了猪圈，火势熊熊。彼时火帝年纪尚幼，不知道火灾的可怕后果。他被柴草燃烧的噼里啪啦的声音及乳猪烧死前的嚎叫惊呆了，没有采取任何救火措施，直到仔猪被烧死，这场火灾才告一段落。父母回来后，见到猪圈化为灰烬，非常心疼。正准备教训火帝，却见他捧着一只烤得焦红油亮、异香扑鼻的烤乳猪献到父母面前。见到儿子这么孝

烤乳猪

顺，打猎能手忍不下心责怪他，在尝过烤乳猪的滋味后，甚至高兴得跳了起来。这，便是烤乳猪背后的故事。经过代代相传，它的烹饪手法愈发精细：

　　制作烤乳猪时，要挑选皮薄丰满、5～6千克的香猪。宰杀、褪毛、去掉内脏后，冲洗干净。从乳猪的臀部内侧，沿着脊梁骨劈开，在这过程中千万不能损伤表皮。完成整理工序后，就要开始腌制工作了。人们把五香粉、盐巴、调味酱、腐乳、白糖、蒜蓉等物调和均匀，涂抹在猪肚子里，腌制1个小时左右。再拿来木条安放于猪腹腔之中，使其定型，并以热水烫皮，皮硬后往上涂抹麦芽糖浆。糖浆一定要涂抹均匀，然后挂到通风处风干。风干过后，才可以进入烤制工序。否则，容易出现"花脸"的现象。烤制乳猪时，一方面要用针刺烤猪的脖颈和腰部，便于排出水分；另一方面，还要刷平油脂，以免影响外观。烤乳猪过程中，最重要的是需勤加转动，不然色泽会不均匀。

　　每逢年节，广州人都会准备烤乳猪用于祭祀。仪式完毕后，烤乳猪摆到餐桌上，由亲朋好友共同分享。清明时期，更是烤乳猪的黄金季节。只要是有名气的酒店，一天卖出几百只烤乳猪真是一点也不出奇。广州人对烤乳猪的热爱，由此可见一斑。

你知道广州西关的鸡公榄吗？

初听"鸡公榄"之名，也许你会感到非常诧异：这是什么东西？能吃吗？跟鸡公有什么关系？其实，鸡公榄就是一种白榄制品。广州地区盛产白榄，人们选用上好的白榄，经过各种复杂的腌制工艺，加工成了"鸡公榄"。它的味道多样，有甜、有咸，甚至还有辣。入口时，清甜爽脆，令人回味无穷。

鸡公榄风行于20世纪三四十年代的广州西关。贩卖鸡公榄的小贩，为了吸引顾客的注意，常常用彩色纸扎出一只大公鸡的模型，套在自己身上，然后一边吹着唢呐，一边沿街叫卖。白榄，就装在鸡公的肚皮里。有时候，有住楼上的顾客懒得下楼，就直接从楼上将钱抛给楼下小贩。小贩收到钱后，便拎起一小包用塑料袋包装好的鸡公榄，抛上三四层楼的高度，送到顾客手里。正因如此，鸡公榄又有个别名，叫做"飞机榄"。人们认为，小贩抛掷鸡公榄的过程，就好像让白榄坐上了飞机一样准确无误又方便快捷。

鸡公榄

鸡公榄能够生津止渴，除烦醒酒。过去的老广州人，都爱吃它。然而，经历过数十年时代的变迁，广州的街头已经很少见到贩卖鸡公榄的人了。近年来，因广州市宣传西关民俗的缘故，鸡公榄再次出现在人们的视野中。想要吃到正宗的鸡公榄，就得去广州最繁华的商业地段——上下九路逛逛，相信鸡公榄的滋味绝对不会让你失望！

姜撞奶是什么食物？

姜撞奶是以姜汁和牛奶为主要原料加工而成的一款甜品，在广州地区十分风靡。相传这款甜品最开始出现在广州番禺沙湾镇。有个年迈的

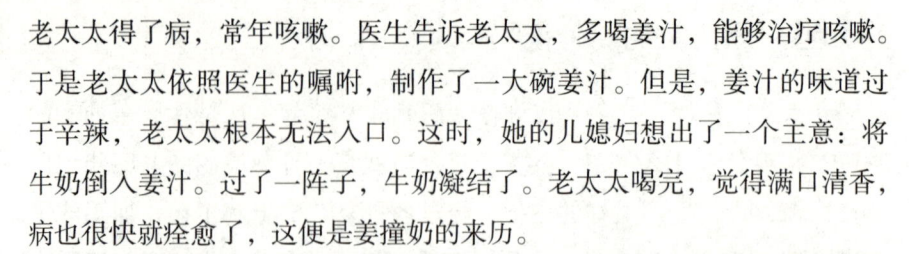

老太太得了病，常年咳嗽。医生告诉老太太，多喝姜汁，能够治疗咳嗽。于是老太太依照医生的嘱咐，制作了一大碗姜汁。但是，姜汁的味道过于辛辣，老太太根本无法入口。这时，她的儿媳妇想出了一个主意：将牛奶倒入姜汁。过了一阵子，牛奶凝结了。老太太喝完，觉得满口清香，病也很快就痊愈了，这便是姜撞奶的来历。

制作姜撞奶时，要先将老姜去皮洗净捣成泥状，再加热牛奶直至沸腾。把沸腾的牛奶倒入碗中放白糖搅拌均匀后，略微搁置一段时间。当牛奶温度在70度左右时，就要把它倒进老姜泥中，加盖静置10来分钟。牛奶凝固后，广州名点——姜撞奶就做好了。需要注意的是，在姜撞奶的制作过程中，"撞"是最为关键的地方。在倒奶时，手速一定要快。只有在4～5秒钟内倒完，才能产生最美妙的口感：甜与辣在一瞬间产生了激情的碰撞，吃起来滑嫩非常，风味独特。姜撞奶中牛奶的营养加上姜汁的温辛，对养颜美容、驱寒行血都具有相当不错的功效。

姜撞奶

广州的糯米鸡与武汉糯米鸡有什么区别？

广州的糯米鸡，是当地特色点心之一。制作糯米鸡时，要在糯米内放入鸡肉、叉烧、排骨、冬菇等馅料，然后用荷叶包裹，送到蒸笼上蒸熟。蒸熟后的糯米鸡，一口咬下满嘴芬芳：粘牙的糯米伴随着肉香、荷叶清香，令食客流连忘返。

无独有偶，武汉也有一道名小吃叫做"糯米鸡"。武汉的糯米鸡做法与广州不同，它是由糯米饭拌入以料酒、酱油腌制的猪肉，浸入油锅油炸而成的。相较而言，广州的糯米鸡口感更为清淡。

据说，广州糯米鸡发源于泮塘附近。过去有个鸡贩生活在泮塘一带，他每天带着鸡走街串巷地叫卖。某天，鸡贩准备把卖剩下的最后一只鸡带回家里做成菜给亲人吃。然而，他刚刚把鸡杀好往盘子里放时，失手打碎了盘子。鸡贩家里很穷，这只盘子是唯一的一个容器。他没有办法，只好将鸡切好，鸡块直接垒放在饭锅里，与米饭一同蒸熟。开伙时，鸡贩与家人却出乎意料地发现这种做法做出来的鸡特别好吃。鸡贩灵机一动，决定用这种做法制作大批滑鸡蒸饭，作为夜宵贩卖。结果，滑鸡蒸饭在当地大受欢迎。于是，周围的酒楼也竞相模仿，由于泮塘水域广，荷叶多，厨师们别出心裁，用荷叶来包裹糯米饭，再加上冬菇、虾米等各式配料。逐渐地，广州糯米鸡就演变成了今天的模样。

什么是"广州第一鸡"？

"广州第一鸡"是20世纪80年代初，由清平饭店创作出的大菜——清平鸡。在制作过程中，清平饭店的大厨用以药材、香料熬制出来的卤水来代替清水浸泡鸡肉，让鸡肉在过冷河时不断地吸收鸡汤，最终达到"皮爽肉滑，骨都有味"的效果。

清平鸡一经面世，立刻受到广州人民的喜爱。为了吃到这"广州第一鸡"的独特滋味，人们去饭店排上几个小时的队也在所不惜。据说在清平饭店用餐高峰期，这款鸡的日销量高达近万只之巨！

清平鸡

如今，如果你打算吃正宗的清平鸡，则需要前往位于广州市杉木栏路的友联菜馆。虽然清平饭店在十余年前因故停业，但掌厨的大师傅所带领的徒弟领悟到了清平鸡的制作精髓，他在友联菜馆重新推出清平鸡，每日可卖出100多只，让清平鸡的滋味留存了下来，以抚慰街坊们对清平鸡难解的情结。

广州的第一家西餐馆在哪儿？

广州首家西餐馆是广州人徐老高于清朝咸丰年间，在如今的北京南路一带创设的太平沙太平馆。徐老高原本是沙面其昌洋行的厨工，后来从洋行辞职，自己沿街叫卖煎牛扒。因徐老高选用的料好，又针对广州人的口味做出了改良，故而生意兴隆。于是，他决定在永汉南路的太平沙设立排档，命名为"太平馆"，专卖煎牛扒、猪扒以及烧乳鸽、葡国鸡等菜。徐老高去世以后，他的继承者在永汉北路设立了第二家"太平馆"，名为"太平新馆"。

太平新馆曾是周恩来和邓颖超新婚时友人为其设宴祝贺之地。1926年，徐老高后人又收购了国民餐厅，以扩大太平新馆的营业范围。在解放后，1959年，周恩来与陈毅访问亚非国家回国途经广州，也曾到太平馆视察，并向有关领导指示要进一步把西食工作做好。之后，太平馆的座位从200多个增加到500多个。

太平馆

然而，太平馆扩建后，恰逢"文化大革命"。"文革"期间，太平馆的西式装饰被全部拆掉，西式餐具也均卖光，改名为东风饭店，经营中餐，西餐从菜单上绝了迹。直到1973年，为了接待广州交易会来宾，才恢复了太平馆的称号以及西餐的供应。

在太平馆的影响下，广州地区的西餐厅于清末民初如雨后春笋一般不断涌现。包括哥伦布、华盛顿、东亚酒店等在内的著名西餐厅都是在那个时期修建的，它们与广式茶楼、饭店等共同推动广州餐饮业的发展，将"食在广州"不断发扬光大。

陶陶居是如何得名的？

在广州第十甫路20号，有一家始创于清光绪六年的茶楼。它是陶陶居，陈设淡雅、粤菜正宗，被认为是迄今为止广州市最大型、最古老、最出名的茶楼之一。

最初的"陶陶居"原名"葡萄居"，该名来自店老板的侍妾"葡萄"。它以经营姑苏特色的吃食为主，位于广州城郊西关。那时候的西关花红柳绿、鸟语花香，是当时富商巨贾及纨绔子弟的绝佳踏青去处。晚清时期，著名学者康有为在广州万木草堂讲学。他喜欢葡萄居，经常来到这里品茗。在老板的盛情邀约下，康有为亲笔为老板提名"陶陶居"招牌，意味着"乐也陶陶"。

民国初期，陶陶居一度被迫停业。后来在金华茶楼的谭焕章、云来阁的招贵庭等人的接手经营下，再次成为广州市的金牌茶楼。许多文人雅士、粤剧表演艺术家时常选择陶陶居作为聚会之地，一些社会上层人士的相亲、纳妾活动也多在此处进行。逐渐地，陶陶居贩卖的食物，也发生了变化：从姑苏小吃，到后来的广东名点"猪脑鱼云羹""牡丹鲜虾仁""滋补盐炖鸡"等，均是陶陶居里炙手可热的菜式。尤其是陶陶居的"陶陶居上月"，是广州地区最为有名的传统名点心。它的饼馅采用了火腿、烧鸭、虾米、冬菇、冬瓜仁、核桃仁等二十多种配料及蛋黄精心制成，咸甜搭配得恰到好处，曾远销东南亚各国及港澳地区。著名的"月饼泰斗"陈大惠，就是从陶陶居出身的。

陶陶居

广州有哪些餐桌礼仪？

在广州，"食"是一等一的大事。自然地，广州也有一些独特的传统餐桌礼仪：

◎ **先敬土地后敬人**

广州人在吃饭前习惯先喝老火靓汤。饮汤时不用分长辈先后，随到随饮即可。但饮用之前，一定要先用筷子沾上几滴汤，沿着碗外侧轻轻地弹到地上。这就是"先敬土地后敬人"的习俗，喝酒、喝茶时，也有相同的习俗。

◎ 起筷

在吃饭前，晚辈一定要先请长辈"食饭"。从年纪最小的开始叫起，直到年纪最大的长辈说"起筷"后，大家才能开动。

◎ 不食七

广州人的饭桌上，也许是九大簋，也许是独孤一味，但绝对不会出现的，是第七道菜。因为广州传统中煮七道菜是办"白事"的做法，"食七"属于不好的意头。

◎ 掉筷子要掉一对

和广州人一起吃饭时，如果你手里的筷子掉了一支，那最好连另一支也随手扔掉。因为广州人讲究"开心快乐，好事成双"，掉筷子应该一对一起掉，等到结束后，再与其他碗碟一起收拾。

◎ 吃鱼的讲究

广州人在吃鱼的时候，也有许多讲究。例如，吃鱼时不能先吃头，但先吃鱼腩、鱼背或鱼尾都没有忌讳。另外，吃鱼不能翻转鱼身，也不能挑鱼眼睛。因为广州人事事喜欢讲"意头"，鱼头当然要留到最后了。鱼的身体则代表着"船""车""屋"等事物，故而翻鱼身也成了一件不吉利的事。

◎ 打破碗碟放高处

如果在饭桌上打烂碗碟，在广州人看来不是个好意头。然而小孩子吃饭打破碗碟在所难免。于是，随着碗筷落地声响起，大家一起大声说"落地开花，富贵荣华"，然后从地上捡起一块碎片放到高处藏起，据说这样可以转祸为福。

广州特产

烧制广州彩瓷有哪些讲究？

广州彩瓷是在白瓷胎面上画满色彩斑斓的图案后烧烘而成。这种烧制技艺起源于清朝康熙年间应用于没釉白瓷胎上的珐琅彩，在乾嘉年间发展成熟。清朝中晚期，广州彩瓷一跃而起，与青花、五彩并列为我国三大外销名瓷。许多西方国家的皇室显贵纷纷前往广州订货，广州彩瓷从此远销海外。就连法国和奥地利的皇室，都青睐于广州彩瓷。他们在广州订制的甲胄纹样彩瓷和纹章瓷餐盘，至今还完好地保存在国外。

广州彩瓷

深受欢迎的广州彩瓷，制作流程也颇为讲究。它的瓷胎多来自景德镇，只有景德镇那洁白如玉的瓷胎，才能显现出广彩"万缕金丝织白玉"的特有效果。描线、填色则是最能体现广彩工艺的环节，要讲究绘工精细。除散花雀等技巧之外，还需要艺人吸取岭南派国画的坠粉、双勾技法，辅以西洋油画与钢笔画的部分笔法，最终形成广彩的彩绘式样。广彩技法中，要说哪种是独一无二的，则必然得提到织金技法了。它用乳金作为底色，以达到烘托彩色图案的效果，成品更为金碧辉煌，也不容易褪色。烧制过程，则是广州彩瓷成功与否的关键。一旦炉火温度控制得不好，彩瓷就容易变色。广彩最佳烧制温度，应该在800摄氏度左右。否则，成品明亮艳丽的效果就根本出不来。

在广州彩瓷界，诞生过许多著名的作品。除前述皇室藏品以外，北京故宫中收藏的"品碗""凸珠枇杷瓶"等均系珍品。广彩艺术家刘群兴的《十二王击球箭筒》还曾经在1915年巴拿马万国博览会上获过奖呢！

凉茶的诞生与葛洪有关吗？

凉茶，是包括广州在内的整个岭南地区的传统特产。它既不凉，也不是茶，是岭南地区民间采用复方土产草药熬制而成的饮料，能够消解人体内热毒。

岭南人爱喝凉茶，不分春秋冬夏：夏天饮凉茶，防暑；冬天饮凉茶，则减轻冬日干燥引起的喉咙痛。根据凉茶的不同功效，一般可以分为四个品种：第一是清热解毒茶，代表药材为金银花、菊花等；第二是解感茶，主打风热感冒，代

凉茶铺

表药材板蓝根；第三是清热润燥茶，适用于口干舌燥，代表药材包括沙参、玉竹、冬麦等；第四则是清热化湿茶，调养湿气重、口气大，代表药材包括绵茵陈、土茯苓等。

多种多样的凉茶，满足了岭南人多种多样的养生需求。那么这种饮料是如何在岭南地区流传开来的呢？这就要从葛洪说起了。相传公元306年，东晋道学医药家葛洪来到岭南。当时岭南地区疾病流行，葛洪悉心研究，发现了不少救命的草药。葛洪留下的一系列医学著作，再加上后来者的总结提升，最终形成了世代相传的凉茶。距今，凉茶配置已经有数百年的历史了。

虽然凉茶文化曾经在"文革"期间遭到了严重破坏，但人们爱喝凉茶的生活习惯却使得它依然经久不衰。王老吉、健生堂、白云山等凉茶

品牌均属于岭南地区人民耳熟能详的老招牌,它们出产的凉茶,也成为了岭南特产之一。如果到广州旅游,千万不要忘了尝一尝凉茶铺里的凉茶哦!

丝缕玉衣是广州玉雕的杰出成果吗?

玉,自古以来便是我国一种珍贵的材料。人们喜玉、佩玉,认为玉象征着高洁的品质。广州玉雕的历史,由来已久。在广州飞鹅岭的新石器时代遗址中,就发掘出了完整的玉环。而象岗山南越王墓出土的上千件文物中,玉器就占了近200件,均为汉代玉器中罕见的珍品。最为令人惊叹的,是一件用上千枚精雕玉片穿成的丝缕玉衣,工艺可谓妙绝。

广州玉雕一般采用翡翠玉为材料。不同的产品,会采用不同的工艺手法。例如传统首饰,一般用浮雕;座件,则多用镂空通雕。广州玉雕艺术,讲究玉料的天然纹路和色彩,利用"巧色"特技,量料取材,使每一个广州玉雕作品,都宛如浑然天成。较为有名的玉雕,包括吴公炎的座件莲花及帆船、何真祥的龙舫等,前者轻薄得可以浮在水面而不下沉,后者则集画舫、楼宇的建筑艺术为一体,被评为了国家级的珍品。尤其是蓝君基主持设计的

广州玉雕

《新世纪的春天》这一玉雕作品,采用重达18吨的南玉雕刻,利用镂雕多层玉球技术,在球内套叠了多达8层,四面4个子球也均可自由转动,体现了广州玉雕典雅秀丽、轻灵飘逸的特征。

目前,广州玉雕与北京、扬州、上海的玉雕工艺并列为中国四大派,是国家级非物质文化遗产名录之一。

《核舟记》里的艺术作品就是广州榄雕吗？

广州榄雕是我国微雕中的一个品种，早在明代时期就已经出现了。那时候，榄雕主要在寺院里出售。寺院僧人把榄雕卖给香客，表示"普度"的意思。清朝时期，广州榄雕达到了一个艺术高峰，一度成为珍贵的贡品。榄雕艺人们工艺高超精湛，市场一派欣欣向荣。

广州榄雕以乌榄核为原料，讲究质地坚硬、紧密、不开裂。制作时，人们利用毛锉刀、平锉刀、尖椎刀、三角锥刀等多种工具，通过勾样、挫坯、雕刻、刮滑及安木座这五样基本程序，制作出一个个精美的榄雕工艺品。榄雕的雕刻手法主要以浮雕、圆雕及镂空雕为主，注重保持橄榄的天然原色。题材则根据工艺品的不同品种来做出不同的选择，例如珠串多用神佛头像及瑞兽花果，上座件则选用观音、寿星或古代英雄；挂件又包括衣袋坠、纨扇坠等，种类丰富，多达50余个。

广州榄雕

广州榄雕最杰出的代表是《核舟记》中的那枚核舟。这核舟是广州宫廷艺人陈祖章所创作，在一枚 1.6 厘米高、3.4 厘米长的小小榄核上，雕刻出东坡、佛印、书童等共计七人，人人活灵活现。舟底刻有苏东坡《后赤壁赋》全文，舟身上的八扇窗户均能开合，可称为广州榄雕的巅峰。

为什么广州宫灯被称为"中国灯"？

广州是我国传统红木宫灯的发源地之一。广州木雕艺人所创作的红木宫灯最初起源于明朝，用珍贵的原料精雕细刻成为木架，再蒙上美丽的丝绸而成。当国外的玻璃制造工艺传入中国后，广州艺人们将灯壁材质改为玻璃，还在灯壁上画上美丽的图画。一盏红木宫灯，有 12-18 幅图画。这些图画是走马的，可以看完一幅接着看下一幅，每幅图画的内容都不一样。画框立体，不停旋转，中国画的山水、花鸟、侍女等在一盏灯中展现得淋漓尽致。

清朝时期，红木宫灯经过改进成为了可以装卸的结构。它成为了大量出口海外的畅销商品，受到了各国人民的喜爱，被称为"中国灯"。2010年，红木宫灯的制作技艺被列为了广东省非物质文化遗产。

红木宫灯

广州珐琅：中西合璧的艺术

广州珐琅又称为"画珐琅"，是在铜胚上绘制彩图后再入炉烧制而成的一种工艺品。它起源于15世纪中叶欧洲比利时、法国、荷兰三国交界的佛朗德斯地区，是不折不扣的舶来品。清朝康熙年间，随着禁海政策的松动，画珐琅从广州等港口传入我国，被人们称为"洋瓷"。洋瓷深受皇帝喜爱，一度成为了御用品。

20世纪80年代初，广州珐琅匠人们别出心裁地将珐琅工艺与景泰蓝工艺有机地结合在一起，创造性地发明了一种新式工艺，并命名为"中彩珐琅"。"中彩"二字蕴含着民间喜闻乐见的好意头，它既继承了景泰蓝金碧辉煌的图案，又能将画珐琅那古雅活泼的彩画书法表现出来，两者结合起来相得益彰：闪闪发光的金线，闪耀出一股雍容华贵的气质；淡雅古朴的彩画却又令人不禁细细品摩，流连忘返……中彩珐琅多以山水花草、飞禽走兽、人物字画等作图样，烧制研磨后可谓晶莹夺目，其独特的艺术韵味受到了广大群众的欢迎。目

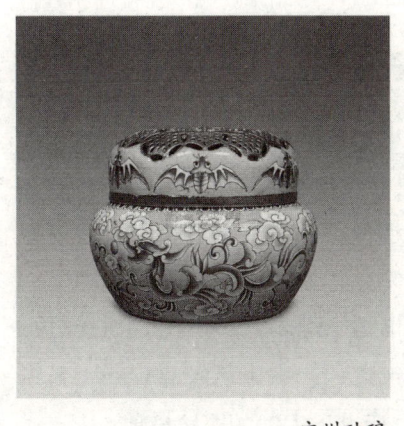

广州珐琅

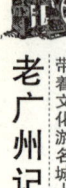

前，中彩珐琅已经开发出了多个品类，包括花瓶、点心盒、盘碟等都是礼尚往来的佳品。2009 年，它被列入了广州市非物质文化遗产保护名录。2010 年，又被列入了广东省非物质文化遗产保护名录。

西关打铜：广州的黄铜时代

铜碗筷、铜边炉、铜造喜盘、铜打汤婆子……这些铜制品曾经是广州地区每家每户人民必备的生活用具。尤其是广州西关地区，铜器简直可称得上是老广州人的"传家宝"。

据史料记载，广州的手工打铜技术最初传承于江浙一带，在清末时期达到了打铜行业的巅峰。彼时，从事打铜行业的工人曾一度超过 2000 人，除了铜碗铜炉等常用生活器皿，铜制的水烟筒也是特色之一，在南洋一带非常畅销。

西关打铜

由于铜具导热快、耐用，广州西关家家户户都存有整套铜制的锅碗瓢盆用于镇宅。如今广州光复路、人民中路、人民北路一带，在 20 世纪 50 年代还被称为"打铜街"，广州铜器的繁盛由此可见一斑。

在老一辈手工艺人看来，打铜本来是"贱活儿"，天天拿着锤子敲打铜片，经常把自己的手弄伤。从一块简单粗糙的铜片，到最后的成品，究竟需要敲打多少下？没有人能够数得清。但你捧起一样铜器，它那光滑均匀的表面、精湛的工匠手艺，会让你肃然起敬，叹为观止。

1958 年左右，国家曾把铜统一收为国有。广州西关打铜艺人们纷纷转行，打铜街消失在历史中。40 年后，铜在民间重新开放。铜艺渐渐地得到了复兴，加入到打铜行列的年轻人也越来越多。2009 年，西关打铜正式成为了广州市第二批非物质文化遗产之一。大家已经意识到了打铜艺术的价值，相信广州铜艺绝不会陷入"后继无人"的尴尬境地。

广州檀香扇有什么特色？

广州檀香扇发源于清代，距今已经有了两百多年的历史。当时，檀香木在鸦片战争后大量输入广州，广州艺人用木料来精工制造手工折扇。这些檀香扇雕工精美，香气隽永，有着"扇存香存"的美誉，很得人喜爱，一度远销东南亚甚至欧洲地区。

檀香扇的制作工艺以"四花"为技术核心，即拉花、烫花、雕花、绘花。四花中的"拉花"是广州檀香扇最具有特色的地方。这种工艺是用特制的锯条在扇面上拉出花纹图案：用来拉锯的锯条只有两张纸交叠那么薄，要通过拉锯在木扇叶片上制作出200余个洞目来表现图画，不可不谓之巧夺天工。不论是拉、锯还是打磨，每个工序都必须一丝不苟，只要其中的一个环节出现差错，整把扇子就报废了。

广州檀香扇

广州檀香扇的图案多样，包括花朵、佛手、蝴蝶、秋蝉等。到后期，更是发展出人物、花鸟、风景等更加精美的样式，极具岭南工艺美术的典型特点。20世纪七八十年代，用于制作扇子的材料更加多样化，艺人们又创造出了枣檀木扇、仿象牙扇和熨花扇等。广州檀香扇，成为了广州特产之一。

你了解广州木雕吗？

木雕，是广州的又一张名片。它与玉雕、牙雕、广彩、广绣一起，被誉为广州传统手工艺的门面。广州木雕非常注重具体形象的雕刻，讲究装饰性，各种装饰纹样极尽繁复精细，一件广州木雕作品上，装饰用的面积往往高达80%左右。而这些装饰的风格，则追求的是粗犷豪放、气势恢宏。

广州木雕图案多种多样，既有中国传统的龙凤、狮子、蝙蝠、八仙、三星花果等纹样，又有虎爪脚、法式图案等西洋式样，中西结合，独具广州风味。一般而言，广州木雕分为建筑装饰和家具雕刻两大类别。建筑雕刻多用于厅堂花槅、门窗、屏风和神案等处，而家具雕刻要数红木家具和木箱最为有名。广雕家具，造型古朴典雅、打磨光滑、油漆明亮、结构坚固、经久耐用，可谓高档与实用兼备的艺术品。

明代的广州木雕讲究线条的流畅、造型的简约，清朝的广州木雕则注重雕花纹样的精美。到民国时期，广州木雕作品逐渐减少，慢慢无人问津。如今，人们经历了潮流的回复，传统木雕工艺再次受到了关注。改良后的广州木雕产品得到了广大群众的喜爱，木雕艺术在经历过短暂的低谷后，正逐渐重现往日的风采。

广州砖雕一般用在哪些地方？

广州砖雕可以追溯到秦末汉初。在广州中山四路越国公署遗址上，就曾出土过熊纹空心汉砖，这是广州砖雕艺术历史久远的一大证明。它是一种极富珠江三角洲水乡建筑特色的墙体装饰艺术，在广州市老城区、番禺区沙湾镇及花都区分布最广。广州砖雕兴盛的时期要数明清，彼时祠堂、民居均广泛采用砖雕装饰，形成了独特的广式建筑风格。

这些砖雕一般都用在装饰门楣、探头和据墙上。它们有的独立存在，有的与彩绘、灰塑、陶塑等交相辉映，融为一体。表现的题材多种多样，既有各类人物，又有花鸟虫鱼、山水楼台、书法纹样等，再讲究一些的砖雕还会从古代小说、传统戏曲与木鱼书中截取故事片段，展现繁花似锦、龙凤呈祥、天仙赐福等片段。

广州砖雕

广州最大的砖雕作品，要数何世良在宝墨园创作的巨型影壁《百花吐艳百鸟和鸣》了。这幅砖雕作品高达5米，宽22米，被列为"吉尼斯大世界之最"。

广州牙雕有哪些特色？

广州牙雕是一种以象牙为原材料进行雕刻的传统手工技艺。在秦汉时期，广州的牙雕行业就有一定的发展。而明清时期，则是广州牙雕的巅峰。

广州牙雕的雕刻技法分为雕刻、镶嵌和编织三大类，通过精心制作，创造出各式各样的欣赏品、实用品及装饰品，如花塔、山景、折扇、手镯等，其作品质地莹润、玲珑精巧，十分华丽、美观。

由于广州气候温暖湿润，象牙不容易脆裂，非常适宜于制作钻镂、

广州牙雕

透雕的作品，再加上艺人们高超的工艺水平，牙雕片可以做到薄如纸，呈现出半透明、晶莹剔透的状态。在染色环节，广州牙雕讲究娇艳富丽，要展现出立体感。除纯象牙外，广州牙雕还会采用其他名贵材料，例如紫檀、犀牛角、玳瑁等，把它们巧妙地镶嵌在同一件作品之上，增加层次感、美观感，可谓豪华名贵至极！

想交好运？买只波罗鸡！

波罗鸡是广州黄埔区庙头村村民在南海神庙举办波罗诞时出售的一种工艺品。相传东汉时期的马援将军征战交趾时，所用的铜鼓随海水漂流到现在的南海神庙里，后又被张姓村民发现这面铜鼓上有鸡脚印迹。大家都认为这是祥瑞之兆，故而人们按照鸡的形状做出纸鸡，并称之为

"波罗鸡"。

波罗鸡是用黏土、元宝、鸡毛、橡线、颜料、砂纸、糯米粉、竹片等制成，分为毛鸡与光鸡两种。小的波罗鸡只有一两重，大的可重达30斤。每逢农历二月十一日至十三日的波罗诞时，人们会在波罗庙前摆满许多大小形状各异、色彩鲜艳的波罗鸡，有公有母，有大有小，许多游人都争相购买。据说，每年出售的波罗鸡中，有一只波罗鸡会鸣叫。只要谁买到它，谁就能平安大吉，享受一年的好运气。

波罗鸡

广州的名人故居和民间趣闻

在上千年的历史长河中,无数的名人与广州这座城市产生了密不可分的联系。政治家孙中山、作家鲁迅、画家居廉等都曾在这片土地上留下自己生活的印迹。白云楼、双清楼、塔影楼、文德楼……当你踏足广州,站在这些地标面前,你能否感受到从过去到现在那厚重的呼吸声?你能否从广州街头巷尾的民间趣闻中体会到城市古老而温存的目光的注视?让我们来读一读广州的传说与趣事,在引人入胜的讲述中,信步漫游到过去的那个年代……

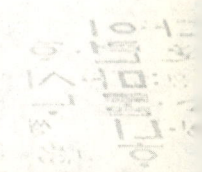

广州的名人故居

鲁迅曾在钟楼居住过吗?

钟楼坐落在广州东山区文明路215号中山大学校园原址内,是原中山大学本部办公楼。它原本是清代广东省科举考试的场所,1908年被改为广东优级师范学堂,后又被孙中山先生改为广东大学。1926年7月,为了纪念孙中山,广东大学更名成为中山大学。

中山大学的钟楼占地约4375平方米,正门是一道拱形圆柱,楼下四周为柱廊走道。因楼顶四面均装设有时钟,故而得名为"钟楼"。鲁迅先生在中山大学任教,是在1927年。那年1~4月,鲁迅就在钟楼居住。1957年,钟楼建立起了鲁迅纪念馆。

除作为鲁迅先生的故居外,钟楼在我国近代革命史上更是占据着十分重要的地位:1924年1月,国民党一大就在此地召开。次年5月,第二次全国劳动大会和广东省第一次农民代表大会又选址于此。省港罢工集会、纪念列宁逝世周年大会、纪念巴黎公社55周年大会、追悼廖仲恺、庆祝广东统一群众大会以及欢送北伐军出师群众大会、欢庆北伐胜利大会等,均在钟楼进行。1962年,它被评为广东省文物保护单位。

钟楼

为什么说白云楼是鲁迅与许广平的爱情驿站?

在广州市越秀区白云路上,有一座白云楼。白云楼二楼西侧的那套三室一厅,就是鲁迅在1927年位于广州的寓所。这栋白云楼呈淡黄色,粗粗看来平淡无奇,但是对于鲁迅与许广平而言,它却有着不可替代的意义。

许广平是许家高门巨族中的一位另类。她性格热情似火,一点儿也不像其他居于闺阁中的柔弱少女。许广平立志求学,在经过一系列的抗争过后,终于争取到进入北京国立女子高等师范学校就读的机会。在学校念书期间,许广平参与了许多次学生运动,并在学生运动中将自己性格中坚韧、强悍的出色品质展现得淋漓尽致。这个女孩深深地吸引了鲁迅的注意,他情不自禁地想要结识许广平。鲁迅为许广平的学生运动提供了许多睿智的建议,许广平逐渐对鲁迅也产生了依恋之情。他们在1925年女师大的血色风潮中确定了恋爱关系,鲁迅后来称许广平为"害马",并认为这个坚强的广州奇女子给了他一生中真正的爱情体验。

白云楼

一年后,鲁迅与许广平离开北京。许广平先行回到广州,鲁迅则受邀前往厦门大学任教。但鉴于厦门大学尚有旧势力存在,鲁迅在厦门受到了冷眼与排挤。他最终决定离开厦门,于1927年来到广州。一开始,鲁迅在中山大学教中文课,然而后来,国民党政权发动武装政变冲进了中山大学的宿舍,还逮捕了一批先进学生。鲁迅营救未遂,愤然辞职,另择白云楼作为定居之处,沉下心来写作。鲁迅夫妇在白云楼生活的日子虽不长,但这个地方却是他俩的爱情长路中不可或缺的小小驿站。

周恩来与邓颖超的婚房在文德楼吗?

在广州市文德东路上,伫立着一栋文德楼。这栋老楼隐于闹市之中,经过多年的风雨洗礼,看上去颇为陈旧。鲜为人知的是,文德楼3号二楼的那间房,就是周恩来总理与邓颖超的婚房。正是在文德楼昏暗的小房间内,周、邓两位革命伴侣携起手来,开始了相濡以沫的生活。

周恩来与邓颖超在1919年的五四运动中相识。当时,周恩来刚从日本留学归来,而邓颖超则担任着北洋直隶第一女子师范学校"女界爱国同志会"的讲演队长。在一次次的爱国救亡运动中,双方给彼此留下了良好的印象。最终,两个年轻人在周恩来法国留学期间,通过书信往来,确定了情意。

1924年9月,周恩来回到广州,前往黄埔军校担任政治部主任。次年8月,邓颖超只身前往广州与周恩来团聚。8月8日,一个团圆美满的日子。在省港大罢工的时代背景下,周恩来和邓颖超于太平馆宴请亲朋好友,正式结婚。多年来的异地恋终于告一段落,一双璧人在羊城结为伉俪。他们于文德楼度过了结婚初期那段甜蜜的时光,直到中山舰事件爆发后,才迫于安全形势,不得不搬离。

文德楼

孙中山的大元帅府位于何处?

在海珠区纺织路东沙街18号大院里,有两栋西洋式三层楼房。楼房坐南朝北,面临珠江。采用花岗岩作为屋基,金字架灰脊瓦面,门窗开阔,四周走廊相通,整个布局十分工整和谐。这就是孙中山大元帅府的旧址,在1917年至1924年,孙中山先生在广东省建立起革命政权后,把这里当作大元帅府使用。在这两栋建筑物中,发生过无数令人心襟激荡的历史事件:

反对南北军阀的护法斗争、平息广州商团叛乱、改组国民党、促成第一次国共合作……这些决定都是孙中山在大元帅府内作出的。1924年,孙中山离开广州北上,此处也不再是大元帅府。但它却一直是那段激昂的斗争年代最忠实的见证者。1996年,大元帅府旧址被定为全国重点文物保护单位。

大元帅府

为什么廖仲恺、何香凝夫妇要给自己居住的地方取名为"双清楼"?

何香凝出生于1878年,家里是香港地产富豪。她在幼年时期,就显现出与众不同的性格与胆识:喜欢与兄弟一起玩耍,不肯裹脚,酷爱读书……即使她仅念了两年书,就受到父亲的阻挠,失去了上学的机会,她也想尽一切办法继续自己的学业。她偷偷地蹲在兄弟的书房外听老师讲课,又躲在自己房间里看书,从历史小说,到古代诗词,无一不精。

到了谈婚论嫁的年纪,拥有一双天足的何香凝无人问津。然而恰巧廖仲恺经过了皇仁书院的学习,受到新思潮的影响,决定娶一个没有裹小脚的女人为妻。廖家与何家一拍即合,何香凝与廖仲恺于1897年10月在广州成婚。

一开始,廖仲恺夫妇居住在廖仲恺胞兄家里。他俩通过精心修葺、改造,将原本破败简陋的斗室收拾得干干净净,成为一间安静整洁的新房。夫妇白日里在小房间内读书、讨论政治,晚上相拥观赏月色,日子过得有声有色。某年中秋节赏月,何香凝观赏着满屋皎洁的月色,情不自禁地吟咏了一句诗:"愿年年此夜,人月双

双清楼

清。"后来，这间小屋因着何香凝的诗句，得了个"双清楼"的美名。

廖仲恺夫妇在这栋双清楼居住了五年。虽然后来频繁地搬迁，但两人对双清楼念念不忘。他们在广州、上海等地居住的所有寓所都被称为"双清楼"，廖仲恺的诗集取名为《双清词草》，何香凝也自号"双清楼主"。双清楼，在他俩的婚姻生活中是一个不可磨灭的符号。

20世纪八九十年代，双清楼一度成为幼儿园园区。如今，它被挂上了"广州市登记文物保护单位"的牌匾，成为廖仲恺夫妇不朽的爱情纪念。

詹天佑故居差点被拆掉吗？

詹天佑是我国近代铁路工程的专家，曾负责修建过京张铁路，素有"中国铁路之父"之称。詹天佑祖籍在徽州婺源，但他出生于广州府南海县，也就是今天的广州市荔湾区。位于荔湾区恩宁路十二甫西街芽菜巷42号的房屋，就是这位铁路之父出生、长大的地方。

这座芽菜巷内的小房，如今已被改建成詹天佑故居纪念馆。为了强调铁路之父家庭朴实静穆的特征，在故居修复过程中，工作人员力求保存清末民初广州西关大屋原汁原味的建筑特色，用料多采用古朴的青砖和满洲窗。

詹天佑故居

整个纪念馆，主要由三部分组成。第一部分是詹天佑故居，第二部分是展览陈列厅，第三部分则是纪念馆外模拟八达岭铁路的小型园景区。走进故居内部，可以看到过去詹天佑及家人曾经使用过的八仙台、睡椅等老家具。厅堂和睡房，则被一张屏风隔离开来。故居中收藏了詹天佑的大量遗物，包括京张铁路使用的钢轨、铜铃，詹天佑生前经常使用的画图仪器、字帖等，还有一部分仿真文件以及修建京张铁路时的实景图片。通过这些图片,观众可以看到过去铁路的施工现场及铁路轨道竣工时的庆祝场面,各种货车、马车、平车、煤车等造型精巧,向观众们展示着那个年代火车技术的精湛与成熟。

少有人知的是,铁路之父的故居险些被拆掉。因荔湾区有一所小学叫十二甫西小学,在 2002 年,该小学准备扩建,詹天佑故居一度被纳入了拆迁红线范围。在政协委员的倡导下,方才与邻近的水月宫一同被保存下来,并经改造成为我们今天所见到的纪念馆。整个过程,不可谓不惊心动魄。

孙中山、陈少白都曾在塔影楼住过吗?

塔影楼,位于广州荔湾区粤海关大楼对面,是一栋墨绿色的 4 层高楼房。它系陈少白出资修建,整体造型为西式洋房,钢筋水泥结构;但顶层采用中式四檐滴水装饰,再加上绿色的瓦顶、朱红的梁托,中西结合,非常独特。由于它矗立在江边,夜色降临后,恰如一盏灯塔,故而被命名为"塔影楼"。

建楼者陈少白是广东新会人,自幼接触西方书籍,早年与孙中山、杨鹤龄、尤列共同从事反清革命。他们志同道合,自称"四大寇"。随后,陈少白加入兴中会,又参与了广州起义。起义失败后,远赴日本。

这栋塔影楼,是陈少白在辛亥革命过后辞官办实业,购下联兴码头后修建的。塔影楼最初的用途,便是陈少白办公与居住合二为一的处所。20 世纪 20 年代,孙中山也曾在塔影楼中居住过。2 楼浴室内摆放的那个

塔影楼

大浴缸,正是当年旧物。后来,陈少白搬迁到北京生活。他非常想念自己的旧日居所,在思念的折磨下,还曾写过一首《忆塔影楼》:"日日凝妆珠海岸,经年憔悴深闭门。风光如许人何处,厌记江潮涨落痕"。

如今的塔影楼，经历过20年代各派政治势力的斗争、经历过日寇侵华的重重战火，饱含着一个世纪的沧桑，坚挺地伫立在原来的位置上。塔影楼里依然存放着多个陈少白使用过的物品，如屏风、睡椅、高脚茶几及屏风等；陈少白先生的一部分亲戚，至今也依然居住在塔影楼3楼上。

广州也有蒋光鼐故居吗？

蒋光鼐是广东东莞虎门人，曾参加辛亥革命、中原大战等，是杰出的爱国民主人士和政治活动家。蒋光鼐戎马生涯的巅峰，是震惊中外的淞沪抗战。彼时日本帝国主义在"九一八"事变后得寸进尺，计划侵占上海作为继续侵略中国的基地。蒋光鼐率领着中国军队，在武器装备极度落后的情况下，与日军展开了血战，重创敌人。后因抗战有功，蒋光鼐获得了青天白日奖章。

在东莞，有一座蒋光鼐故居。这里是蒋光鼐出生并度过少年时期的地方。而在广州龙津西路逢源北街87号，也有一座蒋光鼐故居。这座房子有三层楼高，属于典型的民国风格，用青砖砌墙，以砖木结构为主，内部面积十分宽敞。它原本是陈廉仲的物业，在陈家女眷出嫁后，被贩卖给了蒋光鼐。蒋光鼐一家遂搬到此处长期居住。

蒋光鼐故居

民国期间，这座故居曾被用作广州私立莞旅中学。经历过多年风霜洗礼，它逐渐成为了一所濒临倒塌的危房。2000年，蒋家后人一致决定，把这座房子捐献给荔湾区。通过匠人们精心修复，这座旧房于2010年焕然一新，以蒋光鼐故居博物馆的身份重现在世人眼前。该博物馆被分为若干个展览室，各展览室里，展出的是蒋光鼐每个人生阶段所涉及的图片、文字或旧物。在博物馆一层，安装着蒋光鼐蜡像。而二楼大厅里，则通过声光电影的手段，将蒋光鼐重击日军的场景鲜活地呈现出来。到蒋光鼐故居走一遭，相信你会对这位抗日名将生平产生更深刻的理解。

为什么伯捷旧居被称为"广州白宫"？

伯捷是20世纪初活跃在广州的美国建筑师、土木工程师。广州有名的粤海关大楼、瑞记洋行新楼以及花旗银行新楼等都是伯捷参与设计的，他改建的中山大学马丁堂，更是中国近代史上第一栋钢筋混凝土混合结构的建筑。

更令人啧啧称奇的是，沙面地区的大部分标志性建筑，包括旧俄罗斯领事馆、被誉为"沙面第一楼"的法国东方汇理银行等楼房，均为伯捷独立设计的。正因为此，伯捷被人们称为"沙面建筑之父"。

伯捷故居

伯捷曾于广州荔湾芳村白鹤洞的一个小山丘上，修建了一栋西洋风格的建筑。这栋建筑占地九亩，是他斥资买地建起的私人住宅。伯捷旧居，在当时堪称典雅辉煌，举世无双。孙中山、蒋介石等政治界的名人，都曾选择伯捷私宅作为他们的会议室。故而，伯捷旧居，成为了世人心目中的"广州白宫"。

可惜的是，这座"广州白宫"并没有得到很好的保护。它于2009年被列为荔湾区文物保护单位之列，还经历了长达5年的修缮工作，如今却再度荒废下来：内部常年没有人打扫，四处都是堆积的垃圾，蛛网随处可见，让人情不自禁地对它的命运产生一番唏嘘感叹……

李小龙在广州居住于何处？

李小龙是家喻户晓的武打明星，他出生在美国加州旧金山，祖籍在

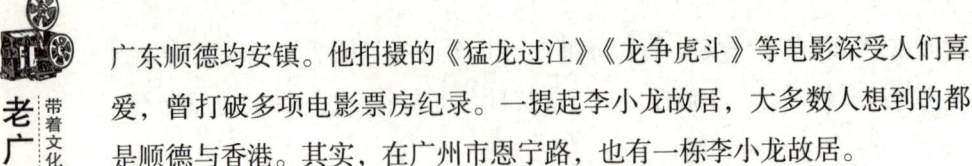

广东顺德均安镇。他拍摄的《猛龙过江》《龙争虎斗》等电影深受人们喜爱，曾打破多项电影票房纪录。一提起李小龙故居，大多数人想到的都是顺德与香港。其实，在广州市恩宁路，也有一栋李小龙故居。

广州市的李小龙故居，在恩宁路永庆一巷13号。这栋房子是粤剧"四大名丑"之一——李海泉所建。李海泉，就是李小龙的父亲。李海泉携家人移居香港后，房子被出租给了其他人。直到1978年，李氏家族的后人才取回了产权。

由于这所房子被划分在培正小学园区内，外观又相当残旧非常不起眼，故而经常被人们认为它不过是学校的一所杂物间。其实，这栋故居具有西关大屋典型风格，采用砖木结构，内里设置着雕花大梁、雕花玻璃屏风，占地面积有200多平方米。近年来，荔湾区政府正在筹划将其恢复旧貌，开发成李小龙祖居纪念馆、医武馆，以纪念这位世界闻名的武林高手、电影宗师。

冯云山故居是被清兵毁掉的吗？

冯云山是太平天国运动的杰出领袖之一。他于1822年出生在广州市花都新华镇禾落地村，早年间曾做过几年塾师。1843年，冯云山与洪秀全等人一同创立"拜上帝会"，并深入广西贵县、紫荆山区等地进行革命宣传活动，鼓动人们参加"拜上帝会"，还在宣传期间吸收了杨秀清、萧朝贵等骨干人物。

1851年，金田起义爆发。冯云山被封为南王，制定了包括《太平军目》《太平礼制》《太平天历》等一系列政令。一年后，他在全州战斗中受了重伤，最终不幸牺牲。

冯云山故居遗址

冯云山去世后，为何没有在他的旧居上修建任何纪念馆呢？因为冯云山的故居，早在金田起义中，就被清军一把火焚毁得干干净净。再加上冯云山早年为了支持太平天国起义，变卖了不少家产，根本无力作出修复，旧居也就不复存在了。

其实，冯云山在广州新华镇的故居原本是"九厅十八井"的大屋。故居门口有一口九茹塘，约两亩地大小；前面不远处还有一处水潭，叫做石角潭。据说石角潭就是南王与洪秀全创会时，受洗礼的地方，然而石角潭在20世纪60年代中期被填平改成了水田。如今的冯云山故居，仅剩下了两块断裂的石碑与一段墙基，向人们述说着南王曾经的功绩……

你了解洪秀全的旧居吗？

洪秀全故居位于广州市花都区大布乡官禄布村。这套故居始建于清末，共有六间，墙基用石头砌成，墙体则采用泥砖。在这里，洪秀全居住生活了三十余年，度过了他的整个青少年时期。

与冯云山故居相仿，洪秀全旧居也一度被清兵焚毁。但幸运的是，洪秀全旧居得到了重建。重建后的洪秀全旧居，成为了他的个人纪念馆，主要展示了洪秀全在这片土地上生活、学习的过程以及领导太平天国运动的

洪秀全故居

相关资料。在这所纪念馆里，总共分为四个展厅。展厅根据洪秀全的人生历程划分，分别反映了他的成长过程、金田起义以及保卫天京和最后的悲壮抗争。在第一展厅内，你可以看到用白玉雕成的洪秀全坐像，以及一批关于太平天国革命斗争故事的木雕作品。步入第二展厅，金田起义的故事则映入眼帘。展厅内部采用金田起义的旗帜作为底板，加上灯光烘托，当年洪秀全带领人们抗争的情景仿佛重现在眼前。第三展厅采用了太平天国天朝宫殿的样式，主要讲述太平天国政权建立的全过程。转入第四展厅，则可以看到太平天国做最后的抗争时，各种悲壮却又不肯放弃、城墙破裂、惊天地泣鬼神的场面。

目前，洪秀全故居已经被列入了全国重点文物保护单位。2005 年，更成为了国家 3A 级旅游景区。与冯云山故居的前世今生相互映衬，让人不禁感受到历史那诡谲的一面。

电影《三家巷》是在李福林故居取景的吗？

李福林庄园位于广州宝岗大道 1 号，占地面积高达 13334 平方米，俗称"二十亩"。它是民国十年由李福林修建而成的，四面环水，包括主楼、耕仔楼、水榭、钓鱼台、门楼等建筑。这座庄园的主楼位于水中小岛心，坐北朝南，混凝土结构，属于西式楼房。主楼两边的耕仔楼，则是工人居所。庄园四周遍植果树，环境清幽怡人。

说到这座庄园，我们就不得不谈到庄园的主人——传奇人物李福林了。李福林出身绿林，早年追随孙中山脚步，加入了同盟会，又率领民军投身到辛亥革命中去。后来，李福林成为了国民党重要军官，长期在广州、河南等地盘踞。他曾经出任广州市长、国民军第五军军长，这座庄园除作为住宅以外，还是他军队的总部。

从上方俯瞰整座庄园，可以发现它的形状就像一架向北方飞行的飞机。据说，庄园的造型蕴含着李福林希望北伐胜利的美好心愿。由于它造型独特，历史印迹清晰，保存完好，故包括《三家巷》在内的多部电影都曾选择在此处取景。如今，李福林公馆已经成为了中共海珠区委办公楼。

泰华楼缘何得名？

泰华楼的原主人，是岭南一带的书法名家李文田。他出生于广东顺德，学问渊博，对于蒙古史以及碑学均有很深的研究。李文田少年时专工欧阳询书法，精通《九成宫》及其他唐碑，后来又转而学习隋碑。李文田的书法作品，博采各朝代碑刻优点，笔力酣畅饱满，意蕴颇深。他的篆书温厚蕴藉，隶书及楷书则挺拔有力，主要作品包括《楷书轴》《行书七言联》《书画团扇》等，在广东省博物馆、广州美术馆、广州博物馆及佛山、江门、东莞、香港等地的博物馆均有收藏其作品。

李文田曾担任礼部左侍郎，还支持过刘永福的抗法斗争，热心于广东地区的水利建设事业。清远石角围、三水大路围等堤围，就是在李文田的主持下募资修建起来的。1874年，李文田厌倦官场，请求回到家乡，并前往广州凤山书院、应元书院授课。在广州，李文田筑起了一栋楼用于收藏自己多年来四处收集的珍贵书籍、拓本。正因为他的藏品中含有秦《泰山石刻》宋拓本及汉《华岳庙碑断本》宋拓本这样的珍品，故而这栋楼被李文田起名为"泰华楼"。

泰华楼旧屋由于年代过于久远，一度倒塌不能正常使用。经过1989年的动工重建，方才再次出现在世人眼前。它是一栋坐落在多宝涌畔的砖木结构大屋，含有正厅、左右偏间、门厅、外廊和书房、厨房等建筑，布局合理，简朴大方，环境优雅。1993年，泰华楼成为广州市市级文物保护单位。诗人余藻华还曾题词曰"泰阶有象，华岳同春，楼台复建，百载常新"，赞美李文田旧日书屋重换新颜。

王彭故居真的发生过战役吗？

在广州市花都区花东镇三凤村，有一栋王彭楼，这栋楼修建于清朝光绪年间，是爱国华侨王彭的居所。

王彭楼坐东朝西，主楼高四层，以实心青砖垒成墙壁，墙基则用灰砂三合土制成。楼梯楼板原本是木质，后由于年代久远，大多霉烂，重修时被拆改成为钢筋混凝土结构。天井中央，有一口水井。另设置一堵照壁，照壁上精心绘制了寿家图案以及灰塑花鸟画。仔细看时，你可以发现：这栋坚固的王彭楼，墙面竟然布满了弹痕和炮弹孔！原来，在王彭故居，曾经发生过一场轰轰烈烈的

王彭故居

战役……

　　王彭又名王应彭，16岁时就追随父亲的脚步远涉重洋，来到美国旧金山地区打工。他是一个嫉恶如仇的少年，好打抱不平。尤其在华人容易遭受白眼的异国他乡，那种坚毅的品质尤为闪光。正因为王彭勇敢、热情，他得到了当地华人的尊敬与拥戴。1903年，孙中山来到旧金山举办兴中会筹资大会，王彭也参与了。国家与民族的危机使得王彭受到了深深的刺激，决心支持孙中山先生提倡的民主革命。他与孙中山一见如故，相谈甚欢。为了革命事业，王彭曾多次捐款，后来还毅然加入了兴中会。

　　1916年，年近五旬的王彭离开美国，回到家乡定居。他建立起这栋集居住、防守功能于一体的王彭楼，又加入同村王福三为肃清家乡腐败而成立的"九湖乡自治会"，组织农民兄弟与贪官污吏、土豪劣绅作斗争。王彭成为自治会十位评审委员之一，为处理民间争端、监督公款收支等献出了一份力。1924年，九湖乡农会正式成立。王彭拿出自己的积蓄，为农会捐献大批粮食与资金。同年10月下旬，反动民团与土匪相勾结，向九湖乡发起进攻。王彭为农军购买了大批子弹枪支，便于农民子弟保卫自己的合法权益。

　　1927年，蒋介石发动"四一二"反共政变。广州花县的反动势力得知后，也纠集起一批乌合之众向农会发动进攻。王彭正逢六十大寿，但他听说后当机立断准备应战，承担起掩护农民军的任务。农民军退入王彭楼，而外面则是上千人的民团军队。经过炮轰、火攻等一系列战斗，农民军坚守40余天后趁雨夜设法疏散。民团攻下王彭楼，才发现楼里一个人影子也没有，只好撤军。王彭楼，成为了这座小村庄里最为光荣的记忆。

你知道邓世昌故居的前世今生吗？

　　邓世昌故居位于广州市宝岗大道龙珠直街龙涎里2号，是民族英雄邓世昌的出生地。邓世昌是清朝末年我国杰出的爱国将领、民族英雄，在中日甲午战争时期，担任致远号巡洋舰管带一职。1894年9月17日，邓世昌在黄海海战中壮烈牺牲。他去世后，邓氏家人把故居扩建改为宗祠。

邓世昌故居

由于清廷追封邓世昌为从一品官阶，故而他的宗祠正门是按照一品官员的规格修建的。台阶一共有6级，整座建筑则以长条花岗石做基础，高出地面1米再用水磨青砖砌墙。祠堂主体共分为前、后两座，中间用廊庑相连。在祠堂主体四个角上，则各建有一栋阁楼。另外，祠堂还包括了东院、后花园及东西门楼、前院照壁等建筑，值得一提的是后花园中的那棵苹果树，传说是邓世昌亲手种下的。

抗日战争时期，日军侵占广州。由于被邓世昌的威望所摄，日军并未破坏邓氏宗祠。民国三十八年，邓氏族人在祠堂内部办理起"世昌小学"，后一度改建为妇产医院。从1957年开始，邓氏宗祠被作为广州市结核病防治医院使用。"文革"期间，又一度遭到破坏及违章占用。直到1989年，邓氏宗祠被评为广州市文物保护单位，又于1994年8月辟作邓世昌纪念馆。

如今，邓世昌故居整座建筑都恢复了清朝的式样，各种木雕已尽量复原。在故居内部，收藏有600多张图片和雕塑、模型、文字说明，将邓世昌青少年时期的故事以及甲午海战的壮举一一讲述。后邓世昌故居还被评定为"广州市爱国主义教育基地"。

康有为的康园建在何处？

北起芳村平民东街，南至友伦里，东至芳村基督教堂至陆居路附近的芳村百货商店、影剧场一带，曾经是康有为的花园。当地的老人称这一带为"康园"或"康地"，相传康有为在数次上书要求变法却均未被采纳后，心灰意冷，于是筑起康园作为隐居之用。后来，康有为奉旨上京变法，但变法失败。清兵前往广州市内康式云衢书屋中搜捕康有为，幸好康有为在花场新筑的康园居住，逃过一劫。

这座曾经救过康有为性命的康园位于听松园南边，附近还有一座"小蓬仙馆"，是清末道教信徒聚会讲道的地方。据说，康有为曾经在小蓬仙馆内读书，正门上"小蓬仙馆"的匾额也是康有为亲手书写的。但后来，部分居民在此处修建阁楼，如今"小蓬仙馆"与康园遭遇相同的命运，已经不知所踪了。

广州的民间趣闻

"上轿新娘不下轿"的习俗是怎么来的?

广州地区有个习俗——上轿新娘不下轿。这习俗是怎么来的?背后有一段趣闻:

相传古时某日,广州有位新娘出嫁。送亲队伍抬着花轿,吹吹打打,非常热闹。出嫁途中,送亲队伍与另一鸣锣开道的官方队伍狭路相逢。两顶轿子无论如何也无法同时通过这条小路,这使得官方队伍的领头人十分恼火。他大声呵斥:"哪里来的贱民?为何不下轿让路?!"

然而,新娘却不是个好欺负的人。她向来能说会道,听言后立即回敬:"今天新娘出嫁,哪怕是轿子里坐着天王老子,也该给我让路!"

凑巧,官方轿中坐着的还真是当朝皇帝。皇帝见新娘如此大胆,忍不住问她:"你这话是从何而来的?"

新娘笑着回答:"新娘子坐上轿子还没有到丈夫家里,哪里能下轿啊?况且我离丈夫家还有很长一段路途,为了不在路途中内急小解,上轿前还吃了一些冰糖敛尿呢!"

皇帝听后继续向新娘发问:"我是堂堂一国之君,难道也要让你这个小小的新娘不成?"

新娘子根本不知道对方是皇帝。她依然镇静地回答道:"就算皇帝老爷,也是从女人肚子里生出来的。皇帝天天都是最大,这次让一让新娘也不行?"

皇帝听完，觉得新娘说得有道理，于是下轿让道，"上轿新娘不下轿"就成了当地婚嫁的风俗。民间还从这个故事衍生出了"皇帝朝朝大，不如新娘一朝大"的俗语呢！

广州天平架五仙桥与五羊传说有什么关联？

"五仙驾羊献穗"是每个广州人耳熟能详的传说故事。然而，鲜为人知的是，广州城北的天平架、伍仙桥、鸡颈坑、麒麟岗等地名，都与五羊传说有关。

传说当年五仙接旨下凡送五谷之时，原本打算将天马当坐骑。然而，天马比较贪玩，不知道跑到哪里去玩耍了。于是五仙只好骑羊下凡，在广州城北郊上方，稻仙看到了一只小白马。于是众仙人降下祥云，寻找白马。白马见势不妙，摇身一变变成一座山岭，这座山岭就是白云山路的马仔岭。

因众仙遍寻白马而不见，便干脆就在此处歇歇脚顺便打牙祭。由于五仙发现脚下的山岭像一朵白云，于是将它命名为"白云山"。白云山前另有一座像瘦狗一样的山岭，众仙叫它"瘦狗岭"。席间，不知哪位仙人突然提问，究竟是白云山比较重，还是瘦狗岭比较重呢？大家争论不休，最后决定找一座天平来称一称。称出来的结果是瘦狗岭比较重，而神仙们安放天平的地方，就被后人们称作"天平架"啦。

接下来再来说麒麟岗和伍仙桥吧。话说众仙称完两山重量后，继续向前赶路。此时，稻仙骑的仙羊肚子饿了。于是，便放它去吃草。闲来无事，众仙又开始讨论问题了："仙羊坐骑虽好，但容易饿。你们说，什么坐骑可以比仙羊还好呢？"豆仙说："当然是麒麟最好啦"。麦仙闻言，掏出扇子迎风一招，招来一只麒麟，要稻仙坐上。稻仙心中有所疑惑，

五羊雕塑

以为是麦仙要捉弄他。豆仙却以为稻仙是担心地上肮脏,弄污了自己的仙袍。于是豆仙又掏出一块手帕,变成一张地毯。豆仙对稻仙说:"这下好了,你可以试试你的新坐骑了!"

可稻仙仍然犹犹豫豫,麒麟等得不耐烦,一口气跑到山顶了。众仙人见稻仙把麒麟放跑了,纷纷表示要惩罚他。稻仙认罚,决定请大家吃鸡。然而鸡颈子上的肉太多,被仙人们顺手扔在一边了。

后来,当地村民在五仙逗留过的地方筑起了一座小桥,取名为"伍仙桥"。马仔岭前的"下马铺毡",则是豆仙变的地毯。再往北走,有一座麒麟岗,它是稻仙放走的麒麟变成的。而附近的鸡颈坑,就是当年仙人们扔下的鸡颈变成的。

广州刺史王琨是怎么被南朝孝武帝"黑吃黑"的?

广州一向是我国经济外贸繁荣昌盛之地。无论是哪个朝代,只要能够在广州当满三年官,敛来的财富绝对能够供其返乡后买房买地购置产业了。因此,广州官场黑道敛财十分疯狂,南朝时期也不例外。

眼见广州官场黑暗,清官纷纷上奏朝廷要求肃清。然而当时在位的孝武帝刘骏却采用了一种出人意料的"高明"手段:他并没有采取措施查封官员贪污的门路,却反而来了个"黑吃黑"的措施:针对广州,孝武帝特意发布了一道圣旨。圣旨规定,凡是在广州担任刺史级别以上的官员,任职期满后不但要做总述职,还要忠实地上报财产。财产的一半必须奉送给皇帝作为政绩,只有这样才能获得嘉奖,顺利升官。如果奉送的财产不多,官位将处于待定状态。如果完全不肯奉送钱财,则只能丢官走人。

这道圣旨下达后,广州刺史王琨陷入了绝望境地:他敛财乏术,贪的银钱不多,眼看就要丢官了。好在王琨的祖上有家底,广州在任时期又娶了个富人家的女儿,通过"啃父母""啃老丈人"等措施,东拼西凑才凑足了一笔足以保住官位的钱,真叫人哭笑不得。

广州天河有什么来历?

广州天河村建于宋代。关于天河村的来历,据说与玉皇大帝有关。

相传很久以前,玉帝怜悯民间百姓缺衣少食,便命令掌管人间气候的雷师雨部经常下谷雨、面雪,以救济苍生。一开始,百姓们都十分高兴,虔诚地拜谢玉帝。后来,人间风调雨顺,许多人渐渐地就不再爱惜粮食,吃不完便随手丢弃。玉帝十分恼怒,降下圣旨:凡有糟蹋粮食者,杀无赦。

那时离石龙潭不远处,有一条无名小村。李孝儿就是在这里出生成长的,他年少丧父,与母亲相依为命。李孝儿对母亲非常孝顺,白天干活,晚上帮着做家务,有好吃的总是献给母亲吃。有一天,李孝儿的母亲生病了。他焦急万分,四处寻医问药。眼看母亲的病情有所好转,想吃点木瓜汤,李孝儿立即出门去买了两只大木瓜,回到家里去皮煮汤给母亲喝。他因急着做汤,一时间手忙脚乱,木瓜仁被撒了一地。恰巧玉帝从这条村落上空经过,看到满地的木瓜仁以为是谷物,勃然大怒,命令雷公电母劈死了李孝儿,还在村落的泉水中降下瘟疫,要村子里的人都不得好死。李孝儿的母亲追出门外,呼天抢地大哭起来:"老天爷,你为什么不长眼,专劈好人?"电母见老太太哭得伤心,于心不忍。她用电光照了照地上,细看之下发现那果然不是粮食,而是没有用的木瓜仁。于是她急忙上天回禀玉帝,玉帝知错,立即要太上老君带仙药去救李孝儿一条性命。

太上老君救醒了李孝儿,李母高兴至极。她奔出门外,准备告诉左邻右舍这个好消息。谁知邻居们喝了有瘟疫的潭水,都沉疴在身,奄奄一息。电母连忙再次禀告玉帝,玉帝准其前往施救。于是电母解下自己身上的腰带,往村落的方向抛落。这条腰带落地后立即变成了一条清澈的溪流。村民们来到溪流边痛快饮水,甘甜的泉水治愈了瘟疫,让人们精神爽快无比。于是,这条小溪就被大家称作"天河",而这条村落,也由此得了个"天河村"的名字,一直叫到如今。

"荒村"如何变"花地"?

过去的广州花地,既没有花,也没有果。它只是一片荒草丛生、蛇虫出没的洼地,人们多称之为"荒村"。这片荒村,是如何变为后来的"花地"的呢?荒村更名的背后,原来有着一段动人的民间传说——

很久很久以前,在荒村附近居住着一个叫蔡伯的老人。蔡伯生性善良,但无儿无女。每到夜晚,看着四周黑沉沉的夜幕,听着虫鸣蛙叫,内心无比孤寂。与蔡伯做伴的,只有家里屋檐下的一窝燕子。他特别喜欢燕子,不准小孩子打鸟,也不准旁人上梯子掏鸟窝。

为了方便燕子做窝,蔡伯在自家院子里和泥,又将稻杆剪碎与泥搅拌。这样,燕子就不需要去很远的地方收集筑巢的材料了。有了这个便利,蔡伯院子里的燕子越来越多。某年春天,蔡伯特意用红毛线系在了一对燕子腿上做记号。次年春季,它们又回来了。蔡伯很开心,每天下地捉菜虫,拿到房檐头上给燕子投喂。后来,这对燕子生下一窝可爱的雏鸟。蔡伯照料得更加精心。有一天,燕子教雏鸟学飞,但其中的一只雏鸟却被一枚从园子外飞进来的石头打断了腿。蔡伯用自己的棉被给雏鸟做了小窝,又采来草药为它疗伤。直到雏鸟完全恢复了,也能正常飞行了,蔡伯才依依不舍地将它放飞。这只小燕子在他掌心里站立了一会儿,翘翘尾巴,飞上天空。

又过了一年,到了春暖花开燕儿回巢的时候了。蔡伯没想到的是,燕子们给他带来了一个巨大的惊喜:成千上万的燕子,都在蔡伯的门口兜圈,还纷纷吐下乌黑油亮的种子。这些种子是来自五湖四海世界各地的奇花异草,蔡伯把它们洒在院子里,不久后就长出了各色各样的美丽花草。

蔡伯十分开心,他拿着花草种苗分送荒村里的各位乡亲。从此,"荒村"变成了"芳村"。香花在芳村越种越多,品色越来越奇。这片荒村,最终成了广州地区最为出名的花圃,人们于是叫它为"花地"。荒村再也不荒芜了。

过去的广宁人可以不花钱出入广州天字码头，是什么缘故？

鸦片战争前后，广州的天字码头出入都需付钱。然而，但凡是广宁群众，却有着不交钱也能顺畅通行的特权。这种特权是怎么来的呢？

原来，当时的两广总督曾于某日请太医官为其检查身体。太医官预言总督明年会长背疽，很可能有生命危险。总督非常害怕，请求太医官开方治疗。但太医官却认为，要彻底治好背疽，只能在它还未生成之时就将其打散。不过自己，却没有这个本事。

天字码头

总督非常焦急，四处求医。最后，探得一名叫陈为甫的广宁医生，他得了麻姑传授的艺术，除妇科病外其他疾病都手到擒来。总督大喜，亲自来到广宁请陈为甫诊断。陈为甫查看总督的病情后，让他吃一百斤雪梨。总督按照陈为甫的嘱咐，吃掉了一百斤雪梨，再来复诊。陈为甫切脉过后，笑着恭喜他，说背疽已经被打散了。

总督将信将疑，来到太医院进行复查。太医官查看后惊叹不已，表示背疽确实已经消失。他自愧不如，希望将太医位让给陈为甫，但陈为甫并不肯做太医。总督又提出，给陈为甫封官、赠送土地，陈为甫也没有接受。总督再三提出，一定要对陈为甫表示感谢。陈为甫想了又想，说："我们广宁人到广州来，连个停泊船只上岸的地方都没有。要是有个码头可以让广宁人出入方便，我就心满意足了。"

陈为甫的要求一说出口，总督立刻忙不迭答应。从那以后，广州的天字码头就被封赠给了广宁。广宁人出入广州在此泊船，一不受阻，二不交钱，陈为甫的心愿就这样实现了。

广州增城是何仙姑的出生地吗？

何仙姑，是八仙当中唯一一位女仙，她出生在广州增城，原名何素女。何素女的父亲叫何泰，因家中有一口清甜的水井，故以井水制作豆腐为生。

何素女生性恬淡，由于不满父母包办婚姻，在结婚前夕失踪。天亮后，何家父母只找到了井边遗留下的何素女的一双鞋。后来，有道士从罗浮山下来，告诉何家曾见到何素女盘腿坐在罗浮山的麻姑坛石上，还托其捎话给何泰，要他收起井边的鞋子。原来，何素女已经成仙飞升了。

在距离增城县城11公里开外，有一座三开两进的小庙。这座小庙，就是何仙姑家庙。秒内供奉着何仙姑的神像，原本是唐代村姑打扮的樟木雕像，后来在"文革"中被毁，遂又再次重塑。在拜亭天井东侧，有一口古井，井壁刻着"仙源涓涓，饮者万年"8个小篆。这口井实际上并不是何仙姑飞升的水井，而属于后来人修建的。

据说，何仙姑家庙在日军侵华时期曾遭到过多次轰炸，但即使附近的房屋都被炸成了废墟，家庙却依然屹立不倒。更有一次，一颗炸弹直接掉落在了家庙前面，却成了哑弹，没有对家庙造成一丁点损失。相传一个日本兵还曾经在何仙姑家庙当中纵火，结果他转过身后火就自动熄灭了。因此，当地村民深信这座家庙是有何仙姑保佑的。

何仙姑

在距离何仙姑家庙300米开外，还有一株硕大的古藤。古藤被当地居民附以神话，说是何仙姑飞升时，从腰间掉下来的绿色丝带。其实，除这座家庙以外，增城还有好几座何仙姑庙呢。石滩镇沙陇村南社、派潭镇东园路等地都有为纪念何仙姑而修建起的寺庙，从侧面可以体现出当地人民对何仙姑的尊敬和热爱。

为什么广州人称琶洲塔为"中流砥柱"?

琶洲位于广州市海珠区,是一个小小的岛屿。它的形状像一个琵琶,从而得了"琵琶洲"的美名。相传远古时候,琶洲四周没有陆地,是被一只大鳌鱼驮在背上的。每逢潮汐变化,就会顺着水流移动。因此,琶洲上的居民们常年处于惴惴不安之中。

某天,琶洲来了个两鬓斑白、手拿雨伞的老人。老人在珠江边上走来走去,像是在找东西。走累了,便坐在江边的一块大青石上歇息。正巧有个郑大娘在江边榕树下卖茶,她见老人在石头上唉声叹气,心想一定是遇到了难处,于是捧了碗清茶递给老人,

琶洲塔

询问他是否有什么为难之处?然而,老人并未回答郑大娘的问题,倒是反问她最近琶洲有没有出现过什么怪事?郑大娘也不避讳,一五一十地将琶洲随潮汐移动的情况讲给老人听。

老人听罢,一声叹息:不出我所料,果然是那只鳌鱼作怪。它是当年哪吒三太子闹东海时锁禁在琵琶洲下的,锁禁时,哪吒还对鳌鱼说,倘若琶洲和陆地连在一起,鳌鱼就再也不能回到东海去了。最近它蠢蠢欲动,就是想乘机翻身逃回东海。因为琶洲在逐渐地向陆地靠拢呀!如果鳌鱼真的翻身成功,那么琶洲上的一切都要葬身江底了……

郑大娘听说后,不禁被吓得魂飞魄散。老人安慰她:"别着急,现在告诉乡亲们先搬迁到其他地方居住吧。"郑大娘连忙依言召集乡亲在祠堂开会,大家听完老人的话,都面面相觑,目瞪口呆。有人看出老人来历不凡,于是请教他破解的办法。老人沉吟良久,说:"如果在琶洲建造一座高塔把这条鳌鱼镇住的话,也许有用。但是一要保密,二要讲究速度。"

乡人们听完,纷纷向老人叩头,表示一定按照老人所言行事。于是,老人叫来几个主事人,附耳吩咐一番。第二天,便大家齐齐出动,搬运

木、沙。第三天，建材备齐，又准备好三牲祭品，提前建塔。只见老人从背囊中取出墨斗砖刀，祭奠过水酒后，砖灰、木料都像列队士兵一般，层层叠叠自动排列，一眨眼间，就从地下建到了第九层。三更时分，宝塔封顶。四更时分，完成立碑。五更开光，宝塔大功告成，如同一道中流砥柱，紧紧地压制着鳌鱼，保护琶洲平安，人们不禁喜笑颜开。有人上前叩问老人姓名，老人说："老朽姓鱼名日，这座塔就作为送给大家的礼物吧！"说完后，便跟众人告别，飘然而去。

老人走后，才有人发现：上鱼下日，不就是鲁字吗？这位老人一定是鲁班师傅南来显圣，否则谁能够在一夜间建起九层宝塔？由于宝塔建成后，琶洲再也没有出现过随潮汐涨落而浮沉的情况了。故而，这座塔又被广州人称为"中流砥柱"或者"琵琶砥柱"，关于鲁班建塔的传说，也一直流传到了今天。

百岁坊与清朝的一位秀才有关吗？

在广州中山四路大塘街内，有一条小巷叫作"百岁坊"。这"百岁坊"与清朝康熙末年的一位穷书生有关，背后的故事不可谓不辛酸：

穷书生名叫王健寒。他勤奋好学，饱读经书。为了糊口，选择在一家私塾做老师，教孩童念书。王健寒教书时尽心尽力，教出来许多学生都中了举，可谓桃李满天下。然而，王健寒自己却似乎并无在科举考试中求得功名的运气。他每次考试，总是名落孙山。从满头黑发，到银丝两鬓，却仍然只是一介布衣，连秀才也没考上。但王健寒却毫不气馁，直到103岁时，拄着拐杖也要报考。虽然街坊邻居纷纷劝告他不要再去考了，王健寒却心中不忿，认为一定得去考。

考试时，由于王健寒年老体衰，一到

百岁坊

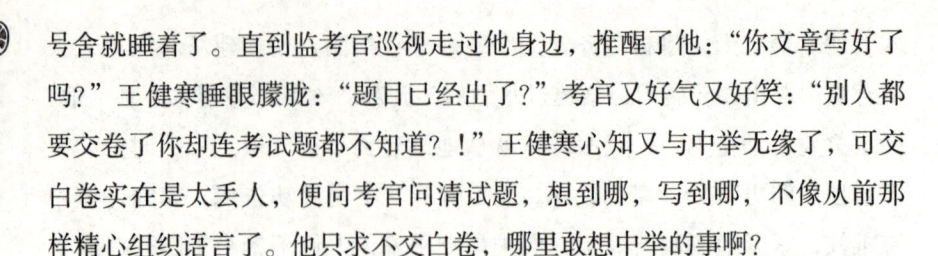

号舍就睡着了。直到监考官巡视走过他身边，推醒了他："你文章写好了吗？"王健寒睡眼朦胧："题目已经出了？"考官又好气又好笑："别人都要交卷了你却连考试题都不知道？！"王健寒心知又与中举无缘了，可交白卷实在是太丢人，便向考官问清试题，想到哪，写到哪，不像从前那样精心组织语言了。他只求不交白卷，哪里敢想中举的事啊？

结果这次考试，王健寒与孙子一起中了秀才。两爷孙的事迹一时被传为佳话，人们纷纷表示祝贺。王健寒心想："为何之前引经据典不中，这次通俗易懂反而中了？大概这就是'不愿文章高天下，只愿文章中试官'啊。"

由于王健寒在科场中经历了康、雍、乾三个朝代，才勉强考中秀才，前后已达七十余年，实属不易。街坊邻居都称他为"三朝百岁秀才"，他居住的小巷也就被称为"百岁坊"了。

广州洞神坊与康王庙有什么关系？

在广州市龙津东路，有一条街叫作洞神坊。这条街的名字，与清朝时一名叫"刘懂神"的孩童有关。

相传清朝时期，广州有位书生名叫刘秀。某天，刘秀与其怀孕的妻子回家探亲，路上突遇倾盆大雨。两夫妻匆忙跑到一间古庙避雨，谁知天空雷声隆隆，十分恐怖。夫妻俩心慌意乱，不禁自问：这辈子从没做过什么坏事情，为何会触怒神灵？此时，刘妻肚内的孩子胎动，蹬了一脚。所蹬的位置，正是妻子手里拿着的一包咸鸭蛋。惊疑之中，刘秀看了一眼庙上门匾，上书"康王庙"三个大字，顿时心内透亮：

原来宋朝时康王被金兵追赶，慌乱中跑入一间古庙。他发现庙里有一匹马，不管三七二十一就跳上马背逃跑。跑过一条河后，他惊魂稍定，细看胯下的马儿，十分惊讶：这竟然是一匹泥塑的马！马儿被一语道破天机，迅速化为泥土。康王后悔不已，此时金兵已经追到对岸。正在千钧一发之际，有群鸭子从河岸走过，把他方才留下的马蹄印悉数踩踏干净。金兵没有发现马蹄印痕，以为康王并未渡河，便朝着另一个方向继续追堵，康王因而逃过一命。从那以后，康王就把鸭子当作救命恩人，绝不吃鸭，鸭蛋也在禁忌的范围之内。康王成神以后，百姓供奉他时也万万不可选用鸭子。现在天上雷鸣滚滚，正是因为这包鸭蛋触犯了康王的禁忌啊！

于是，刘秀扔掉鸭蛋。果然，雷声马上就停止了。两夫妇顺利到家，不久后生下孩子，起名"刘懂神"，因为他在没有出生的时候就能够感受到神意。刘懂神是个聪明过人的男孩，勤奋好学，在21岁时就中了进士。但刘懂神认为官场过于黑暗，不再做官。他回到广州学习医术，悬壶济世，挽救了不少人的生命。刘懂神去世后，人们为了纪念他，把他住的那条街叫作"懂神坊"。因为"懂""洞"谐音，"洞神"又象征着洞天福地，故而渐渐地，这条街又被称为"洞神坊"了。

为什么广州人要拜三娘树？

在广州市黄埔港文化宫对面的港湾五村口，有两棵上百年树龄的大榕树，人们称它们为"三娘树"。三娘树的由来与一段凄美的传说有关。相传明朝时期，梁太师陪同皇帝来到广州巡视。一日，皇帝经过横沙，看中了一位长得美貌非凡的农妇。皇帝决心选她为贵妃娘娘，并指定由梁太师督办此事。

农妇已经嫁人，人称莫氏。因当时皇帝身边已经有两位贵妃，现在莫氏又被册封，故大家称呼她为莫氏三娘。

莫氏三娘进京时，茶不思，饭不想，满面泪痕。梁太师问其缘故，莫氏三娘答到："我原本已经有了丈夫。现在虽然皇帝封我为贵妃，但却拆散了我们恩爱夫妻，所以我心里十分悲伤。"梁太师听三娘讲完，若有所思："既然你的心意十分坚定，那我教你一个办法：在朝堂之上，叩见皇帝之时，你尽管把裙子当众撩起。我自有办法救你性命。"

莫氏三娘听从了梁太师的嘱咐，上朝时当着众人撩起了裙子。皇帝大怒，要将莫氏三娘拖出去问斩。此时，太师上前奏道："莫氏只是一个村姑，根本不识大体，还请皇上恕罪。"皇帝觉得太师说得有理，于是免去了三娘的死罪，要她返回原籍。此时，梁太师再次进言："莫氏已经被册封过，回到原籍后，不能到丈夫身边。她没有经济来源的话，日子会十分辛苦。"

于是，皇帝写了三支赦签，说："这样吧。这三支赦签我送给她，她将赦签扔在哪里，哪里就得留地归属她。如此，三娘就不愁没有活路了。"太师把莫氏送回横沙，又交给她赦签，告诉她皇帝的意思。但莫氏说："虽然我能活下去，但夫妻不能团聚，活着也没有了意义。"她扔掉赦签，上吊自尽。

在莫氏扔掉赦签的地方，不久后长出了三棵榕树。人们称之为"三娘树"，"皇帝我都不嫁"也成为了当地女性对爱情发出的山盟海誓。青年男女常在三娘树前谈情说爱，上香跪拜，表示要与对方白头到老。

至于为何三娘树只剩两棵，就与另一个故事有关了。那是在日军侵华时期，为了在黄埔港修建电站，日军准备锯掉三娘树。然而，前去锯树的日兵却接连掉下，摔得头破血流。兵头知道三娘树的传说后，非常担忧，立刻停止锯树。但已经被伤害的那棵树终究没能活下来，故如今三娘树只有两棵了。

为什么岑村村民不姓岑？

广州天河区有一个村庄叫"岑村"，但在岑村居住的村民却不姓岑。这是为什么呢？

原来，在很久以前，此处有一座叫黄花岗的山岭。黄花岗一到晚上，就发出万丈金光。附近黄、吴、马姓三户人家看见后，都认为这里是一片宝地。于是，他们在此处搭屋建村，开辟土地，并给村子起名为"金村"。这三户人去请先生写村名，但先生粗心大意，将"金村"写成了"今村"。

黄花岗

当时有个贪官听说了"今村",误以为是"金村",村子里藏着很多宝贝,居民也都是些富人。于是他坐着八抬大轿来到今村准备敲诈,村民们纷纷关门闭户,大气都不敢出。

只有一位见过世面的父老,将官老爷接到家中奉上香茶。宾主坐定后,官老爷问父老:"这里就是金村吗"?父老说:"是的,这里就是今村。"贪官非常高兴:"这就好了。本官有一事相求。"父老说:"只要是我们做得到的,老爷但说无妨。"于是,贪官告诉父老,自己最近手头缺钱,要跟金村人借一万两白银。父老大惊:"我们这里的村民都凭耕田织布勉强糊口,哪里有这么多银子?"官老爷十分生气:"如果你们不富裕,为什么要叫金村?"父老回答道:"我们这个村子是今天的今,不是金子的金啊!"官老爷并不相信,于是父老便带着他去各家各户拜访。官老爷只看到家家户户的番薯、芋头以及破碗烂盆,根本没看出究竟哪户人家有钱。官老爷看实在没法搜刮民脂民膏,怨气冲天:"你们村子混淆读音,根本就不能叫'今村'!今天我原谅你们无知之罪,但以后要在村名'今'字上加个'山'字,我要让你们没有出头的一天!"

村民们百般无奈,只好把"今村"又改名叫作"岑村"。但官老爷的诅咒并没有生效,岑村的百姓们经过一代代刻苦经营,将这个村庄建设成了一个富饶的地方。

广州俗语"三个盲公食两条土鲮鱼"是怎么来的?

广州有句俗语叫"三个盲公食两条土鲮鱼",它是怎么来的呢?原来,这句俗语的背后,有一个民间故事。

传说很久以前,有三个盲人到茶楼吃饭。伙计盛来两条用蒜头、豆豉和姜片蒸好的土鲮鱼,又端来三碗米饭,跟他们说"慢慢吃",就信步走开了。

三个盲人闻到饭菜的香味,都忍不住口水直流。他们连忙捧起饭碗,拿着筷子要夹菜。第一个盲人不管三七二十一,就夹了一条鱼摆到自己的饭碗里。另一个也夹了一条鱼放到自己碗里。第三个盲人就倒霉了,他左夹右夹，也夹不到鱼，只有一些蒜蓉和豆豉这种配料。不过因为味道好，故而三个盲人不论有没有鱼，都吃得津津有味，不一会儿，饭就吃完了。

伙计上来一面收拾碗筷，一面问盲人："吃得怎么样啊？"第一个盲人说："分量很足啊！"第二个盲人舔舔嘴唇："我怎么觉得勉强够呢？"第三个盲人却十分惋惜："你们的菜味道好是好，但是根本就没有鱼肉嘛！"

这三个盲人的回答都没有撒谎，但由于他们都看不见，又不知道只有两条鱼，故而先到的占了便宜，最后到的只好吃亏。后来，但凡是遇到这种同等劳动却得不到同等报酬的事情，广州地区的人都会用"三个盲公食两条土鲮鱼"来形容，取其"分配不公"之意。这就是这句俗语的来历。

洪圣大王与良马菩萨曾经为庙宇选址起过争执吗？

在广州海神庙进仪门第六级石阶中央，存留着一枚不锈的铁钉。由于这枚铁钉正对着洪圣大王的鼻子，所以又被称为"望王钉"。洪圣大王就供奉在海神庙内，相传为了庙宇的选址，他还和良马菩萨起过争执呢！

据说洪圣大王有意在人间修建庙宇用于供奉自己金身，他与左右随从下凡到人间寻觅适合修建庙宇的地方。某天，洪圣大王与侍从来到黄木湾，见此处树木茂盛，面对大海，算得上一块名副其实的风水宝地。于是，他便决定在此处修建庙宇。然而，良马菩萨跟洪圣大王的眼光十分相似，也看上了这块土地，而且良马菩萨挑中这块地的时间在洪圣大王之前，但没有第三者可以作证。于是洪圣大王与良马菩萨一见面就开始争吵，互不相让。为了解决庙宇选址问题，两尊神决心去玉皇大帝面前，由玉帝决断。

洪圣大王为了夺取这块宝地，趁良马菩萨不备，从建筑材料中拿来一枚铁钉钉在了地上。两尊神来到凌霄殿，拜见玉皇后，良马菩萨开始诉说前因后果:"臣在凡间寻得一处土地预备修建寺庙,但洪圣大王却强词夺理,硬说是他先发现的!"洪圣大王毫不示弱,立即反驳:"这块地是我先发现的,为了寻找它,我花了四十九天的精力啊!陛下若不相信,可派人前去调查,臣在那片土地上,曾留下一枚铁钉为证!"

玉皇立刻派遣千里眼去了解情况,后千里眼禀告玉皇,果真发现了洪圣大王的铁钉。由于良马菩萨手里没有证据,故这场争端以洪圣大王的成功告终。良马菩萨心内不忿,在于南海神庙相对的中山小府建起庙宇,企图与洪圣大王相抗衡。这就是两位神仙争夺庙宇选址发生争端的故事。

神庙前"海不扬波"的石牌坊是苏东坡的手迹吗?

在南海神庙前,有一座刻有"海不扬波"字样的白石牌坊。这座牌坊上面的字笔画粗壮浑厚,形态端庄淳朴,是北宋大文学家苏东坡的手笔。

苏东坡为什么要题"海不扬波"这四个字呢?那就要接着良马菩萨和洪圣大王的选址纠纷说起了。

众所周知,南海神庙面前是一片汪洋大海,不论涨潮还是退潮,波浪都万分汹涌。原来这不是自然现象,而是输了选地官司的良马菩萨在

海不扬波

作怪。在良马菩萨输掉官司后,心情郁郁不乐,时常想要报了这个仇恨。有一天,机会来了:良马的虾兵蟹将向其禀告,说是上游沙土淤积,在大海中形成了无数海隔。在南海神庙附近就有一个海隔,叫作"大濠沙"。如果借大濠沙来破坏水文条件,一定能够让洪圣大王的香火锐减。

良马菩萨听完后,决定采纳这条计谋。他派遣了不少虾兵蟹将潜伏在大濠沙附近,每当涨潮、退潮之时,虾兵蟹将们都兴风作浪,搅出许多漩涡,使得那片海域非常险恶,船只根本不敢靠近南海神庙,洪圣大

王的香火果真一天天地减少了。

洪圣大王非常奇怪，踱步到庙前观察海象。发现大海中波浪滔天，根本就看不到大濠沙的样子。这时一阵狂风吹过，洪圣大王的帽子被吹入水中。他顺着帽子的方向看去，只见无数良马菩萨的虾兵蟹将在海水中拨弄作怪，导致此地波浪滔天。于是，洪圣大王命令随从拿来纸笔，挥笔写下"海不扬波"四个大字，并加盖上自己的玉玺，滔天的洪水果然被镇住，大海恢复平静。洪圣大王又请来千里眼和顺风耳，站在神庙两侧，眼观六路，耳听八方，使得虾兵蟹将失去了往日的威力，再也翻不起一点小小的波浪。从那以后，南海神庙的香火恢复了，常年一派升平景象。只要有船只进出，人们都会在此参拜，求个顺利。每年的波罗诞，此处更是游人如织。大家购买波罗鸡以及各种符咒，向洪圣大王祈求庇佑。

苏东坡正是听说了这个故事后，颇感兴趣。故而，他也写下了"海不扬波"四个大字。后来，人们又把东坡手迹雕刻在了南海神庙前的白石牌坊上。

广州的人文景观

除壮丽的自然风光外,广州作为历史悠久的古城,还拥有着海量的人文景观:三元里人民抗英斗争纪念馆、广州博物馆、越秀公园、海珠公园……这些博物馆及公园通过对文物的整理收藏、对广州历史的梳理阐释以及对当地旖旎风光的整合,从建筑、古迹等多方面来展示广州的本土特色与市民精神。在游览人文景观之时,你能从中了解到许多有趣的历史人物以及传说故事。

广州的博物馆

广州博物馆有哪些看点？

广州博物馆位于广州市越秀山镇海楼，早在1929年就对外开放了，属于我国最早期创建的一批博物馆。这栋博物馆馆址选在始建于明朝洪武十三年的镇海楼上，是清代与现代的羊城八景之一。

广州博物馆展区一共有五层，首层是广州地理模型与古城市示意图。往上走，则可以看到新石器、秦汉、三国两晋南北朝时期的出土文物。展区第三层，陈列着隋、唐、宋、元、明、清时期的历史文物，四层楼上则属于明清时期的专区。最高一层楼上，摆放着鸦片战争后中国近代文物的历史资料，这些资料证明：广州，确实是资产阶级民主革命的策源地。

广州博物馆

经过近百年的不断发展，广州博物馆除镇海楼展区外，还建立起了广州美术馆、三元里人民抗英斗争纪念馆、"三二九"起义指挥部旧址纪念馆这三个分展区。其中美术馆主要展出广州传统工艺品及艺术作品，抗英斗争馆主要展出当年抗英用的旗帜、武器、螺号、檄文等物，而指挥部旧址则主要纪念由黄兴领导的黄花岗起义。

广州博物馆的发展历程是怎样的？文物都从哪儿来？

广州博物馆是1928年广州市政府修葺的同时，在镇海楼筹办的。1929年2月11日，广州博物馆正式对外开放。在1941–1945年期间，它被称为"广州市立图书博物馆"；1946–1949年期间，又更名为"广州市立博物馆"。1950年至今，它被正式命名为"广州博物馆"。

广州博物馆中的藏品，从初期的三千多件增加到如今十万件左右。它们的主要来源在于建国以来考古发掘出的各种文物。另外，广州市政府还多次调拨，向社会广泛征集藏品。同时，还通过购买、社会各界热心人士捐赠等方式，不断地丰富藏品的种类与内容。但考古发掘，依然是广州博物馆藏品的主要来源。

广州十三行博物馆展览分哪几个部分？

广州十三行博物馆位于广州市荔湾区西堤二马路文化公园内，占地面积达3060平方米，馆藏文物有1600多件。"清代广州十三行历史展"与"王恒、冯杰伉俪捐赠的十三行时期文物专室陈列展"是十三行博物馆最重要的两个常设展览。

"清代十三行历史展"主要包括开海设关、十三行风貌、十三行行商、十三行贸易、中西汇流、走向近代这六大部分，向观众们展现出十三行从辉煌到落魄的整个历史，用大量珍贵的历史材料和海内外遗存文物，系统地体现了粤商敢为人先、包容进取、海纳百川的理念。而"十三行时期文物专室陈列展"则主要展出中外热心人士从世界各地搜集而来并捐献给博物馆的与十三行历史相关的文物，包括800余套瓷器、近400件外销画以及100件左右五常酸枝家具。

广州十三行

十三行博物馆中最吸引人眼球的是广彩开光花卉人物纹冰壶与广彩洋人远航图大碗。前者色彩富丽堂皇，绘工精美，是藏家热捧的洛克菲勒瓷精品；后者则是外国商船抵达广州后定制的纪念品，这只大碗中心有船只航行的年份标示（1757年），碗身则描绘了船员和亲人相见的场面。十三行时期，广州艺人们的工匠精神及高超技艺在这两款文物中体现得淋漓尽致。

十三行博物馆

哪些历史遗迹属于广州近代史博物馆管辖范围？

广州近代史博物馆又称为"广东革命历史博物馆"，它隶属于广州市文化局，成立于1959年，是广东省内最早的专题性革命历史博物馆。

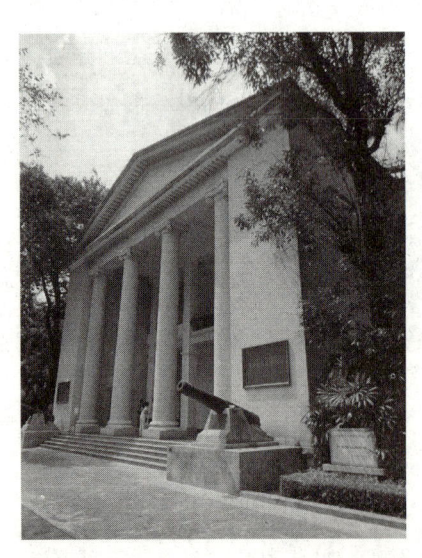

广州近代史博物馆位于广州中山三路的广州起义烈士陵园内，下辖的革命旧址、古建筑和近代历史文化遗迹共18个，包括但不限于黄埔军校旧址、中华全国总工会旧址、广州公社旧址、中共广东区委旧址、越南革命青年同志会旧址以及黄埔海关分关旧址、外国人墓地、白鹤岗炮台与大坡地炮台等。该博物馆现有藏品一万多件，历史照片2.5万余张。它们全面地反映了自鸦片战争至新中国成立期间广州近代历史的概貌。

广州近代史博物馆

广东省博物馆有哪些常设展览？

广东省博物馆位于广州市天河区珠江东路2号，以广东历史文化、艺术、自然为三大主要陈列方向。常设展览主要包括广东历史文化陈列展、广东省自然资源展览、潮州木雕艺术展览、馆藏历代陶瓷展览、端砚艺术展览五个部分。其中，广东历史文化陈列展通过展出的文物、图片、油画、雕塑、模型等，全方位地向观众展示了广东从马坝人时期到新中国成立的历史文化变迁；广东省自然资源展览则展出了广东省的地质地貌、矿产资源、中草药、陆生生物及海洋生物、古生物等，展品丰富生动。潮州木雕艺术展览通过源流篇、制作篇、艺术篇、器用篇、欣赏篇之分，展出不同造型、不同制作技艺、不同用途的潮州木雕品，将木雕艺术在潮汕民间生活中的应用再现在观众眼前。历代陶瓷展，则选择陶瓷文物作为依托，全面展现了中国陶瓷从新石器时代到清代、从产生发展再到兴盛的整个历史进程。最后的端砚艺术展览，则从端砚的源流、发展历史、端石自然属性、雕刻技法、雕刻流程及装饰等多个方面对端砚进行展示介绍，显示出端砚深沉的文化内涵，让观众不禁流连忘返。

广东省博物馆

广东省博物馆有哪些著名藏品？

广东省博物馆的藏品一般来自考古发掘、收购、调拨以及接受捐赠等方式。目前，广东省博物馆的藏品多达16.6万件。在这浩如烟海的藏品当中，有一些文物可称得上是精品中的精品。下面，让我们来窥探一下广东省博物馆著名藏品的一角吧：

◎ 信宜铜盉

信宜铜盉于 1974 年出土于广东信宜，是西周时期的青铜制品。它为研究我国岭南地区秦汉以前的历史文化提供了新的实物资料。信宜铜盉造型精美，纹饰细腻，在美观之余兼具科学性，属于广东出土的最精美的青铜器之一。

◎ 金漆木雕大神龛

神龛是潮汕地区人民用于供奉祖先神位的神器，大的称为神龛，小的称为椟仔。整体造型庄重，制作精巧，工艺讲究。一般而言，神龛多采用金漆木雕作为装饰。如用硬木制作神龛，则会选择素雕。广东省博物馆中的金漆木雕大神龛是清朝制品，它高达 3.28 米，是迄今为止我国形制最大的神龛。神龛上雕刻着众多人物，造型栩栩如生。

◎ 青玉镂雕龙穿牡丹钮

这枚玉钮是用于镶嵌系物的。它的选材来自新疆和阗青玉，艺人采用立体镂通雕琢的手法制成。整个玉钮呈圆柱体，玉钮上雕刻着牡丹龙纹。牡丹花繁叶茂，龙纹粗眉大眼，张口露齿，不怒自威。它盘绕在牡丹花丛中，造型独特，使整枚玉钮显得精致非凡。

青玉镂雕龙穿牡丹钮

◎ 铜镀金珐琅葫芦式三星献寿转花钟

广钟，是中国钟表制造业的先河。它最初出现在 18 世纪初，是在英国机械动力计时器技术的影响下逐渐形成的。这口铜镀金珐琅葫芦式三星献寿转花钟，采用鎏金铜胎、珐琅、水晶、象牙等名贵材料作为原料，制作手法中西合璧，构思分外奇巧、造型十分精密。

◎ 沧海龙吟古琴

沧海龙吟古琴，相传是明朝岭南儒家陈献章所使用过的。陈献章是岭南古琴第一人，经常操琴四方云游。古琴背面刻着陈白沙亲自题的"沧海龙吟"四字，非常珍贵。

广州神农草堂中医药博物馆有何看点？

广州神农草堂中医药博物馆创建于 2006 年，是我国首家将"天然"和"文化"融为一体的半敞开式中医药博物馆。它坐落在广州市白云区沙太北路上，占地面积达 25300 平方米。中医药历史文化与原生态的中草药种植在神农草堂里被有机地结合起来，人们可以在此处领略到中华中医药文化的丰富内涵。

神农草堂中医药博物馆

神农草堂分为两大园区，一期为中华医药园，二期为岭南医药园。前者运用浮雕、景墙、实物标本、仿真药具、生态种植等表现手法，将中医药的知识性、趣味性、观赏性完美地结合在一起；而后者则向参观者展示出岭南医药、养生、药食同源文化及药物种植等方面的深刻内涵。

神农草堂中，最值得一看的要数中华医药园中的各式建筑了。步入中华医药园，就可看到仿造"酒"字形状建造的导入门。在这扇门的设计过程中，体现出的正是尊崇酒为"百药之长"的传统理念。再往里走，是仿造篆书"草"字建造的神农草堂正门。由于中医药里，草本植物占比重最大，故而草堂正门择此造型，正是为了凸显草本植物的重要性。草堂园区内，还利用周围 100 多米的石坝打造了一堵长 99 米、高 3.3 米的浮雕墙。这堵墙上雕刻的是从远古时期起到清朝时止，有关中医药几千年发展历史的人物故事，包括扁鹊、华佗、李时珍、葛洪等。这些大师雕塑栩栩如生，背后涵盖了许多中医药界的经典理论与学派著述。

神农草堂

广州的人文景观

广州艺术博物院的建筑设计有哪些特色?

　　广州艺术博物院位于白云山脚麓湖岸边。它是著名建筑设计师莫伯治主持设计的,整个建筑轮廓丰富、塔楼矗立,庭院山水与精致雕饰融为一体,气势相当恢弘。在艺术博物院正中间,有一座文塔。塔身上可以找到"羊"与"丰"的图样,这是为了点明"羊城"与"穗城"的地域特色。文塔以南的红砂岩墙上,则是一排构图丰满的史前岩画浮雕。北边,就是展馆的入口大门了。在这里,你可以找到包括国画、书法、油画、水粉画、水彩画,甚至速写、雕塑、碑刻、拓片等在内的多种艺术作品,许多馆藏作品更可谓世间珍品。

广州艺术博物院

广州艺术博物院馆藏《驴背吟诗图轴》背后有什么故事?

　　驴背吟诗图轴出自广州画家李孔修笔下。李孔修是陈白沙的得意弟子,生性刚直。他擅长画猫,许多权贵都曾以重金求画。然而,李孔修对权贵们嗤之以鼻,反而经常给樵夫这类平民百姓赠画。据说李孔修画的猫太精细,跟真的一模一样,看到画面的老鼠都会被吓得立刻逃跑。于是,许多百姓都曾向其求画。还有人说,李孔修曾经画过一批禽鸟图。某日,李孔修家里遭遇火灾,这些画上的鸟儿竟然纷纷变成真鸟,振翅高飞……这些传说,可以从侧面印证李孔修画工的深厚。

　　如今,李孔修的猫画未有存世之

驴背吟诗图轴

作流传。在广州艺术博物院里存放的《驴背吟诗图轴》，讲述的是唐代诗人贾岛骑驴吟诗的故事。整幅画面采用水墨写意的方式完成，文人意趣洋溢其中，物我浑化，极具情致。

中华姓名博物馆是祠堂改建成的吗？

中华姓名博物馆位于广州市海珠区仓头村166号。从外表看来，它根本就不像一个博物馆。实际上，中华姓名博物馆正是由南溟黎公祠改建而成的。

走进中华姓名博物馆，你就能受到道路两旁一个个雕塑人像的"夹道欢迎"。他们都是中国100个姓氏始祖的雕塑，每个雕塑须发尽显，活灵活现。博物馆中最引人注目的，要数横亘在祠堂正厅中间的巨型字典了。它长5.6米，宽3.4米，一共有53页，要足足三个成年人一起合作才能够顺利翻动，这本字典就是《起名字典》，在《起名字典》里记载了我国各个姓氏的来源、变化及意义。鲜为人知的是，《起名字典》正准备申报"世界上最大字典"的吉尼斯纪录呢！

中华姓名博物馆

除此之外，中华姓名博物馆还设置有云集各姓氏名人照片资料的百家姓氏厅。它与姓氏始祖雕塑、《起名字典》、开国名人签名录以及长达25米、铭刻上万姓氏的碑林，共同构成了中华姓名博物馆的看点。

广州市为什么要设置凉茶博物馆？

广东省凉茶养生博物馆位于广州市萝岗区金峰园路2号。这座博物馆分为内、外两个部分，外部占地约20000平方米，是药材种植园。在种植园中，栽种有达300多种具药用价值、观赏价值的乔木、灌木和地皮植物。这些植物大部分都可以作为凉茶原料使用。室内部分占地约1500平方米，分为岭南文化展示区、广东凉茶起源展示区、广东凉茶发展里程展示区、广东凉茶申遗历程展示区等多个展区。设置凉茶博物馆，主要是为了通过游客参观博物馆的活动，达到传播岭南地区凉茶文化的目的，使得参观者在保健养生方面的意识得到增强，以达到"不治已病治未病"的效果。

为什么农民工博物馆要选址在马务？

在广州北部的马务村，坐落着一栋博物馆——粤农民工博物馆。

农民工博物馆是用一栋4层楼高的旧厂房改建而成的，在博物馆门前，伫立着一个古铜色的农民工群像。群像中的人物们昂首阔步，目光坚定，与博物馆的名称相互呼应。

农民工博物馆之所以选址在马务，是因为马务的城中村味道最浓厚。30余年前，大批制衣厂、制鞋厂以及玩具厂等进驻马务村，同时为马务带来了第一代农民工。当时，全国流行的"三角牌"电饭煲、"万宝牌"冰箱等货物均在马务完成生产。这里，曾造就了广州一段热火朝天的工业岁月。

农民工博物馆

在马务这片仅有0.68平方公里的土地上，约有2000名本地人和2万名外来人口共同居住。相当于你每在此地遇到10个人，就有9个是外地人。带着五湖四海口音的普通话和不咸不淡的粤语，让来到广州的外来务工人员感觉到包容。

2011年，马务村成为农民工博物馆修建的地点。人们纷纷表示，选址选得十分贴切。马务见证了工业的发展、污染厂家的撤退以及随后的信息化革命，可谓在粤农民工打拼的典型缩影。在农民工博物馆里，你可以看到各种采用光影技术、场景布置、实物及文本技术讲述的故事。

城市的发展历史和一个群体的迁徙史均浓缩于此。

广州丝织行业博物馆的展览内容分为哪几块？

广州丝织行业博物馆位于广州市康王南路上，占地约700平方米。它的前身是锦纶会馆，又名锦纶堂，原本是清朝广州丝织行业商人议事、活动的场所，见证着中国早期资本主义的萌芽，是中国海上丝绸之路的重要物证之一。

锦纶会馆原本坐落在下九路西来新街，但2001年，在建设康王路时，为了保护这座有着深刻历史意义的古建筑，政府对其进行了整体平移，并于2012年将其改造成了广州丝织行业博物馆。

在博物馆中，展览的主要内容分为七大块：锦纶往事，主要介绍锦纶会馆历史上6次修建；锦纶辉煌，主要介绍广州丝织行业自秦汉以来的发展简史；丝织贸易，主要介绍2000多年来以广州为中心的丝织品贸易发展史；锦纶荟萃，主要介绍卢媚娘、张弼士、陈启源等丝织行业的名人事迹；丝织蕴梦，主要介绍香云纱的制作工艺；广绣溢彩，主要介绍广州传统刺绣工艺；惊天平移则主要介绍广州市政府为保护会馆而进行的整体平移工程。这座博物馆见证了广州丝织行业发展的历史，具有非常珍贵的历史价值和艺术价值。

广州民间金融博物馆有哪些有趣的展品？

广州民间金融博物馆是我国第一家以民间金融为主题的博物馆，坐落在昔日的广州金融商贸中心——长堤大马路268号上。这里以前是民国时期的金城银行旧址，占地面积约为780平方米。实物、历史图片、场景再现、互动游戏、多媒体演示……

广州民间金融博物馆

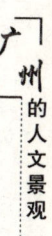

博物馆通过多种手段，全方位地向观众们展示出从西周时期直到近现代，以民间信贷为主要形式的民间金融发展史。

在广州民间金融博物馆里，可以看到许多有趣的藏品，包括民国时期的银行存折、微型手账、银钱流水账、爱群人寿保单等。另外，还有当时的经商格言牌、银号票据台、汇兑计算机等。广州民间的金融文化及昔日广州银行业的风采，在这些有趣藏品的身上真实地展现出来，令人不禁啧啧称叹。

为什么广东民间工艺博物馆要设在陈家祠？

在广州市荔湾区中山七路恩龙里34号，有一座广东民间工艺博物馆。它于1959年设址于陈氏书院，主要以广东地区民间工艺为主，兼顾全国各地历代工艺品的艺术性博物馆。在广东民间工艺博物馆中，长年设有广东象牙雕刻、广州彩瓷、广东剪纸和麦秆贴画等展览。各种各样精美的民间工艺品，来到这座宏伟的艺术殿堂中，散发出自己独特的光彩。

广东民间工艺博物馆之所以设址在陈家祠，是因为陈家祠有"三雕三塑一铸铁"。"三雕"是指陈家祠门口的石狮、石鼓等石雕，大门两边墙壁上镶嵌的砖雕（左为《水浒聚义厅》，右为《刘庆伏狼驹》），以及进门四件大屏风的木雕。"三塑"是指陈家祠房顶处处可见的彩塑、灰塑和陶塑。而"一铸"，则是指陈家祠内收藏的各种技艺高超的铸铁工艺品。

正如前所述，陈家祠是广东特色的民间工艺集大成者。故而，将其作为广东民间工艺博物馆的所在地就再恰当不过了。目前，该馆内收藏的民间工艺美术品及文物标本多达1万余件，种类丰富，包括陶瓷、织绣、雕刻及其他杂项。尤其是来自广东石湾窑的艺术陶瓷，数量非常庞大，达4000多件，且精美异常。目前，广东民间工艺博物馆的常设展览包括玉雕展、景泰蓝展、广东传统雕刻展、旧广州家具展、广州彩瓷展、广东象牙雕刻展及广绣作品展等，在展厅中你一定能够感受到民间艺术的洗礼，同时享受一场视觉的饕餮盛宴！

广州南越王宫博物馆上还压叠着南汉王宫遗迹吗？

在广州市越秀区中山四路与北京路的交叉口，有一道深沉厚重的暗红大门静静地伫立在一片繁华的商业区内。这里就是南越王宫博物馆的所在地，1995-1997年间，正是在此处，人们发掘出了两千多年前赵佗建立的南越王宫遗址。在遗址中，过去王宫内部大型的石构水池和曲流石渠清晰可辨。它们设计独特、构筑精巧、规模宏大，曾先后几次被评为全国十大考古发现。

更令人震惊的是，在这座南越王宫遗址之上，还压叠着南汉王宫的遗迹。种种迹象显示，此处的遗址既是两千年前的南越国，又是一千年前南汉国两个地方政权修建的宫苑所在地。在广州建都的两个政权，前后均选择同一地点建造宫苑，说明这里作为广州甚至岭南地区经济文化中心的地位一直没有改变。

走进南越王宫博物馆，我们可以看到被曲流石渠的遗址保护起来的主楼。在主楼内部展览宫中，摆放着大批出土的陶器。沿着宫殿走廊继续向前，即将步入的，是南越王宫博物馆的主体陈列展示区，"南国砖井"出现在观众眼前。随着南国砖井一并展出的，是有关广州水井文化的展示，名为"饮水思源"。在陈列展示区当中，人们通过声、光、电形式结合大量文物图片，来向观众展现出历史的悠远。

2012年，南越王宫被列入了中国世界文化遗址的预备名单。带"万岁"字样的瓦当、图案精美规格各异的印花砖、奇特的带钉瓦……它们就像一部无字史书，汇聚着广州作为历史文化名城的精髓。

普公汉代陶瓷博物馆有何特色？

普公汉代陶瓷博物馆位于广州市珠光街德政南路51-55号。从它的名字就可以看出，这是一座以展现我国汉代古陶瓷为主要特色的博物馆。在普公汉代陶瓷博物馆中展出的汉代陶瓷主要分无釉陶、单色釉陶、汉两彩、汉原始青瓷、汉成熟青瓷五个部分。通过对汉代陶瓷的鉴赏，人们可以了解到，古人在汉时盛世从发明创烧了釉陶、再到发明了汉两彩、最后成功完成了从原始青瓷到成熟青瓷的伟大成就。

为了使观众能够更加深入地体会我国陶瓷的发展与社会的变迁，普公汉代陶瓷博物馆从八千多年前的大地湾文化起，到夏商西周，再到春秋战国，唐宋元明清……各朝各代的陶瓷珍品均在此陈列，它们就如同一部记录历史沧桑的文化艺术典籍。不论是风雨飘摇的乱世，还是辉煌昌盛的盛世，均一一在陶瓷上留下印记，让后来人在赞叹之余不禁感慨万分……

广州市东平典当博物馆是由当铺改造成的吗？

民国初年，广州市典当业十分兴盛。整个广州的当铺多达400多家，当时在广州市里还流传着"当铺多过米铺"的说法。民国以后，随着近代银行在广州的出现，典当行业才逐渐走向衰退。当时的典当铺，成为了广州商业经济及对外贸易发展的证明。

然而，能够保存至今的典当铺建筑十分稀少，位于中山四路与越秀中路交界处的东平大押要数其中最有名的了。东平大押建于民初，是广州老城的一个地标性建筑，俗称"大东门当铺"。它于1934年，受到银行业兴起的冲击而歇业。在20世纪70年代，又被一家工厂当作民工宿舍，成为民宅。直到后来中山路全线扩宽，人们才逐渐意识到东平大押的文物价值，它得以幸存下来，而其中的住户也全部搬离。

2004年开始，越秀区政府对东平大押进行了维修改造。拆除民居时期修建的部分，又对木构件、屋顶、墙洞进行了弥补，尽量地保留老当铺的原汁原味。东平大押最终被改造成为广州市东平典当博物馆，共分三层：一层主展厅复原明末清初当铺柜台和典当场景，二楼则是近代典当行

典当博物馆

业的文史资料及图片、实物,三楼常用于举办各种典当物品的鉴赏和知识讲座。

在东平典当博物馆里,你可以看到当年典当行里的遮羞板、司马秤、试金石等老器物,还能体验一次做典当行"二当家"的感受:带着放大镜鉴别货物,再用试金石检验,最后当场写下当票并盖上印章……知识性与趣味性融为一体。

粤海关博物馆是"羊城新八景"之一吗?

粤海关博物馆坐落在广州市沿江西路29号的"粤海关旧址"内。它位于珠江岸边,建成于1916年,是当时担任海关总税务司署工程处的建筑师戴维德·迪克设计的。整栋大楼坐北朝南,共有四层高,连钟楼在内共计31.85米,总建筑面积达3292.72平方米,是典型的欧洲新古典主义风格建筑。

粤海关建成之初,即成为广州市长堤新兴商贸区中心地标建筑。许多住在周边的老街坊都表示,他们是听着粤海关大钟楼悠扬的钟声长大的。在过去,手表和时钟还没有得到普及,这口准点报时的大钟,实实在在地成为了当地居民生活中不可分割的一部分。

粤海关

由于粤海关地理位置良好,建筑美观宏伟,它成为了新世纪"羊城新八景"之"珠水夜韵"的标志性景点。2016年,在粤海关里建立起的粤海关博物馆正式挂牌对公众开放。这是全国直属海关第一家博物馆,其中藏品不少都是珍贵文物,例如我国现存最早的通关凭证——战国中期"鄂君启节"、完整记载了古代关津制度的凭证——张家山汉简"津关令"等。另外,还有我国首套邮票"大龙票"、李鸿章手书"津海新关"木匾等。

除此之外，粤海关博物馆还设计了一个"清初粤海关验船"的多媒体场景。在一个模仿海关衙门、洋船靠岸的大型图景中，众多清兵影像纷纷出场登上船舶并进行查验、现场办公，将当时海关工作的全过程再次重现在我们眼前。这些文物及多媒体场景展示出了我国海关源远流长的历史。

广州邮政博物馆曾经历过哪些劫难？

广州邮政博物馆坐落在广州市荔湾区沿江西路上，它的展览面积近1500平方米，设有三大展厅。一楼展厅是展示珍稀邮品的展销中心，二楼展厅展示了我国早期通信、大清邮政、中华邮政及改革开放前的人民邮政等内容，记录了从古代到现代具有岭南特色的邮政历史变迁。三楼展厅展示的，则是改革开放后广州邮政的发展历程及对未来的展望。从参观邮政博物馆的活动中，观众不仅能对邮政历程有一个基本的了解和认识，还能选购邮品。最重要的是，邮政博物馆所在的大楼本身，就烙印着深刻的沧桑印记：

广州邮政博物馆原本是广州邮政的老办公楼。它属于典型的欧式建筑，用黄褐色的花岗岩作为基石，配以巨大的廊柱。虽略显斑驳，但气势非凡。

这栋大楼始建于1897年，1916年毁于一场大火。在英国人丹备的筹划设计下，邮政大楼于原址上得

广东邮政博物馆

以重建。然而1938年，日军侵略广州时，曾在西堤一带放了一把大火。火光中，邮政大楼再次遭遇劫难。它的门窗地板全部被火焚毁，幸亏建筑框架并没有倒塌。火灾发生后次年，杨永堂参与设计。他与工作人员按照原貌将大楼修复，并一直沿用至今。

邮政大楼目前已经被列为广东省文物保护单位。它与广州邮政博物馆一起成为了展示广州邮政及集邮文化发展史的活化石。

广州的公园

为什么萝岗公园又称为"香雪公园"?

在广州市黄埔区萝岗街道,有一座占地80公顷的萝岗公园。这座公园又被人们称为"香雪公园",这是怎么一回事呢?

原来,萝岗公园以梅花出名。从宋代开始,萝岗地区每逢冬至前后,梅花纷纷盛开,一时间繁花如雪。再加上当地特殊的自然条件,常常出现梅开二度的情景。红、白两色的梅花搭配起来煞是好看,"萝岗香雪"的美誉也就逐渐地传播开来。

在20世纪六七十年代以前,萝岗香雪被列入了"羊城八景"之一,一时名扬海外。广州当地人也形成了冬至节去萝岗赏"雪"的习俗,算是对广州无雪遗憾的一种弥补吧。郭沫若在游历了"萝岗香雪"后,更是留下了"岭南梅花浑似雪,萝岗香雪映朝阳"的佳句。萝岗公园被人们称为"香雪公园",也就不足为奇了。

除了梅花之外,萝岗公园内还有个景点叫作"玉喦书院"。这所书院自南宋至清朝数百年间,引得无数文人墨客慕名而来。他们在书院中留下了不少石刻和珍贵的墨宝,比较出名的包括朱熹与文天祥的诗词、海瑞的联句以及郑板桥的

萝岗公园

字画及拓本。

由于20世纪80年代中后期气候变暖，萝岗地区的梅林虫害频发。人们纷纷砍掉梅树，种植其他经济作物。"萝岗香雪"的美景一时间荡然无存。近年来，广州市政府准备重建萝岗公园，计划恢复玉嵒书院、钟氏祠堂。更重要的是，引种梅林也成为了重建的一大主题。相信不久以后，广州人又可以在南国见到美丽的香雪了。

越秀公园上曾有赵佗修建的"越王台"吗？

越秀公园依托越秀山为主体。这座山早在秦汉时期，就是广州的风景胜地。两千多年前，在岭南建立第一个封建王朝的南越王赵佗，就曾在越秀山宴请群臣，并盛情地款待了由汉高祖刘邦派来的使者陆贾。在越秀山上，有一处越王台。据说每年的农历三月初三，赵佗都要来到此处登高游乐。除此之外，赵佗还在登山的山路上遍植奇花异草，称之为"呼鸾道"，道旁金菊、芙蓉盛开，芬芳异常。

民国时期，孙中山先生提出：要把越秀山建造成一个大公园。广州解放后，孙中山的构想实现了。如今，越秀山上的越秀公园风光秀美，保存着各种文化古迹。除古越王台遗址外，还有古城墙、四方炮台、中山纪念碑、伍廷芳墓、海员亭、五羊石像及雕塑群等。漫步越秀公园，各种乔木、花木及棕榈植物欣欣向荣。就连国家一级保护植物桫椤，也在这里生长得异常繁茂。越秀公园的竹林、树林和草地为动物提供了良好的觅食环境，光鸟类就有43种。另外，公园里还栖息着来自南美洲的候鸟。

越秀公园的秀美风光吸引了大量游客。它还曾经接待过多位原国家领导人呢：毛泽东、刘少奇、朱德、周恩来和叶剑英等都曾来此游览观光。毛泽东主席曾于越秀山游泳场七次畅泳，朱德则专门为越秀公园写了一首诗："越秀公园花木林，百花齐放各争春。唯有兰花香正好，一时名贵五羊城。"越秀公园，绝不辜负其羊城八景之一的美誉。

广州市第一公园是哪座公园？

广州市第一公园是位于广州老城传统中轴线上的人民公园，老广州人也称其为"中央公园"。它是广州最早建立的综合性公园，早在1921年10月21日就正式开放了。

人民公园的布局是意大利图案式的庭园，呈方形几何对称。其选址颇有渊源：自隋朝时起，这里就是历朝历代的衙门官邸。元代，是广东道肃政廉访使署；明朝，是都指挥司署；清朝，先后是平南王府和广东巡抚署。民国初期，孙中山先生决定：将此处辟为公园，并交由毕业于美国康奈尔大学的杨锡宗进行设计。这座公园于1918年建成，起初名为"市立第一公园"，三年后，正式对市民开放。

人民公园与广州近代史的发展息息相关。正是在这里，孙中山先生多次展开群众演讲活动，宣扬民主革命的理论。1924年，人民公园还成为了中国第一次大型三八国际妇女节纪念活动的举办场所。1966年，人民公园正式更名，并沿用至今。

广州人民公园

在公园内，你可以看到参天的古树、繁茂的花丛，还能找到清初时期用汉白玉雕制的石狮以及1926年修建的音乐亭。随着时代的发展，人民公园中陆续增设了露天音乐茶座、儿童游乐场等设施，20世纪80年代，又建起《烽火年代》《鲁迅》《冼星海》《猛士》《新娘》及《椰林少女》六座雕塑。迈入人民公园，你一定会感觉神清气爽，因为它是广州市喧嚣的城市中心一块难得的"绿肺"。

文化公园的十大特色活动有哪些？

广州文化公园位于广州市珠江河畔，占地达8.3万平方米。在文化公园内，共有展览馆8个，包括水产馆、花卉馆等，有关文教、科技、政治、经济等展览活动常年在此举办。中心位置的文艺中心台，是规模较大的文艺演出场所；游乐方面则有桌球、自控飞机、环幕电影、高空列车等。尤其是1979年建起的园中院，巧妙地将我国石窟艺术和广州雕塑技艺融为一体，使得室内层楼花草烂漫，泉涧轻流，一派优美的岭南风光。

广州文化公园成立于1956年。经过六十年来的经营，它已经形成了深受群众欢迎的十大特色活动：

◎ 迎春华彩

迎春花会始办于1957年农历春节，在迎春花会上，文化公园被打扮成了一个繁花似锦、欢乐祥和的花朵的海洋。其中的元宵灯会作为重头戏，更是将春节的喜庆气氛推向了高潮。目前，迎春花会已经成为广州旧日除夕花市的延伸，是广州人春节期间的绝佳去处。

◎ 中秋灯影

中秋灯会始办于1956年。每年中秋时节，文化公园都能聚齐"千盏华灯、百万观众"。在文化公园里的花灯，色彩鲜艳、工艺精巧，形色光声俱佳，非常壮观。

广州中秋灯会

◎ 羊城菊韵

每年11月中旬，广州文化公园都会举办大型菊花展览。通过菊花展览，来弘扬岭南的菊花文化传统，深受市民喜爱。

◎ 百姓古坛

粤语讲古是广州地区人民一项重要的传统娱乐方式。20世纪五六十年代，文化公园的"羊城古坛"可谓广州讲古全盛时期最大的讲古坛，每天都有大量讲古爱好者来到此处听讲古。讲古坛在经历过一段时期的衰落后，于近期重新恢复开放。如果你想听讲古，不妨去文化公园百姓古坛试试看。

◎ 舞台笙歌

舞台笙歌是指文化公园为市民群众提供一片文化活动广场作为演出场地。它以中心台为依托，吸引了众多民间演出团体来此表演。

◎ 少儿挥毫

少儿挥毫的历史比起中秋灯影、羊城菊韵而言可谓比较短暂。它是2004年开始举办的，每年都会邀请青少年书画精英来此比赛，为弘扬传统艺术文化、选拔羊城书法新人出一份力。

◎ 棋艺新晖

棋艺新晖实际上就是棋艺大赛，一般在文化公园的棋艺馆举行。但除了棋艺比赛外，这里还会举办曲艺活动、灯谜活动、群众歌会、文化艺术讲座等。棋艺新晖，为羊城的曲艺及象棋爱好者们提供了一个绝佳的交流平台。

◎ 艺庐墨香

艺庐原名广州画廊。它通过书画名家作品展览、应众挥毫等活动，打造出一个弘扬岭南文化的书画艺术交流基地，吸引了国内外大量书画艺术界的知名人士定期聚会交流，凸显了文化公园深厚的文化底蕴。

◎ 水产海韵

水产海韵是指位于文化公园中心广场东面的水产馆。它始建于1951年6月，是国内的第一家水产馆。在展馆内，常年展出各种海水及淡水动植物的标本、图片和模型，集趣味性与知识性于一体。曾接待过毛泽东、朱德、叶剑英、陈毅等原国家领导人，也曾接待过胡志明、尼克松、金日成等原外国领导人。

广州麓湖公园中的星海园是为了纪念冼星海而建的吗？

麓湖公园位于广州市白云山风景区南麓，它山清水秀、鸟语花香，园内遍植马尾松、台湾相思桉以及竹，这些草木构成一派欣欣向荣的景象。尤其是春、秋季节，视觉效果十分绚丽。麓湖公园中的主要景点包括聚芳园、簪香展馆、植谊亭、翠云亭、白

麓湖

云仙馆等,其中聚芳园是最具有大自然特色的园中园,翠云亭就坐落在聚芳园中。白云仙馆则是广州地区文人墨客雅集之地,还曾供奉八仙之一——吕洞宾。白云仙馆曾在建国后遭到破坏,后广州市人民政府又拨款重修,方重现在观众眼前。

冼星海纪念馆

除此之外,麓湖公园最值得一提的景点,要数星海园了。星海园是为了纪念我国音乐家冼星海而建的,它于1985年11月落成,内有冼星海纪念馆、冼星海巨型石雕像、音乐亭廊及墓座等,寄托着人民群众对冼星海的深切怀念。

"广州绿心"说的是海珠湖公园吗?

海珠湖公园位于广州市海珠区新滘中路上,它面积达2248.3亩,其中有1422.6亩都是湖心区。海珠湖,就是海珠湖公园的中心。

海珠湖与石榴岗河、大围涌、大塘涌、杨湾涌、西碌涌等6条河涌共同构成了一湖六脉的水网格局。其中部分河涌相互连接,组成了"外湖",就像是一个巨大无比的玉环,将圆形的海珠内湖紧紧环抱,形状十分优美,被人们比喻成"金镶玉"。海珠湖公园生态环境极佳,向来有"鸟类天堂"的美誉。各种植被繁茂非凡,即使是万物凋零的冬天,在海珠湖公园内还有波斯菊等花卉傲然绽放,把公园变成了一片花的海洋。由于海珠湖公园生态良好,地理位置又恰巧与广州塔、体育中心呈一条直线,它的湖区、果园组成了广州市中轴线南段的"生态绿轴",其"广州绿心"的称谓可说是名副其实。

海珠湖

天河公园里有邓世昌衣冠冢吗？

天河公园位于广州天河区员村，是一个以自然生态景观为主要特色的公园。它总面积有 70.7 公顷，水体面积占 10 公顷，前身是 1928 年在广州与黄埔之间的中心地带创办的广州市政府林场。解放后，林场被改建成为森林公园。1960 年，又改名为"东郊公园"。

1996 年，广州市园林局委托设计院对东郊公园进行了总体规划并开展"拆墙透绿""拆店复绿"的工作，原来的围墙全部改建为通透式，另外还完成了公园南北大门、中轴广场、百花园景区及奇石馆等标志性建筑的首期工程。1997 年，东郊公园被正式命名为"天河公园"。

在天河公园内，有一座邓世昌的衣冠冢。1894 年 9 月 17 日，邓世昌在抗击日本侵略者的海战中壮烈殉国。他的族人将其埋葬在广州沙河天平架石鼓岭邓家山，后因世事变迁，一度被埋没。1984 年，在沙河镇政府及有关人士的支持下，邓世昌墓才被寻回。为了纪念甲午战争 100 周年，广州市政府决定将邓世昌墓迁移到东郊公园，并在园内立起邓世昌雕像、修建墓园，以供后人敬仰。

邓世昌衣冠冢

广州红专厂的名字有何寓意？

位于广州市天河区员村四横路 128 号的红专厂，是广州市第一家真正意义上的创意区，它是一个国际化的艺术、生活中心，洋溢着创意、艺术和人文精神。

自红专厂成立以来，吸引了大批知名画廊、设计工作室、艺术展示空间、艺术家工作室等，这个文化创意产业区在国内外都相当具有影响力。它原先是一栋建于1956年的罐头厂,之所以被命名为"红专厂",是因为原址上的罐头厂建立在一个"又红又专"、精神奋发、意志昂扬的年代。另外,厂区内许多建筑物都是采用红色砖材建造的,因此"红专"也是"红砖"的谐音。红专厂的英文名则叫"redtory",是英文单词"red"和"factory"的结合,非常具有时尚感与创意。

红专厂

天鹿湖森林公园中的橄榄树是仙鹿化成的吗?

  天鹿湖森林公园位于广州市黄埔区联合街天麓路,是在1996年兴建的天鹿郊野基础上扩建而成的省级森林公园。它的地形以丘陵为主,南部的牛头山为最高点。登上牛头山上的广州市差转台,广州风光可尽收眼底。

  天鹿湖森林公园中植被良好,树种繁多,包括马尾松、桉树等,另有一棵酷似梅花鹿的橄榄树。传说,天上的仙鹿曾在人间游历。途中口渴,便来到此地饮水。因迷恋这里的湖光山色,迟迟不愿离去,故而化为一棵酷似梅花鹿的橄榄树长守于此。这棵树,因此被人们称为"天鹿神榄",天鹿湖也由此得名。

  天鹿湖森林公园最吸引人的景致,还得数"千亩禾雀花"。禾雀花是一种大型木质藤本花卉,又名白花油藤。它的花朵分为四瓣,花托像一个小小的禾雀头,两旁则各有一枚眼睛似的小黑点。正中间的一片花瓣像弯弯的雀背脊,十分可爱。

  每年二月底三月初,森林公园的禾雀花次第开放。花朵一串串地悬挂在藤蔓上,每串数量高达二三十朵。远远看去,就像一群群禾雀在此栖息一般好玩。禾雀花花色嫩绿、鹅黄,在花期时来到天鹿湖森林公园,真可谓"一藤成景、千藤闹春、百鸟归巢、万鸟栖枝"。正因为天鹿湖森林公园风景秀美,生态良好,人们还送了它一个"广州东肺"的美称呢!

草暖公园因何得名?

在广州火车站与大北立交之间,坐落着一座西式风格的公园,名叫"草暖公园"。这座公园修建于 1985 年,面积达 1.34 万平方米。建造过程中,设计师大量吸取了西洋特点:园中遍布着各式各样几何图形的水池,水池之间搭配着仿希腊、古罗马的雕塑。水池中间则设计有蒲公英形状的喷水图形,再加上欧洲古堡式建筑楼、音乐喷泉及大面积草坪、花丛林木等,整座公园色彩丰富、线条流畅、节奏明快,赢得了广大市民的喜爱。

草暖公园是我国第一例采用西式方法营造的公园,它的称谓意韵深远:唐代李贺有"草暖云昏万里春"的诗句,用"草暖"二字为公园命名,既切合草暖公园以草坪为主的景致,又让人感受到明媚舒适的诗意,真可谓别开生面!

草暖公园

附 录

名胜古迹 TOP 10:

陈家祠

  陈家祠始建于清光绪十四年，是广东地区保存得最为完整的富有代表性的清末民间建筑之一。它是广东省陈姓人联合建立的合族祠堂，为族人到广州参加科举考试提供住处。在陈家祠，你可以看到各种各样木雕、石雕等传统建筑装饰，这些装饰造型生动，色彩鲜艳。另外，陈家祠中还有随处可见的彩绘。整座陈家祠里彩绘多达上千幅，它们风格不一，没有哪两幅是重复的，非常值得细细品读。对广州风情和岭南特色感兴趣的游客，一定要去陈家祠看看。

石室圣心大教堂

  石室圣心大教堂是曾经的清末两广总督府，1863年，它被入侵的英军改建成教堂。圣心大教堂全身都是用花岗岩打造的，塔尖高达58.5米，气势十分恢弘，是我国国内最大的哥特式建筑，也是全球四座全石结构哥特式教堂之一。那具有欧洲风格的彩色玻璃窗、透视门和双钟楼塔尖，那堂内的拱形穹窿、合掌式花窗棂以及大铜钟……身处其中，你能感受到宗教的神圣感与宁静，与周遭肃穆的氛围融为一体。

越秀公园

  越秀公园是广州最大的公园，它风光秀美，花草茂盛。最具代表性的，还要数广州的标志——五羊石像了。到越秀公园游览，除与五羊石像合影留念外，还可以顺便参观很多名胜古迹，例如中山纪念碑、广州古城墙、古老的四方炮台以及广州美术馆等，是一个品味广州历史文化的绝佳去处。

中山纪念堂

中山纪念堂位于越秀公园南麓，是为纪念孙中山而兴建的纪念性建筑。它于1929年动工，1931年完工，主体是一栋宏伟的八角形宫殿式建筑，中央悬挂着一块蓝底红边的漆金匾额，上面是孙中山手书的"天下为公"。纪念堂后面，还有个独立小房间——孙中山史迹陈列馆。整座纪念堂建筑气势恢宏，体现了中国建筑与西方建筑的完美结合，非常有特色。另外，这里还适合游客了解中国近代历史，非常具有纪念意义。

黄埔军校旧址纪念馆

黄埔军校是一所英雄辈出的军校，在这里走出了许多著名军事领导人，是中国军事家的摇篮。黄埔军校被称为中国的"西点军校"，十大元帅中的徐向前、叶剑英、聂荣臻、林彪和陈毅等都毕业于此，校总经理孙中山、校长蒋介石及党代表廖仲恺三位领导人在我国近代史上大名鼎鼎。1938年，这里被日军飞机轰炸而毁于一旦，直到1964年大规模修缮后才基本恢复原貌。整个黄埔军校旧址纪念馆呈现出民国建筑风格，在这里你可以看到学校本部、中山故居、东征烈士墓园、北伐纪念碑、大坡地炮台及白鹤岗炮台等。即使它们都经历过重修，但仍然带有浓烈的时代感和历史感。

宝墨园

宝墨园前身是包相府，为纪念包拯所建。它坐落在番禺沙湾镇的紫坭村中，在宝墨园里，可以看到许多充满岭南风情的建筑物及砖雕、瓷雕。宝墨园中最为著名的瓷雕要数《清明上河图》，它是吉尼斯世界纪录中最大的瓷壁画。而砖雕则必推《吐艳和鸣壁》为首——一走进宝墨园大门，《吐艳和鸣壁》就出现在眼前。在这道《吐艳和鸣壁》上，雕刻有栩栩如生的芭蕉、展翅高飞的凤凰及各种动物，立体感极强。除此之外，宝墨园内还有一座赵泰来藏品馆。馆中收藏着赵泰来先生捐赠的1600多件藏品，你可以在宝墨园大饱眼福。

西汉南越王博物馆

西汉南越王博物馆位于广州越秀区。1983年6月，南越王墓挖掘出土，这座博物馆就在墓穴原址上建成，主要展示南越王墓的墓穴形态及出土文物。在这座博物馆里，最吸引人眼球的要数丝缕玉衣了。它是我国目前为止发掘到的年代最早的一套形制完备的玉衣。在整座南越王博物馆中，各类随葬品多达一万余件，包括名贵的承盘高足杯、龙凤纹重环玉珮及文帝行玺金印、银盒及虎节等。除此之外还常设有陶瓷枕专题陈列及其他不定期临时展览。如果有兴趣全面了解广州的历史文化，不妨到南越王博物馆一看。

黄花岗七十二烈士陵园

黄花岗七十二烈士陵园位于广州白云山以南，是我国最著名的烈士陵园之一。它坐北朝南，规模宏伟，巍峨肃穆。在这座陵园中，可以看到孙中山先生书写的"浩气长存"四个苍劲大字，镌刻在墓坊上方。那长达三百多米的层级主干道两旁，遍植苍松翠柏。岗岭上安放着七十二烈士的墓穴，1911年4月27日，广州起义失败后，同盟会会员冒着生命危险，将散落的烈士遗骸收敛于此，并修建起碑刻和护碑亭。后潘达微、冯如、史坚如等烈士的遗骨也安葬在此。陵园建成后，经历过几次兴废。建国后，当地政府多次对其进行修缮，并筑起围墙供人凭吊。过去荒凉的墓园，终于成为了今天庄严肃穆的黄花岗公园。

余荫山房

余荫山房是清代举人邬彬修建的私家花园，被列为广东四大名园之一。它在设计上充分考虑了岭南气候特征，以小巧玲珑、古色古香的细密布局为其最突出的艺术特色。余荫山房向来有"藏而不露，缩龙成寸"的说法，在小小的园林中，亭台楼阁、桥廊堤栏、山水草木均尽收其间。中国古典园林的诸多元素都在余荫山房内集中地呈现出来，可说让人百看不厌。

光孝寺

　　光孝寺是岭南地区历史最悠久、规模最宏大、影响最深远的寺庙。在光孝寺内，有一棵菩提树。据说慧能就在此剃度。慧能是佛教禅宗六祖，曾与孔子、老子一起合称为代表思想先哲的"东方三圣人"。站在光孝寺结构细致严谨的建筑下，看着那雄伟壮观的殿宇，再看看这棵树影斑驳的菩提树，也许会让你顿生"本来无一物，何处惹尘埃"的感慨……

名山胜水 TOP 10:

白云山

白云山位于广州白云区,是南粤名山之一,自古以来,就有"羊城第一秀"的美称。白云山山体相当宽阔,由30多座山峰组成。站在白云山主峰——摩星岭上,你可以俯瞰整个广州市的风光。白云山景区分为麓湖、飞鹅岭、三台岭、鸣春谷、柯子岭、摩星岭、明珠楼及荷依岭等八个部分,这些景区当中有三个全国之最:三台岭的云台花园,是全国最大的园林式花园;鸣春谷,是全国最大的天然式鸟笼;而飞鹅岭雕塑公园,则是全国最大的主题式雕塑专类公园。白云山最美的季节要数春天,那时百花争艳,配上阳光照射下波光粼粼的湖面,呼吸着新鲜的空气,人的心情随之变得无比平静。

凤凰山

凤凰山原名春岗,位于荔城镇旧城区内。相传北宋熙宁七年,有一对凤凰来到春岗上空盘旋,后来还栖息在山岗上的树林,良久后方才离去。人们认为这是吉祥的征兆,故而将春岗改名为凤凰山,还建起了一座凤凰亭。南宋时期,李宗皇帝曾御笔写下"菊坡"二字赠予增城人崔与之,他移居凤凰山后,改凤凰亭为菊坡亭。除此之外,凤凰山上还有万寿寺、何仙姑井等景点,其中的"凤台揽胜",更是增城新"增城八景"之一。

千泷沟大瀑布

千泷沟大瀑布位于广州从化区良口镇锦村的一条峡沟。这里地形比较闭塞,环境保护良好,空气极好。各类珍稀动物都在此生活繁殖,如穿山甲、蝾螈、花栗鼠、长尾雉等,更有各种野兰花、黑桫椤、野荔枝、花石榴等野生植物欣欣向荣。千泷沟大瀑布景区内的主要景点包括仙人脚印、石锅煮泉、竹海闻莺等,最为壮观的当然是千泷沟大瀑布本身了。它的落差高达80多米,宽290多米,整条瀑布飞流直下,响声震谷,水雾弥漫,气势非凡,非常壮观。

长洲岛

长洲岛是广州市黄埔区珠江上的一个江心岛,面积11.5平方公里。这座岛屿呈东北至西南走向,哑铃形状。它原本是珠江口内的岛屿,再加上多年来珠江泥沙的冲击,方成为今天的样子。长洲岛是鸦片战争时期英国人首先强迫清政府割让的地方,因为它是中国对外贸易的重要海港。在这座岛上,古迹众多,包括金花古庙、南海神祠、禄顺船坞旧址等。而近代遗址则有黄埔军校、东征烈士墓、中山纪念碑、中山纪念馆及白鹤岗炮台等。它那优美的自然风光及丰富的历史文化资源使其远近闻名,吸引了不少游客。

桂峰山

桂峰山位于广州从化区吕田镇东,距离广州市区有一百多公里。它是广州地区五座最高峰之一,是广州市的母亲河——流溪河的源头。由于曾遭受天火洗劫,桂峰山的南、北两端植被稀少,只有主峰上依然保留着天然植被。一条溪流,从主峰直灌而下,水质清甜。如果你夏天来到这里,掬一把溪水痛饮,凉意贯彻全身,非常消暑。桂峰山目前还没有经过开发,是个开展户外运动的好地方。这里的山水、奇石、瀑布,共同构成了它的绝美风光。尤其是山脚下上千亩的梅树和李子树,每当花开季节,漫山遍野都是白茫茫的一片,就跟南方的"雪景"一样。

流溪河国家森林公园

"玉笋凌空出,参差翠霭多,还承天上露,入夜浣星河。"这是古人

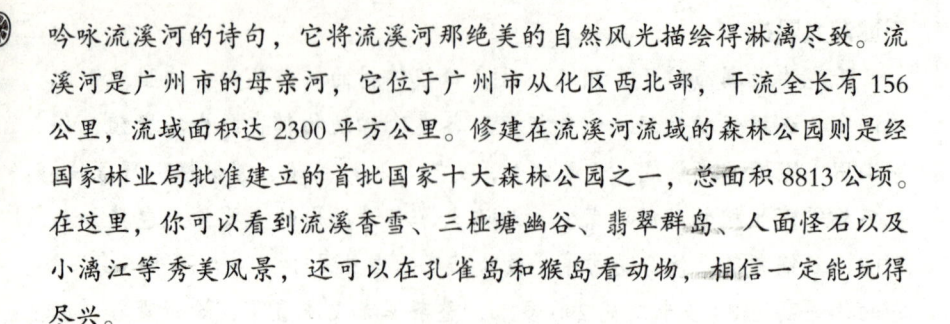

吟咏流溪河的诗句，它将流溪河那绝美的自然风光描绘得淋漓尽致。流溪河是广州市的母亲河，它位于广州市从化区西北部，干流全长有156公里，流域面积达2300平方公里。修建在流溪河流域的森林公园则是经国家林业局批准建立的首批国家十大森林公园之一，总面积8813公顷。在这里，你可以看到流溪香雪、三桠塘幽谷、翡翠群岛、人面怪石以及小漓江等秀美风景，还可以在孔雀岛和猴岛看动物，相信一定能玩得尽兴。

黄龙湖

黄龙湖位于广州市从化区北部，这里湖水清澈晶莹，湖面狭长曲折，在群山之间蜿蜒数十公里，像一条游龙般，令人游玩其中常常生出"山穷水尽疑无路，柳暗花明又一村"之感。相传此地曾有一名青年笃信天帝，每天祈祷，最后他的诚心感动了上天，派一条黄龙下凡助他飞升成仙。故而，这片水域被人们称为"黄龙湖"。黄龙湖是广州不可多得的桃源仙境，它不仅风景秀美，还有丰富的资源。各种奇花异草、飞禽走兽在此栖息繁衍，"一龙琏水藏飞瀑，两岸林海景迷人"正是对黄龙湖的绝佳描绘。

火炉山

火炉山位于广州天河区东北部，山上多为红色泥土，状似葫芦，故名"葫芦山"。又因广州白话中"葫芦"与"火炉"发音相似，故它被称为"火炉山"。火炉山自然气息浓厚，除了爬山小道之外，并无多少人工痕迹。这里空气清新，水源富饶，林木繁茂，山中处处能见到黎朔、荷树、火力楠、海南红豆等亚热带植物。火炉山的主峰叫白架顶，它海拔321.8米。山中猪头石、鸡枕石等自然景观形状各异，是登山爱好者游玩的理想之地。

帽峰山森林公园

帽峰山森林公园位于广州市东北部，始建于1997年。帽峰山坐落在白云区太和镇和良田镇的交界处，其主峰莲花峰海拔534.9米，是广州市区的最高峰。帽峰山景区山势陡峭、沟谷幽深、森林茂盛、流水淙淙，掩映其间的帽峰古庙建于五代时期，是禺北地区名刹。帽峰山还有一条千年古道——"千步梯"，它从北山麓直达峰顶一共637级，全部用麻石铺砌。沿途可以观赏到龙口泉、神仙床等，山脚下则是水面宽阔的铜锣湾水库，环境十分优美。

鹤之洲湿地公园

鹤之洲是位于广州市增城增江河东岸的一片天然湿地，这里自古以来就是鹤群栖息的地方。成千上万的白鹤在这里觅食，在这里飞翔，让鹤之洲呈现出一派祥和壮观的气象。在鹤之洲湿地公园中，有大片大片郁郁葱葱的荔枝林，与滚滚增江河水相映成趣。这里风光优美，极具田园特色，正所谓"一江春色醉游人，两岸百花望荔乡"。

美食特产 TOP 10:

老火靓汤

无论是家里还是酒楼宴客，广州人首先考虑的不是上什么菜，而是上什么汤。汤，永远是广州宴席上的主角。即便不用名贵汤料，单是几个小时的熬煮，也足以让汤的味道变得醇厚鲜香。

广州老火靓汤的炖煮时间至少在一个小时以上。一开始，要用大火煮开，水开之后加入配料，再用小火慢慢炖煮一两个小时。这样熬出来的汤，实在是一大滋补佳品。

冬天喝花旗参煲鸡汤，驱寒；夏天喝冬瓜排骨汤，降火。春天喝枸杞叶猪肝汤，祛湿；秋天则喝南北杏仁炖双雪，滋润……广州的汤，不仅是一种美食，它已经发展成为一种带有浓郁地方特色的文化。

叉烧

凡是广州的粤菜馆，相信都少不了一份"金牌"叉烧！叉烧是广东的特色菜，制作时选用五花肉去皮，先用糖按摩肉块至融化，再加入盐巴入味，用一小勺老抽上色。然后加入生抽、米酒腌制均匀，将去皮蒜及葱姜加入肉中，腌制好后进行烤制。烤叉烧中途，还得每隔几分钟取出涂抹酱汁，直到叉烧呈现出诱人的红色。好的叉烧肉质软嫩多汁、色泽鲜明、香味四溢，一定能让你大快朵颐！

烧鹅

烧鹅也是广州传统的烧烤肉食。它色泽金红，味美可口，深受人们喜爱。广式烧鹅一般采用中小个头的清远黑棕鹅为原料，将去掉翅膀、脚和内脏的整鹅吹气后，把调料塞进鹅肚子，再用针线将鹅肚缝合。最后，用蜂蜜、白醋调成的脆皮水均匀涂满鹅的表皮，进炉烘烤。烤成后的鹅光滑油亮，异香扑鼻。广州市面上，有许多烧鹅店铺，最为出名的是长堤的裕记烧鹅饭店和黄埔区长洲岛上的深井烧鹅。

叉烧包

叉烧包是历来深受广州人喜爱的大众化点心，位列粤式早茶"四大天王"之一。叉烧包的面皮采用酵母发酵法制成，吃起来松软可口。馅料则采用上好叉烧切成丁，再加入蚝油等调味成为馅料。它的直径一般为五公分左右，一笼叉烧包通常有三四个。蒸熟后的包子，顶部自然开裂，散发出阵阵叉烧的香味，令人百吃不厌。在广州，叉烧包不仅是一种小吃，它那外包内馅的结构，更是体现着包容的内涵。

白云猪手

白云猪手是广州一道传统名菜。它肥而不腻，皮质爽脆，酸中带甜，是佐酒佳肴，令人食之不厌。白云猪手制作过程分为烧刮、斩小、水煮、浸泡、腌制五道工序，而最考究的白云猪手，是用白云山上九龙泉的泉水浸泡的。几乎每家广州饭馆里，都能吃到白云猪手。如果能够去白云山顶的餐厅吃这道菜，更是别有一番风味。

牛河

牛河是广州人的叫法。其中，牛指牛肉，河指河粉。这道菜源于广州沙河镇，分为干炒和湿炒两种做法。干炒时，先将腌好的牛肉下油锅，煎好一面，再翻过来煎另一面；接着放入芽菜炒到八成熟，起锅待用。接着放热油下河粉加调味汁翻炒几下，倒进炒好的牛肉芽菜，翻炒均匀后就可出锅。湿炒做法跟干炒程序基本一致，只是在加入河粉的同时注入煮开的高汤。

煲仔饭

煲仔饭又叫瓦煲饭，是广州的传统美食。煲仔饭的历史悠久，早在2000多年前的《礼记注疏》中就已有记载。而周代八珍中的第一珍、第二珍的做法正和煲仔饭做法一样，只是那时的原料是黄米罢了。

煲仔饭风味多样，除腊味煲仔饭外，还有冬菇滑鸡、豆豉排骨、猪肝、烧鹅、白切鸡等。正宗煲仔饭一定要选用丝苗香米，米洗好后，上锅煮到六七成熟。揭开盖子，加入调好味汁的食材，沿着煲边淋上酱汁、香油，再用微火焖到饭收水起锅巴。起盖后加入香葱，再铺上油菜，吃时干香脆口，滋味悠长。

鲜虾荷叶饭

鲜虾荷叶饭最开始是广东东莞地区的名小吃，以太平镇制作的最为出名。后来鲜虾荷叶饭传入广州，逐渐地成为了广州各茶楼酒家的著名点心之一。制作鲜虾荷叶饭，以鲜虾仁和米饭为主料，另外还需要准备青豆、香肠、香菇、鸡蛋等作为辅料。将主料与辅料混合，加入适量的盐巴和耗油、胡椒粉，搅拌均匀。再放上适量猪油，让虾仁、青豆等均匀地分布在米饭里，最后将米饭压实铺在荷叶上包好，放到蒸笼里隔水蒸20分钟即可。鲜虾荷叶饭清淡爽口，有荷叶的清香味，如果去广州，一定不要忘记去尝一尝。

八宝冬瓜盅

八宝冬瓜盅是广州地区一道色香味俱全的夏季时令汤菜。制作八宝冬瓜盅时，要将整个冬瓜洗净并切取一端，挖去瓤，做成茶盅的样子。然后将猪瘦肉、鸡肉及火腿切成均匀的丁状。把这些肉丁和上干贝、玉兰片、香菇块再加精盐、味精、熟猪油及适量清水，用旺火上笼蒸1个小时左右。待到冬瓜和配料的味道互相渗透，撒上胡椒粉端出，即可享用。八宝冬瓜盅菜色青白，冬瓜肉鲜嫩柔软，带着清香，实属消夏好菜。

猪肚煲鸡

猪肚煲鸡，又叫猪肚包鸡火锅或凤凰投胎。制作时用生猪肚把生鸡包住，用牙签扎好头后放到特配的汤料中煲熟，味道香浓扑鼻。传说乾隆时期的宜妃生完太子后身体虚弱，乾隆便吩咐御膳房给宜妃炖补品吃。御膳房把民间传统坐月子吃鸡汤的做法加以改良，在猪肚里放上鸡再加上名贵药材炖煮，后来宜妃吃了后果真胃口大开。于是，乾隆就把这道菜称为"凤凰投胎"，从此猪肚煲鸡就在民间广为流传。